智造“白鲸号” 城轨树新标

——解析北京轨道交通大兴国际机场线

ZHIZAO BAIJINGHAO CHENGGUI SHU XINBIAO

◎《国家交通重大工程档案》编辑部 编著

人民交通出版社股份有限公司
北 京

大興機場站

开往 草桥
To Cao Qiao

出
EXIT
E1
EXIT
EXIT

《智造“白鲸号” 城轨树新标》
编委会组成名单

总策划：

丁树奎

主　任：

刘天正

副主任：

陈　曦　韩志伟

委　员：

李宏安　金　奕　任雪峰　王道敏　崔海涛　杨俊玲　孙长军　武润利　吴精义
徐　凌　路宗存　程贵锋　康悦颖　鲁玉桐　李　祥　姜传治　王广银　贺宝志

主要撰稿人：

姜传治　谢彤彤　李　祥　张　昊　张　赛　王　帅　马立秋　徐　娜

参编人员：（以姓氏笔画为序）

丰　磊　王东旭　王传仁　王　进　王利波　王英侠　王珊珊　王　栋　王俊超　王　亮　王晓婵
王　涛　王海燕　王渊博　王　超　王　颖　王慧斌　石　熠　叶志田　史小诗　史　可　白殿涛
冯利园　司风光　邢兆泳　吕文龙　朱厚喜　仵占海　刘　力　刘双全　刘永旗　刘　成　刘　刚
刘　志　刘　武　刘建伟　刘玲玉　刘晓波　刘培龙　刘雪斌　米　元　许景昭　阮　巍　孙　琦
孙　静　苏建利　苏　靖　杜　薇　李一波　李长安　李文军　李文颢　李　伟　李亚铁　李向娟
李克飞　李岩丽　李佳宁　李金峰　李洪波　李振东　李晓刚　李爱民　李彬伟　李　猛　李　琦
李　辉　李　斌　李道全　李磊磊　杨卉菊　杨　松　杨艳艳　杨浩荻　杨斌斌　吴云飞　吴荣燕
吴　彬　吴棒棒　吴　雷　吴新民　邹　俊　宋月光　宋继伟　张东风　张付宾　张　永　张　帆
张　伟　张　兴　张连杰　张　兵　张良焊　张金伟　张　宝　张艳兵　张晓宇　张　翀　张　博
张　瑜　张鹏雄　张新泉　陈万成　陈　明　陈南凤　罗　程　周　菁　周慧茹　郑　军　郑如新
郑　杰　房　明　孟红志　赵正文　赵永康　赵军涛　赵　芫　赵金祥　赵惊华　赵　鹏　查晨阳
贺晓彤　段振飞　侯丽妍　姜延丹　姜　潇　姜　磊　姚海洋　秦晓光　袁喜伟　桂程昊　夏天山
夏瑞萌　皋金龙　高洪吉　高　超　郭蕊莲　唐　汐　涂聃娜　黄龙灿　黄　赫　曹　凤　曹向静
曹学农　康克农　董振生　韩学良　韩悌斌　舒雨生　曾亚奴　楼建军　赖华举　解春旭　褚海容
鲜力岩　缪嘉杰　樊春雷　鞠　昕　鞠　璐　魏文龙

开往 草桥
To Cao Qiao

序

时代大潮滚滚向前，复兴伟业不可阻挡。在全国人民庆祝中华人民共和国成立70周年之际，我们开通了北京大兴国际机场线，为伟大祖国70华诞献礼。

1969年10月1日，在毛泽东主席“精心设计，精心施工，在建设过程中一定会有不少错误、失败，随时注意改正”的重要批示指引下，北京地铁1号线顺利开通，新中国迎来了第一条城市轨道交通。50年后，2019年9月25日，中共中央总书记、国家主席、中央军委主席习近平视察北京轨道交通大兴国际机场线并前往大兴国际机场出席投运仪式，习近平总书记对大兴国际机场线的工作给予了高度肯定，并指示：城市轨道交通是现代大城市交通的发展方向。发展轨道交通是解决大城市病的有效途径，也是建设绿色城市、智能城市的有效途径。北京要继续大力发展轨道交通，构建综合、绿色、安全、智能的立体化现代化城市交通系统，始终保持国际最先进水平，打造现代化国际大都市。

沧海横流，方显英雄本色。在新中国第一代领导人的殷切嘱托下，中国城市轨道交通建设者砥砺前行，通过50年的努力，实现了中国城市轨道交通运营里程世界第一的伟大创举。设计理念、建设管理、技术装备、运营服务等均达到了世界先进水平。习近平总书记新的指示，不仅是对大兴国际机场线建设成果的高度认可，更是对我国城市轨道交通50年高速发展辉煌历程的高度褒奖。

50年的建设，北京形成了四通八达的城市轨道交通网络，运营线路23条，运营车站403座，通车总里程达到699.3公里，确立了轨道交通在城市公共客运系统中的骨干地位。经过50年的努力，北京轨道交通积累了丰富的建设经验，形成了稳定的融资渠道、经验丰富的建设管理团队、成熟的设计队伍、强大的施工企业和完善的运营机构。

北京大兴国际机场选址于永定河畔，京津冀都市圈腹地，距离北京天安门46公里，定位为世界级航空枢纽机场，远期年吞吐量超过1亿人次。为了满足从大兴机场快速通达中心城的需求，我们建设了大兴国际机场线工程，希望通过快速、准时的轨道交通服务，为大兴国际机场提供稳定的接驳支持，增加大兴国际机场对航空乘客的吸引力，助力大兴国际机场早日实现预期规划目标，加快北京成为世界级双航空枢纽城市的步伐。

为实现“中心城至大兴国际机场半小时通达”的时间目标，我们在城市轨道交通领域率先引入国铁动车组平台，为大兴国际机场线量身打造了“白鲸号”列车，采用AC25kV供电制式，实现了速度达到160km/h的FAO运行。通过一系列的技术创新，成功将城市轨道交通最高运行速度由120km/h提升至160km/h，迈向了城市轨道交通的新高度。

为了改善航空乘客出行体验。我们在大兴国际机场线建设过程中率先提出了轨道交通要“对标航空服务”的建设理念。以乘客出行需求为基础，将“对标航空服务”细分成7个大项目，17个专题研究，77种落实方案。从车站环境、车站设施，车厢乘用环境等方面，全面提升大兴国际机场线的服务水平。

按照“对标航空服务”理念建设的大兴机场线，车站宽敞明亮，车厢温馨舒适，针对不同乘客的出行需求，设置了VIP专用车厢，车站设置专用候车区及行李托运系统，洗手间设置母婴室等。重新定义了城市轨道交通建设的理念和标准，成为新时代城市轨道交通的新标杆，与被誉为“新世界第七大奇迹”的大兴国际机场相得益彰，共同成为新晋的“网红打卡”圣地。

为实现大兴国际机场线的高速运行和高水平服务，科技实现了体系性创新。大兴国际机场线是国内首条实现速度160km/h等级的全自动运行线路，是国内首条速度160km/h等级条件下接触网采用刚性悬挂并平稳运行的线路，是国内首条与高速公路、城市道路、市政综合管廊、国铁干线共廊道共构建设的线路，是国内首次实现三线四桥同时转体成功的线路。一系列成绩的取得，得益于北京50多年城市轨道交通建设经验和努力，得益于广大建设者谱写新标杆的豪情和壮志，得益于续写城市轨道交通发展新篇章的孜孜以求和精益求精的精神。

该书翔实记录了在大兴机场线建设过程中科技领衔、匠心智造的创新精神。从多维度展现了大兴国际机场线参建者在追求城市轨道交通领域新目标过程中所付出的艰苦努力。其中有对顶层目标的宏观思考，有对服务标准的精细划分，有对设备设施的整合创新，有对安装精度的毫米级坚守，有对工期目标百折不挠的努力。

期待通过这本书的付梓出版，让广大读者了解大兴国际机场线创造北京市城市轨道交通领域最高时速、最高服务配套水准、打造城市轨道领域新标杆的历程，以期有更多同道人投入到城市轨道交通科技创新、引领未来、赶超时代的大潮中来。

2020年7月

◆ 2019年9月25日上午，北京大兴国际机场投运仪式在北京举行。中共中央总书记、国家主席、中央军委主席习近平出席仪式，宣布机场正式投运并巡览航站楼。习近平总书记强调，**城市轨道交通是现代大城市交通的发展方向。发展轨道交通是解决大城市病的有效途径，也是建设绿色城市、智能城市的有效途径。北京要继续大力发展轨道交通，构建综合、绿色、安全、智能的立体化现代化城市交通系统，始终保持国际最先进水平，打造现代化国际大都市。**随后，习近平总书记乘坐轨道列车前往北京大兴国际机场，在途中详细询问轨道列车的设计制造和票价、行李托运、同其他交通线路衔接等情况。

开往草桥
To Cao Qiao
大兴新城
Daxing Xincheng
开往 大兴机场

◆ 2019 年 8 月 24 日，中央政治局委员、北京市委书记蔡奇，北京市委副书记、市长陈吉宁调研北京大兴国际机场线运营筹备情况。

◆ 2019 年 8 月 31 日，全国政协副主席、国家发展改革委主任何立峰调研北京大兴国际机场线建设情况。

◆ 2019 年 9 月 21 日，全国政协副主席、交通运输部党组书记杨传堂调研北京大兴国际机场线建设情况。

2019年9月17日，交通运输部部长李小鹏（左二）调研北京大兴国际机场线运营筹备情况。北京市副市长杨斌（左一），北京市轨道交通建设管理有限公司党委副书记、总经理丁树奎（左三）陪同调研

2019年8月9日，中国城市轨道交通协会创始会长包叙定（前排左三）调研北京大兴国际机场线建设情况。北京市轨道交通建设管理有限公司党委副书记、总经理丁树奎（前排左二），北京市轨道交通建设管理有限公司副总经理韩志伟（前排左一）陪同调研

2019年3月12日，国家发改委副主任胡祖才（左三）调研大兴国际机场线大兴新城站建设情况。北京市轨道交通建设管理有限公司副总经理刘天正（前排左一）陪同

2019年7月24日，北京市政协副主席牛青山（前排左一）率部分政协委员调研北京大兴国际机场线建设情况。北京市轨道交通建设管理有限公司副总经理刘天正（前排左二）介绍工程情况

2019年4月22日，北京市副市长隋振江（前排左二）调研北京大兴国际机场线大兴新城站建设情况。时任北京市轨道交通建设管理有限公司党委书记、董事长吴宏建（左一）陪同调研

2019年8月26日，北京市副市长杨斌（左三）调研北京大兴国际机场线草桥站建设情况。时任北京市轨道交通建设管理有限公司党委书记、董事长吴宏建（左四）介绍工程情况

2019年9月6日，中国残疾人联合会副主席吕世明（左二）考察北京大兴国际机场线无障碍设施建设情况

检查指导

2019年8月12日，北京市交通委主任李先忠（右二）指导北京大兴国际机场线建设工作。北京市轨道交通建设管理有限公司党委副书记、总经理丁树奎（右一）介绍工程情况，北京市基础设施投资有限公司副总经理魏怡（左二）陪同

2019年8月30日，北京市人民政府国有资产监督管理委员会书记、主任张贵林（左三）、副主任杨鸿宝（左四）指导北京大兴国际机场线建设工作。时任北京市轨道交通建设管理有限公司党委书记、董事长吴宏建（左二）陪同，北京市轨道交通建设管理有限公司党委副书记、总经理丁树奎（左一）介绍工程情况

2019年6月25日，北京市重大项目建设指挥部办公室党组书记王钢（左一）指导北京大兴国际机场线运营筹备工作。时任北京市轨道交通建设管理有限公司党委书记、董事长吴宏建（左二）介绍情况

2019年8月25日，北京市丰台区委书记徐贱云（前排左三）指导北京大兴国际机场线草桥站建设工作。时任北京市轨道交通建设管理有限公司党委书记、董事长吴宏建（前排左二），北京市轨道交通建设管理有限公司副总经理刘天正（前排右二）陪同

2018年6月20日，北京市重大项目建设指挥部办公室副主任门扬（左二）指导北京大兴国际机场线高架区间建设工作。北京市轨道交通建设管理有限公司副总经理刘天正(左三)陪同

2019年9月4日，北京市规划和自然资源委员会党组副书记刘轩（前排右一）带队到北京大兴国际机场线开展“不忘初心、牢记使命”主题教育。北京市轨道交通建设管理有限公司副总经理刘天正(前排左一)介绍工程情况

2019年7月26日，北京市发改委副主任崔小浩（右五），市交通委二级巡视员、市轨道办常务副主任王春强（右四）及委办局相关领导指导北京大兴国际机场线建设工作

2019年4月26日，北京市住房和城乡建设委员会二级巡视员王鑫（前排左二）指导北京大兴国际机场线建设工作。北京市轨道交通建设管理有限公司副总经理陈曦（前排左一）陪同

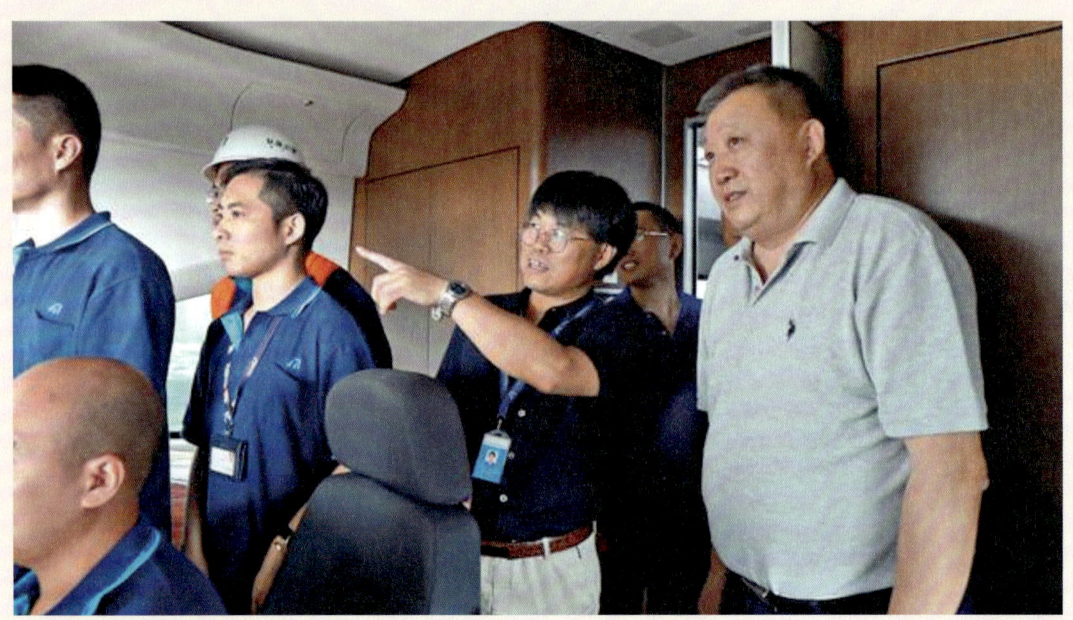

2019年8月8日，北京市科学技术委员会二级巡视员张虹（右一）指导北京大兴国际机场线运营筹备工作。北京市轨道交通建设管理有限公司副总经理刘天正(右二)介绍情况

2018年6月12日，北京市大兴区副区长李强(右二)指导北京大兴国际机场线征地拆迁工作

2019年7月15日，中国铁建股份有限公司党委书记、董事长陈奋健(前排左三)，中铁建二十三局党委书记、董事长孙圣杰(前排左一)检查大兴机场线草桥站建设工作。北京市轨道交通建设管理有限公司副总经理刘天正(右一)介绍工程情况

2018年9月3日，北京市基础设施投资有限公司党委书记、董事长张燕友（左五）检查北京大兴国际机场线建设工作。北京市轨道交通建设管理有限公司副总经理刘天正(左七)陪同

2019年8月19日，北京城建集团党委书记、董事长陈代华（右三）检查北京大兴国际机场线建设工作。北京市轨道交通建设管理有限公司副总经理陈曦（右二）一同检查

2017年7月27日，时任北京市政路桥集团党委书记、董事长裴宏伟（左二）带队检查北京大兴国际机场线项目建设工作

2018年12月25日，时任北京市政路桥集团党委副书记、常务副总经理李军（前排右二）检查北京大兴国际机场线项目建设工作

2018年11月22日，北京城市铁建轨道交通投资发展有限公司董事长宋自强（左四）带领董事会、监事会成员检查北京大兴国际机场线建设工作

2019年8月13日，时任北京市轨道交通建设管理有限公司党委书记、董事长吴宏建（左四）检查北京大兴国际机场线草桥站建设工作

2019年4月10日，北京市轨道交通建设管理有限公司党委副书记、总经理丁树奎（左三）检查北京大兴国际机场线草桥站建设工作

2017年6月29日，北京市轨道交通建设管理有限公司副总经理潘秀明（前排左三）检查北京大兴国际机场线建设工作

2018年11月23日，北京市轨道交通建设管理有限公司副总经理寅燕燕（前排左二）检查北京大兴国际机场线外电源建设工作

问讯
Information

目录 CONTENTS

第一篇 “交通强国”里程碑

第二篇 北京交通“新名片”

第三篇 科学美学“奇遇记”

第四篇 “中国速度”新标杆

终点站

第一篇 CHAPTER 1

“交通强国”里程碑

从位于北京城区南三环的草桥站乘坐轨道列车，前往41km外的北京大兴国际机场，只需19min即可到达，堪称中国城市轨道交通“第一速度”。2019年9月26日，这一全新的交通体验随着北京大兴国际机场和轨道交通北京大兴国际机场线（以下简称“大兴机场线”）的同步开通运营得以实现。

对往来于北京的人，搭乘大兴机场线是非常惬意的“时空穿越”。当列车以高达160km/h的速度穿越绿廊，乘客享受着依靠自主创新实现的对标航空的服务设施，大兴机场线工程亦可称为北京乃至我国城市轨道交通发展史上“里程碑”式的典范工程。

一、魅力何在

大兴机场线全线设大兴机场站、大兴新城站和草桥站等3座车站和磁各庄车辆段1座。工程从2016年12月26日宣布施工进场，到2019年9月随北京大兴国际机场同步开通，总建设工期33个月。

大兴机场线在建设过程中广受关注，每个节点都得到各家媒体的广泛报道，开通后更是受到公众的热力追捧，被称为“网红打卡轨道线”。2019年国庆节期间，前往大兴机场线观光的乘客一度超过了航空旅客。初期运行的3个月内，日均客流量更是达到了2万人，承担了大兴机场客运吞吐量的50%，远远超出工程可行性研究阶段的客流量预测值。

大兴机场线也受到了全国交通同行的广泛好评，被誉为中国“城市轨道交通样板工程”，吸引各地有建设需求的主管部门领导或相关专家，纷纷前往参观和体验，引领着未来中国城市轨道交通规划、建设、运营前行。

这条轨道交通线到底具有怎样与众不同的巨大魅力？业界专家从不同的层面上立体式地介绍了大兴机场线的建设成果和亮点：

——北京首条轨道交通快线。大兴机场线是北京市轨道交通“十三五”规划中的一条骨干线路，是落实北京城市总体规划的重要组成部分，是北京大兴国际机场“五纵两横”配套综合交通体系中的快速、直达、大运量的公共交通服务专线、快线，实现了“半小时”到达中心城目标。

——采用最高等级的全自动运行系统。大兴机场线采用了最高等级、具有完全自主知识产权的全自动运行系统，不仅可以实现无人驾驶，还可实现列车自动唤醒、自检、运行、休眠等全过程无人化作业。全自动运行系统免除了人工繁琐的日常检查、清洗作业，能够精准控制停车时间，能够进一步提升城市轨道交通运行系统的安全与效率及系统应急处置水平。

——首次采用载客车厢+行李车厢设置的“7+1”形式，向乘客提供高品质服务。大兴机场线列车由7节载客列车和1节行李车厢组成。载客车厢分为普通车厢+商务车厢形式，座椅尺寸和间距超过复兴号高铁动车组二等座和一等座间距标准。在列车两个座椅中间，专门设置了USB充电接口，乘客可以用来给手机等电子设备充电；每节车厢都有专门的行李架，合理利用车辆内部空间并保证行李安全性，为乘客提供舒适便捷的乘坐体验。

——全部车站、车辆段均采用一体化建设模式。大兴机场线一期工程的3座车站及

未来北延后的丽泽商务区站均为换乘站，为支撑和引领空间集约开发、优化发展、提升交通便捷和公共服务配套便利，与城市景观深度融合，4座车站及车辆段均实现了一体化建设。

大兴（国际）机场站与大兴国际机场北航站楼深度融合，着力打造大兴机场线与京雄城际、R4线、预留轨道线、城际铁路联络线五线的综合换乘枢纽，与大兴国际机场综合交通中心一体化建设，使高铁、地铁与航站楼三站场合一。大兴新城站预留了与S6线一体化建设的条件，草桥站实现了与在建19号线的一体化枢纽建设，实现了小汽车接驳体系。磁各庄车辆段预留了上盖开发条件，通过盖上物业将车辆段有机地融入城市空间中。

——北京市首条全周期社会资本参与投资的PPP线路。大兴机场线是北京市第一条从投资、建设到运营全周期采用政府和社会资本合作模式的城市轨道交通线路。通过引入社会资本，有效解决了土建与设备、建设与运营的衔接问题，形成多元化、可持续的资金投入机制，使政府的当期财政支出减少，企业投资轨道交通的积极性大幅提升，投资风险有效降低。

——首次尝试多线路共构共廊模式的工程。大兴机场线首次尝试设计了轨道、高速公路、铁路、综合管廊等多种线性工程共构共廊的交通模式。地下是集纳燃气、电力、供水、通信等设施的综合管廊，地面是市政道路团河路，中间是轨道交通大兴机场线，最上方是高速公路，形成了四层交通、市政叠加的共构体系。这种新模式集约利用土地、降低了建设成本，发挥了工程综合效益。同时，共廊段与周边地块充分结合，将夹角空间打造成为林廊连贯、层次丰富、生态共生的绿色轴带，形成三季有花、四季常绿的共走绿廊，旅客搭乘大兴机场线时可以享受到"穿过森林去机场"的美好体验。

——成功完成了多项高风险的施工。受环境和条件制约，大兴机场线工程建设克服了外界干扰大、工序转换多、施工难度大等困难。成功完成了国内首个大盾构长距离砂卵石地层掘进，最多桥梁同转体，下穿马草河、三环路、燃气站、京沪铁路和上跨10号线结构等复杂施工，实现了优质高效的工程建造"奇迹"。

二、应运而生

作为北京大兴国际机场综合交通体系的重要组成部分，大兴机场线的建设可谓是应运而生、应需而建。据预测，到2020年，

北京的航空客流将达到1.4亿人次，而首都国际机场的现状是3座航站楼满负荷吞吐量为8000万人次，供需矛盾显而易见，建造北京第二机场——大兴国际机场势在必行。

大兴国际机场选址在北京南部地区具有多重战略考量，一是充分考虑了北京市南北地区发展不平衡的现状和南部地区发展的需要。二是京津冀发达城市群均在北京南部，新机场选址在这一区域，易于带动京津冀地区协同发展。三是北京南部地区的航空空域资源更为充裕，有利于北京民航业未来的发展。

大兴国际机场筑巢于北京城市的最南端，仰首望京城，尾落永定河，横卧京冀交界，雄踞广阔的华北平原北部。距离北京天安门46km，距离天津市81km，距离保定市110km，距离雄安新区85km。

大兴国际机场距北京市天安门的距离为46km，这个距离是首都机场距离中心城的2倍。如何让出行者以最短时间从中心城抵达新机场？这是国家发展改革委牵头北京市有关部门开展配套工程研究首先面对的问题。经各部门多方面研究后决定建设一条轨道快线，目标是实现从北京中心城至大兴国际机场半小时通达——大兴机场线应运而生。

作为首次尝试多线路共构共廊模式的轨道交通工程，大兴机场线工程线路和结构可谓“复杂多变”。它基本呈南北走向，从大兴机场航站楼引出后，以隧道下穿永新河，在机场北线高速公路南侧，由地下转为地面路基，在地面路基段设置接入新机场北停车场的出入线后，转为高架敷设，在大兴机场高速公路上下行之间与大兴机场高速公路、京雄城际高铁并行等高向北，在庞安路以南机场高速公路逐渐抬高，升至“开”型框架结构的最顶层。大兴机场线位于开行框架结构的中部。在穿入“开”型框架中部后，与机场高速公路形成上下层共构结构，共构段长度约7.9km，共构段在京沪高铁、京山铁路南部结束，在京沪高铁、京山铁路节点处，机场高速公路和机场线逐次选择桥洞，下穿京沪高铁上跨京山铁路后，与新机场高速公路分道扬镳。跨越大龙河后，大兴机场线在南六环以南由高架转为地下，沿广平大街路下敷设，在团河路以南设置大兴新城站以及磁各庄车辆基地，线路继续向北沿范家庄西路、京开高速公路辅路接入西三环西南角的草桥站。

大兴机场线途经北京市大兴区和丰台区两个区域。一期工程，线路总长41.36km。全线设置车站三座，全部为地下站，车辆基地一座。二期工程向北延伸至丽泽商务区，远期结合大兴国际机场南航站楼的选址，延伸至南航站楼。

大兴机场线在项目建设过程中，得到了北京市各级领导的高度关注，在各相关政府部门的大力协助下，顺利完成了规划方案、设计方案的审批，征地拆迁的协调，安全实现高压线路、南水北调工程等既有构筑的穿越，得到了相关主管部门和产权单位的大力支持。

大兴机场线从无到有，凝聚了无数人的心血和奉献。研究工作从2010年开始，2014年9月完成规划方案，2015年7月完成工可评审，2015年9月完成总体设计评审，2015年12月完成初步设计评审，并启动PPP（Public—Private—Partnership，简称PPP）招标工作。2016年12月确定PPP中标人，2017年1月启动工程建设，历时33个月，于2019年9月建成通车。

俯瞰京津冀，大兴机场线这条全新的轨道快线在连通区域城市群、都市圈经济融合发展，助力新引擎的建设中承担的功能、在综合交通运输体系中的分量和引领作用都是极为突出的。

大兴机场线高标准、高质量的建设开通及取得的多方面创新成果，成为北京乃至我国城市轨道交通发展典范，也彰显着中国改革开放以来经济社会取得的重大发展成就。

“人民满意”“保障有力”“世界前列”，大兴机场线的横空出世，无疑为“交通强国”建设增添了精彩而浓重的全新篇章。

三、PPP的全程护航

大兴机场线仅用时33个月就建成通车，且工程品质令业界赞叹，开创了中国轨道交通工程建设史上前所未有的新速度。这一速度的背后是工程投融资模式和管理模式的创新支撑保障的。

大兴机场线是北京市首个采用涵盖建设、养护、运营内容的PPP模式建设的轨道交通示范线。PPP单位由北京城建集团、北京市政路桥集团、中国铁建总公司、北京轨道交通建设管理公司四家单位构成。北京基础设施投资公司作为PPP政府方代表，北京基础设施投资公司委托北京市快轨建设公司作为建管单位。

这种集融资、工程建设和设备安装总承包、建设管理、后期运营于一身的建设模式，极大地促进了各个参建单位的责任意识。各PPP产权单位充分调动自己最优质的资产进行投融资，保证了项目的资金到位，同时充分发挥各自资源优势，有力而高效地组织了工程重点难点的攻坚克难、重大装备的购置、各设备系统安装的统筹协调等工作，全方位保障了工程建设的进度和品质。

1 城市快速轨道线是新机场的标配

北京轨道交通大兴机场线与北京大兴国际机场，一体化建设、一体化运营，彼此不可或缺，两者的完美结合，使得城市快速轨道线成为新机场的标配。

改革开放以来，尤其近年来，我国民航业发展迅猛，年运输总周转量连续13年稳居世界第二位，在综合交通运输体系中的比重达到 31%，对全球航空运输增长贡献率超过25%。

京津冀地区的总人口已超过1亿人，实现京津冀协同发展、创新驱动，推进区域发展体制机制创新，是面向未来打造新型首都经济圈、实现国家发展战略的需要。首都北京作为政治中心、文化中心、国际交往中心、科技创新中心，始终在引领和支撑全国经济社会发展中发挥着重大作用，就业吸引力辐射全国，城市人口规模日益庞大，博大精深的文化底蕴也吸引着世界各地的游客前来旅游观光。首都国际机场的主导地位不容置疑。

但是，首都国际机场的旅客吞吐量、货邮吞吐量和飞机起降架次在保持了10年的快速增长后，自2010年起，均出现了下滑趋势。由于首都机场的发展受空域资源紧张、跑道容量有限，客、货运能力“触顶”影响，北京需要建设一座新机场的需求纳入了京津冀总体规划。

2012年8月，北京大兴国际机场的选址落地于京南地区永定河以北，横跨京冀交界处，距离北京天安门直线距离46km。与此同时，轨道交通北京大兴机场线作为新机场综合交通规划“五纵两横”的主干交通走廊，也随之启动规划研究。

根据2012年国家批复的《北京市城市快速轨道交通近期建设规划》(2007—2016年)，轨道交通北京大兴机场线南起北京大兴国际机场，北至北京南站。后经北京市发改委组织开展《新机场快线功能需求指标及主要系统解决方案专题研究》，将轨道交通大兴国际机场线的起点由北京南站调整至牡丹园，并获得正式批复。2019年12月，国家发改委正式批复《北京市轨道交通第二期建设规划调整方案》，将大兴机场线北延终点调整至丽泽商务区。

北京大兴国际机场与中心城间交通运转能否高效、快捷，是影响新机场对乘客吸引力并实现预期客流规模的关键因素。北京大兴国际机场距离中心城草桥站40余km，是北京首都国际机场到中心城距离的两倍，按既有轨道运行速度来看，乘客出行时间较长。要提升北京大兴国际机场的吸引力，必须缩

短从中心城到机场的出行时间。

根据“构建以大容量公共交通为主导的可持续发展模式，建立多交通方式整合协调并具有强大区域辐射能力的陆侧综合交通体系”这一总体战略目标，北京大兴国际机场预计建成后的远景年，旅客吞吐量将达到1亿人次、轨道交通的出行占比或将达到40%，要实现这一目标，必须具备更加快捷、高效、可靠的运行服务能力。

轨道交通北京大兴机场线定位于快线，最高运行速度可达160km/h，从大兴机场站到草桥站40余km线路运行时间仅需19分钟，低于北京首都国际机场线“21.6公里、22分钟”的运行时间，弥补了新机场与首都机场竞争的空间劣势。

大兴机场线与传统轨道交通有所不同。从时间维度看，它能实现北京大兴国际机场与北京市中心城区半小时快速联系，定位是快速交通专线，提高了大兴国际机场的外部交通服务水平；从空间维度看，它穿越北京市南部城区，为金融街、中关村以及城南区域服务，有利于促进北京城南区域经济社会的发展；从功能定位看，针对航空乘客具有明显的路途时间要求短、服务标准要求高、价格因素不敏感等特征，提供“对标航空”的高品质公共交通服务，将机场航站楼服务前置于中心城场站，提升了值机效率和乘客体验的好感度，使“机场回归城市”的理念得以真实落地。

“一线一场”是相生相伴不可分割的有机整体，携手升级了首都北京的综合交通运输服务能力。

2 大兴机场综合交通体系中的“C”位

俯瞰北京大兴国际机场外围“五纵两横”综合交通体系，轨道交通北京大兴机场线堪称占据“C位”的公共交通骨干线。

大兴机场线是快速、直达、高品质的轨道交通专线，途经大兴、丰台两个行政区。线路全长41.36km，其中地下线和U形槽23.65km，高架和路基段17.71km，设大兴机场站、大兴新城站、草桥站三座车站，平均站间距19km；设一座车辆段，接轨于大兴新城站；在新航城地区规划预留停车场一座，接轨于路基段；设两座变电站集中供电，见表1。

大兴机场线西侧为京开高速公路和京雄城际铁路，东侧为大兴国际机场高速公路和京台高速公路，五条纵向交通走廊共同完成中心城与大兴国际机场的联络。在大兴国际机场北侧，机场北线高速公路和城际铁路联络线构成综合交通体系中的“两横”。通过机场北线高速公路将三条高速公路联系在一起，使高速公路体系互为备用。

大兴机场线与京雄城际铁路承担着大兴国际机场轨道交通的接驳任务。大兴机场线可将机场乘客快速疏散到中心城的轨道交通网络中去，而京雄城际铁路可为周边150km ~ 400km的城市提供轨道交通服务，将通州副中心、廊坊地区与大兴国际机场紧密联系在一起。

“五纵两横”的综合交通体系，在大兴机场航站楼融汇，共同构筑了一个现代化的综合交通换乘体系的样板工程，而轨道交通大兴机场线的建成，则以其高品质的服务能力稳稳占据着“C”位，参见图1。

全线车站一览表 表1

序号	站名	换乘线路	换乘线路性质	换乘形式
1	大兴机场站	R4线、预留线	规划线	站厅换乘
2	大兴新城站	机场联络线	规划线	站厅换乘
3	草桥站	M10、M19	运营线、规划线	站厅、通道换乘

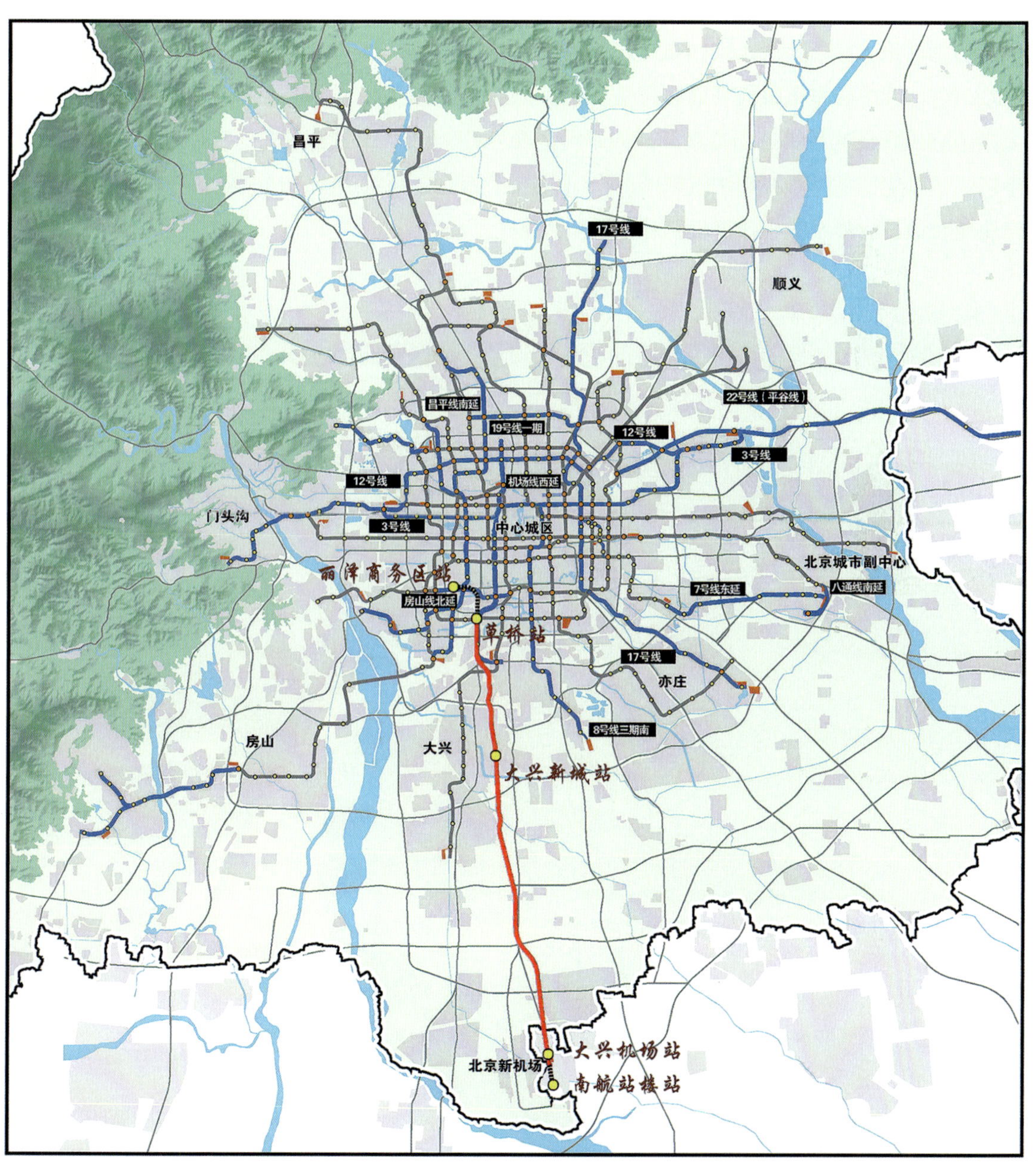

图1 北京大兴国际机场线全线示意图

3 城市轨道交通新标准、新标杆——“白鲸号”

作为北京大兴国际机场与中心城联系的公共交通主动脉，轨道交通大兴机场线的速度达到160km/h，创中国城市轨道交通运行最高速度。这一速度定位来自科学的调研和可靠的技术保障。大兴国际机场线的系统选型最终明确为采用全线160km/h、市域D型车、8辆编组、AC25kV供电制式，以实现从中心城到达航站楼“半小时通达”目标。系统选型工作突破既有规范，改变了城市轨道交通设计体系的工作流程和专业间配合模式。

2012年7月，由北京市城市规划设计院在首都机场T1/T2/T3航站楼出发候机厅针对航空客流进行问卷调查，完成样本量8204份，对旅客选择机场线的意愿进行调查。此次调查通过对票价、时间、换乘次数、交通衔接等影响旅客选择机场的因素进行权重分析，发现航空乘客具有以下明显特征：

第一，航空乘客具有明显的客源地特征，主要集中在CBD、望京、东直门、中关村、金融街、丽泽等区域。

第二，航空乘客对出行时间表现出高度敏感性。

第三，航空乘客对服务品质要求比较高，部分乘客对私密性有一定的要求。

第四，航空乘客对票价敏感度较低。

这一调研结果，强有力地支持了轨道交通大兴机场线为“专线、快速、直达、高品质”的“对标航空”建设理念的定位，和从机场至中心城“半小时通达”的速度定位，为此，我们组织有关研究单位分别对新机场线客流按初期、近期、远期3个不同时期做了科学预测，见表1～表4。

经论证，综合考虑运行和停靠时间，大兴国际机场至草桥站运行时间必须控制在20min之内，通过对线路条件、系统制式、建设成本、建设周期，以及对120km/h、140km/h、160km/h三个运行速度的建设方案进行对比，最终确定轨道交通大兴国际机

新机场线客流预测总体指标情况　　表1

客流指标			初期	近期	远期
			2022年	2029年	2044年
全日	客流量（万人次）		3.13	6.77	8.91
	线路长度（km）		39.8	39.8	43.0
	客流强度（万人次/km）		0.08	0.18	0.21
	平均运距（km）		37.98	37.98	39.89
	换乘量(换入+换出)(万人次)		2.50	5.34	6.35
	换乘量占比(%)		80	79	71
高峰小时	客流量(万人次)		0.34	0.74	0.97
	高峰系数(百分比)		11	11	11
	由北向南	最大断面（万人次/h）	0.14	0.30	0.39
		最大断面区间	大兴新城至大兴机场站		
	由南向北	最大断面（万人次/h）	0.20	0.44	0.58
		最大断面区间	大兴机场至大兴新城		

新机场线初期高峰小时断面数据 表2

由北向南			站名	由南向北		
下车（人）	断面流量（人）	上车（人）		上车（人）	断面流量（人）	下车（人）
0		1303	草桥	0		1968
	1303				1969	
0		61	大兴新城	0		78
	1364				2047	
1364		0	大兴机场	2047		0

新机场线近期高峰小时断面数据 表3

由北向南			站名	由南向北		
下车（人）	断面流量（人）	上车（人）		上车（人）	断面流量（人）	下车（人）
0		2831	草桥	0		4247
	2831				4247	
0		121	大兴新城	0		182
	2952				4429	
2952		0	大兴机场	4429		0

新机场线远期高峰小时断面数据 表4

由北向南			站名	由南向北		
下车（人）	断面流量（人）	上车（人）		上车（人）	断面流量（人）	下车（人）
0		3662	草桥	0		5482
	3662				5482	
0		228	大兴新城	0		342
	3890				5824	
2158		0	大兴机场	3230		0
	1733				2594	
1733		0	南航站楼	2594		0

场线的最高运行速度为160km/h。这一速度标准使大兴机场线成为中国运行最快的城市轨道交通线。

传统城市轨道交通系统选型定义为选取合适的速度和车辆，基本流程是行车专业根据站间距、线路条件等，确定最高速度，在80km/h、100km/h、120km/h三档中选取一档作为推荐运行速度；行车专业计算客流情况，车辆专业根据行车专业提资，从A型车、B型车、C型车中选取一种车型，作为推荐车型。

大兴机场线的系统选型开始也是按照这个模式，由车辆专业进行。但是，很快发现这种模式并不能适应大兴机场线所遇到的新要求。尤其是速度等级提高后，还涉及供电系统的选择。于是在系统选型工作中又增加供电专业的选型，但供电专业对电压等级也一时无法明确推荐意见，系统制式选择一度陷入僵局。

为尽快破解这一影响工期的关键问题，在分析系统选型困难的症结之后，我们在车辆专业和供电专业之前增加了顶层目标维度，在车辆专业和供电专业之后增加了接触网选型维度、盾构内径维度、土建工程造价维度、系统运行能耗维度，增加这些维度后，全部落实到全寿命周期进行投资比较。

大兴机场线系统选型论证经过多维度、全寿命工程造价比较，形成了最终方案：采用全线160km/h、市域D型车、8辆编组、AC25kV供电制式。

大兴机场线系统选型过程中形成了一条完整的技术路线，研究起点是大兴机场线的顶层目标即半小时通达机场与中心城，由顶层目标推算出最高运行速度目标，车辆和供电同时进行方案对比，并将车辆和供电的最优方案进行组合，形成3个最优组合方案，并对所形成的方案，进行设备适应性、系统成熟度、工程投资等方面的综合对比，最终形成大兴机场的系统制式选型方案，参见图1。

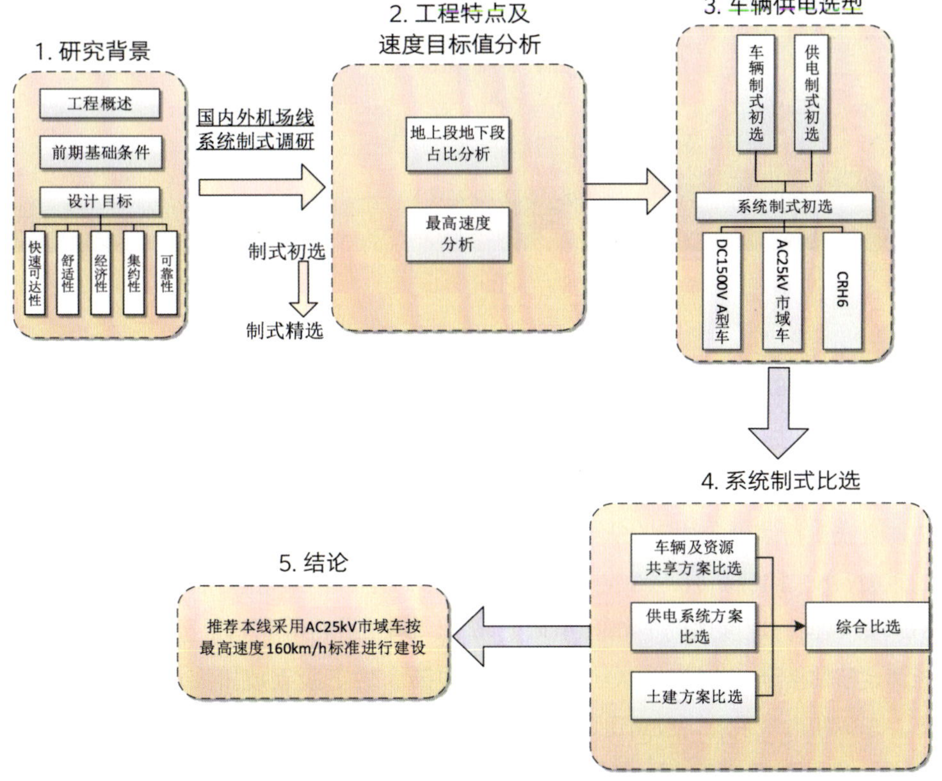

图1　大兴机场线系统制式选型技术路线

大兴机场线的顶层时间目标是半个小时从机场到达中心城长安街一线，大兴机场站至草桥旅行时间控制在22min以内。为实现22min通达，全线旅行速度应达到95km/h左右，对比120km/h、140km/h、160km/h三个方案。只有最高运行速度达到140km/h以上时，才能满足航站楼至长安街一线半个小时通达的目标。车辆和供电系统均应满足这个速度等级的要求，因此采用基于CRH6F改型市域车型,参见表5。

供电系统以140km/h为临界状态，低于140km/h的采用直流系统，等于140km/h车速时，DC1500V和AC25kV均可使用，但DC1500V系统安全储备不足。在超过140km/h后，AC25kV系统是合理的选择。

在140km/h及以上速度时，对供电系统投资、地下段土建投资、运营能耗、车辆购置费用等进行分析，从系统成熟度和运营可靠度看，采用AC25kV的CRH6F改型市域车是合理选择，参见表6。

不同方案下旅行时间 表5

车　　站	停站时间	间距 （m）	速度方案		
			120 km/h	140 km/h	160 km/h
草桥	2min				
		13020	7min1s	6min43s	6min35s
大兴新城站	1min	25287	15min10s	13min22s	11min28s
大兴（国际）机场站	2min	4027	2min55s	2min35s	2min27s
南航站楼	2min				
草桥-大兴（国际）机场站		38307	23min11s	21min5s	19min3s
草桥-南航站楼		42334	28min6s	25min40s	23min30s

不同系统方案综合对比 表6

系统方案		DC1500V 市域车	AC25kV 市域车		AC25kV CRH6F改型市域车
系统方案	制式	DC1500V 市域车	AC25kV 市域车		AC25kV CRH6F改型市域车
系统方案	最高速度	140km/h	140km/h	160km/h	160km/h
时间目标		29min42s	29min42s	28min30s	28min30s
达速比		67.1%	67.1%	46.4%	46.4%
牵引能耗		565kWh	577kWh	701kWh	825kWh
能力储备		140km/h速度接近系统极限值	在土建规模不变的情况下能适应160km/h、140km/h两种速度		160km/h
车辆成熟度		120km等级车辆较为成熟，140km等级车辆长客、四方均有样车下线	140/160km等级市域车长客、四方均有样车下线		160km等级车具有上线经验，但国内仅四方厂具有技术储备
供电系统适应性		区间变电所多能力接近系统极限值	适应性好		适应性好
资源共享		与A车网共享	与市域网共享		自建或并入国铁
土建方案		盾构外径7.8m	盾构外径8.6m		盾构外径9.2m
综合造价		63.12亿元	66.23亿元		71.43亿元

通过对比可以看出，大兴机场线最高速度应高于140km/h，合理的供电系统方案采用AC25kV，车辆采用CRH6F改型市域车。鉴于140km/h和160km/h两个车速条件下控制土建规模的隧道断面都是受接触网安装高度控制，因此形成全线系统选型结论：全线按照160km/h标准进行建设，后期可根据运营需求合理选择最高运行速度。

4 范围最大的PPP——轨道项目投融资新范例

轨道交通北京大兴国际机场线是通过政府和社会资本合作方式吸引社会投资参与的城市轨道交通线路，其成功的运作模式，成为全国轨道交通项目投融资新范例。

大兴机场线PPP项目由北京市交通委员会作为招标人组织招标，由北京市轨道交通建设管理有限公司牵头北京城建集团、北京市政路桥集团、中国铁建等八家企业共同组成的联合体参与投标。成功中标后，联合体于2017年与政府出资人代表方北京市基础设施投资有限公司，共同出资成立股份制合资公司“北京城市铁建轨道交通投资发展有限公司”（以下简称“城市铁建公司”），注册资本60亿元，成为大兴机场线的投融资主体单位。

根据北京市交通委代表市政府与城市铁建公司签订的《新机场轨道线社会化引资项目特许协议》，城市铁建公司拥有大兴机场线30年特许经营权。

城市铁建公司在《新机场轨道线社会化引资项目特许协议》法律框架下，立足于协议履约主体、业主责任融资主体、公共服务统筹平台以及股东收益协作平台四大职能定位，积极响应北京市政府对新机场线建设及运营提出的各项要求，充分发挥各股东单位在资金、人才、管理、技术、业绩、资质及行业影响力等方面的优势，借助各自在轨道交通投融资、建设管理、施工承包、客运服务等方面的丰富经验，按计划优质高效地完成了新机场线一期工程建设任务。城市铁建公司发挥母公司总协调、总控制的“枢纽”地位，在轨道交通北京大兴国际机场线工程PPP项目实施过程中发挥优势，协调各方面股东、督促各相关单位和企业，攻坚克难、落实各项工程任务，保障了这项重大工程的顺利实施。

一、融资模式创新

大兴机场线社会资本投资为149.94亿元，资本金占总投资比例为40%，债务融资占总投资比例为60%。资金来源于股东权益资金和债务融资资金。股东权益资金分为：政府出资人出资和社会投资人出资两部分，政府出资人代表北京市基础设施投资有限公司出资占2%股权，社会投资人出资占98%股权。项目资本金全部设定为注册资本（注册资本为59.98亿元），项目公司注册资本金在建设期内根据建设进度全部到位。由国家工商登记已实行注册资本认缴制，遵循降低项目综合资金成本、提高资金利用效率等原则，除首期认缴出资外，其余实缴出资由项目公司根据批准的资金到位计划、资金使用计划，采取按季通知认缴方式，由股东方分期出资。

大兴机场线项目以项目公司作为融资主体，组建专业化的融资团队，借助国家重点项目的先天优势，充分利用各股东的企业品牌、信誉及财务资源优势，及时、高效完成项目债务性资金筹集。

融资模式上，大兴国际机场线社会引资项目以项目公司作为融资主体，优先采用国内商业银行或政策性银行提供的长期贷款方式，筹措期限长、成本低、资金供应稳定的负债性资金。

从股东优势上看，股东成员从总部层面与国内主要的商业银行、政策性银行已建立了广泛、长期的战略合作关系，一般均为核心优质客户。在投标阶段，股东各单位的合作银行就对本项目投标积极响应，并为其投资本项目出具了贷款意向书，承诺可向联合体依法组建的项目公司提供贷款，贷款总额不低于360亿元。

此外，根据股东成员基于行业地位、行业周期、经营业绩，以及稳定、持续性的财务表现，并拥有行业内较高的信用等级，银行也愿意为项目资金提供丰富、多渠道的融资方式。

从项目自身优势上看，大兴机场线最需要大量融资的时期，正遇国内外经济形势最严峻的时刻。然而大兴机场线PPP项目的自身优势却更加突出：大兴国际机场与北京首都国际机场形成协调发展、适度竞争、具有国际一流竞争力的“双枢纽”机场格局，推动京津冀机场建设成为世界级机场群。大兴机场线与大兴国际机场同步规划，同步建设，同步投入使用。大兴机场线的客流量得到了有效的保证，大兴机场线未来预期的现金流量将会十分可观，在贷款融资时可以以这部分未来的“应收款项”向银行“质押”，换来金融机构的借款。

从银团贷款优势看，PPP项目投资规模大——动辄数十亿元，甚至上百亿元，巨大的投资体量对于资金的需求量极大、融资期限较长，适合采用银团贷款又称为辛迪加(Syndicate)贷款，即由两家或两家以上银行基于相同贷款条件，依据同一贷款协议，按约定时间和比例，通过代理行向借款人提供的本外币贷款或其他授信业务。银团贷款具有金额大、期限长、分散信贷风险等优点，因此银行业普遍认同通过银团贷款的形势为PPP提供资金支持。因为风险有所分散，银团贷款相比较单个银行贷款而言，往往更容易争取到更优惠的贷款利率。

二、融资进程

对于城市铁建公司而言，如何选择合适的放贷方是个关键环节。首先，尽量选择与各股东有业务往来，对公司较了解和友好的银

行；其次，要选择对项目及其所属行业有一定了解的银行。放贷方对项目及其所属行业较为熟悉，则能较为清楚地判断项目的风险。

在制定融资方案过程中，有十余家贷款能力很强的国内商业银行、政策性银行及其他金融机构对大兴机场线表达了强烈的合作意愿，公司特聘请国信招标集团股份有限公司代理，采用公开招标的方式从报名银行中选择了8家银行组成两个银团为项目公司提供贷款服务：银团一贷款金额50亿元，牵头行北京银行承贷40%，参加行中国工商银行、中国建设银行、华夏银行各承贷20%；银团二贷款金额40亿元，牵头行中国农业银行承贷40%，参加行国家开发银行、平安银行、招商银行各承贷20%。

三、资金管理

城市铁建公司按照相关会计准则及会计制度、投资协议以及项目公司《公司章程》等规定要求，结合项目公司具体情况，建立完善新机场轨道线项目公司的财务核算制度，确保财务核算的合法性、合规性，及时、准确、完整地反映项目的资金收支、成本费用等状况，确保项目资金的科学、规范使用。

为加强项目公司的资金管理项目，项目公司建立资金管理制度，统筹考虑制订资金收支计划，合理安排资金使用。

建设期内，项目公司加强资金调配，对项目资金进行计划管理，严格按照投融资计划和施工进度综合统筹协调，确保项目公司资金足额、准时到位。项目公司每月依据施工合同按照工程进度开展资金预测，并根据实际情况及时调整。

运营期，项目公司根据特许经营协议及时计算收取各年度政府支付的可行性缺口补助费用，并结合资金来源，对运营管理成本进行预算控制；根据与银行签订的融资还款计划、合理调配资金，确保及时还款；根据项目公司更新改造计划，提前制定更新改造资金融资方案，落实追加投资的资金来源。

城市铁建公司建立了资金支付和使用的审批制度，健全资金审批手续。所有工程建设资金支付应依据经监理确认的计量支付单，履行资金审批程序后进行拨付。对于大宗材料采购、固定资产采购等款项的支付，严格按照合同约定，履行相关的资金支付手续。定期对资金收支情况进行监督、检查，确保资金流向符合国家财务相关法律、法规要求。

LC080
JC006

第二篇 CHAPTER 2

北京交通“新名片”

大兴机场线将城市轨道交通最高运行速度锁定到160km/h，建设标准、服务配套水准全面对标航空建设标准，赢得社会各界和业内人士的广泛好评。

大兴新场线工程在理念定位、建设管理、投融资模式上与时俱进，科学创新从设计、建造、设备、运营等方面都采用了大量的创新理念，创造了轨道交通领域的多个“第一”，不仅取得了国家领导、政府部门的重视，也获得了交通运输领域的专家的广泛关注，并且吸引了很多国内外同行前来参观、交流，堪称“新国门第一线”，成为熠熠生辉的北京交通“新名片”。

大兴机场线工程不仅为中国轨道交通增加了一项重量级的优质工程，全面提升了轨道交通的中国技术、中国装备、中国标准，并且在服务城市功能提升和支撑区域经济一体化发展方面发挥了积极作用，形成了大量成功经验，成为引领全国轨道交通高水平、高质量发展的“金牌范例”。

一、中国标准

回顾北京城市轨道交通发展历程，大致可分为4个阶段：

1953年至2003年为建设发展初期，用了将近50年的时间，建设完成了114km的线路。

2003年至2009年为集中建设时期，用了6年的时间建设了114km线路。

2009年至2013年为高速增长时期，仅用4年时间就建设了237km线路。

2013年后，北京地铁建设进入了稳定增长时期，每年以平均70km的速度开通新的运营线路。根据2015年国家发展和改革委员会批复的《北京市城市轨道交通建设规划（2015—2021年）》，截至2021年，北京市轨道交通总里程将达到999公里。未来尚有规划的1000公里市域轨道交通正在等待建设。

北京作为城市轨道交通发展的先行者，在建设实践中形成了完整的规范标准体系，为中国城市轨道交通标准化、规范化建设奠定了坚实的基础。

从系统制式看，形成了A、B、C、D等多种车型，轨道交通可选用的谱系越来越完善，同时也完成了各方面的标准化和系统化；从速度等级上看，形成了80km/h、100km/h两个速度个等级，大兴机场线一举将时速提升至160km/h；从建设体系上看，形成了规划、设计、施工、运营维护等分工明确的职能体系，每个环节都形成了成熟的工作方法和评价指标。

北京轨道交通经过近20年的高速发展，截至2019年，运营线路共23条，车站共403座。运营总里程从1978年的21km增加到2019年底的699.3km。确立了轨道交通在城市公共客运系统中的骨干地位。

改革开放以来特别是近20年来，轨道交通能够在全国范围大规模地发展起来，得益于北京率先发展轨道交通并建立了完善的标准化体系，建设经验得以广泛的推广和传播，同时降低了装备制造成本，放大了设备系统产能，也培养了城市轨道交通建设、管理、运营等方面的人才。

二、定位优势

大兴机场线与大兴国际机场同步开工同步建成开通，这一做法本身就具有极大的创新性。让大兴机场线成为大兴机场客流培育的重要手段，消除大兴国际机场距离中心城较远的空间劣势，增强了大兴国际机场的客流竞争优势，是提高大兴机场快速培育客流能力的首要选择。

北京大兴国际机场的建设不仅是北京的大事，更是全国人民的大事。为明确大兴机场线的功能定位，国家发改委牵头，北京市发改委作为主要工作单位，委托北京市基础设施投资有限公司组织开展了《新机场快线功能需求指标及主要系统解决方案专题研究》。北京市的规划、国土、交通运输、科研机构、设计单位等数十家单位参与了课题研究，形成了一系列的研究成果，涵盖了机场线的客流特征，功能需求，车辆选型及主要参数，隧道阻塞比，运营模式，供电、轨道、信号等系统制式，城市航站楼等方面。

通过接近3年的研究，最终形成大兴机场线的定位，一是大兴机场线是一条航空服务专线；二是大兴机场线要实现半小时进中心城区的时间目标；三是大兴机场线要为航空乘客提供高品质的航空服务；四是大兴机场线要在中心城设置城市航站楼，让机场航站楼功能回归城市。

大兴机场线建设提出的时间比较早，2010年就已经开始了方案研究。但是建设周期却是迟迟未定，参考国内外机场，很少有机场在初期运营阶段就建设大运量的城市轨道交通作为公共交通的解决方案。一般机场运营初期均采用机场巴士和小汽车作为接驳的主要手段。国家发改委的文件中也明确过，只有机场吞吐量达到5000万人次以上时，才考虑建设城市轨道交通专线。参考北京首都国际机场，在漫长的客流增长过程中，一直采用机场巴士+小汽车的方式运行。直到2008年奥运会前首都机场快线才投入运营，而且首都机场线的客流增长十分缓慢，很长一段时间内日客流量都在1万人左右徘徊，直到2018年时，当首都机场年吞吐量达到10098万人次，在机场高速高度饱和、拥堵严重的情况下，首都机场线的客流量才攀升至2万人次。也就是说，按照传统的发展模式，大兴机场线应该在大兴国际机场的客流达到5000万人次以上的时候再启动大兴机场线的建设。

大兴国际机场定位为与首都国际机场同等重要的国际航空枢纽，二者功能完全一致，未来将在北京形成“一市两场”的竞争格局。北京市建设大兴机场，希望中心城西部、南部地区的乘客使用大兴机场，中心城东部、北部地区的乘客使用首都机场。但是我们很容易发现，大兴国际机场距离中心城的距离是首都国际机场距离中心城距离的两倍，与大兴机场连接的京开高速公路、京台高速公路常年拥堵。如果不能解决大兴国际机场与中心城的交通联系问题，大兴国际机场将面临投运后，没有乘客使用的尴尬境地。如何改善这种空间劣势，民航部门首先想到的是建设完善的综合交通配套体系，并且这些交通体系不能单纯地按照一般机场客流增长规律进行匹配。大兴机场的发展思路本身就是一次创新，大兴机场线的配套设施要一次建成，形成一个完整的服务体系，改善大兴机场的吸引力，通过设施水平的提高，提高机场对航空乘客的吸引力，改善大兴机场的空间劣势。

三、提速京南

国家发展改革委、北京市政府采纳了规划设计单位的建议和意见。2012年11月

12日，国家发展改革委印发了《北京市城市轨道交通近期建设规划调整（2007—2016年）》，其中批复：“新增新机场快线，线路自中心城区至北京新机场，采用快速轨道交通方式以实现‘半小时’到达，项目争取与新机场同步建设。线路暂以北京南站至北京新机场计列，长37公里，估算投资197亿元。中心城区起点的具体位置在可研阶段论证确定。”随着相关工作的继续深入，2015年9月14日，国家发展改革委《关于北京市轨道交通第二期建设规划（2015—2021年）》再次批复：“另，同意北京新机场线（不计入本期规划）起点调整为牡丹园站，线路长度为59.8公里，投资426.7亿元。”这两次建设规划的

批复，将大兴机场线的建设时序调整至与大兴机场建成通车一致的时间。

北京大兴机场线的建设，将与京台高速公路、京开高速公路、机场高速公路、京雄城际铁路共同构成大兴机场的外围综合交通体系。其中大兴机场线作为公共交通的骨干线路，担负起大兴机场至中心城快速直达的公共交通功能。大兴机场线的建设，在大兴机场的客流培育期，通过快速、直达、高品质的公交服务，成为大兴机场吸引航空乘客的有效手段，提高大兴机场的生存能力。在大兴机场的进入到平稳运行期，由于大兴机场规划吞吐量将达到1亿以上人次，周边道路将迅速饱和，此时大兴机场线将担负起满足航空乘客多样化出行的需求，为航空乘客提供快速、便捷的公交化服务，减少疏港道路的交通压力的作用。

大兴机场线的建设，构筑了大兴国际机场与中心城的紧密联系。通过大兴机场线与中心城轨网衔接换乘，串联起中心城各个功能区。实现了中心城各个区域到达新机场的便捷通达。大兴机场的建设，进一步完善了京南地区的综合交通网络体系，缓解京南地区的高速公路交通压力，降低交通运行成本，提升社会运行效率。大兴机场线与大兴机场高速公路、京雄城际铁路构成多层次、立体化，近远结合的综合交通体系，串联京津冀节点城市，扩大大兴机场的敷设带动范围。

大兴机场线的建设、运营、服务新标准，再次提升了中国轨道交通建设水平和标准水平，在国际领域增强了轨道交通的“中国声音”，未来在国际市场中必然会提升中国企业的竞争力和影响力。

四、管理创新

大兴机场线的建设管理也是一次重大创新。PPP公司共同确定由北京轨道交通建设管理有限公司（以下简称“建管公司”）作为大兴新机场线的建设管理单位。建管公司的董事长、总经理直接出任指挥长，副总经理任常务指挥，总部职能部门直接下沉办公，成为大兴新机场线的各个单项协调部门。

建管公司成立了大兴机场线指挥部办公室作为项目常设机构，派驻业主代表管理全线施工单位。公司计调总部担负计划进度管理；前期总部负责征地拆迁及各种前期手续的办理；规划设计总部直接抓设计管理；安质总部负责全线安全及监理工作；设备总部负责全线机电系统的招标及施工单位管理；合同总部负责全线合同管理。

为了确保大兴机场线的工期，采用“一周一调度”等生产调度制度，建立问题台账等制度，协调解决各种问题。项目自2017年启动至2019年结束，每周都召开协调调度会。

大兴机场线的设计和土建监理也由多家实力强、经验丰富的单位分工负责。各单位高水准地完成了各自的设计、监理任务，极大地提升了我国空铁联运需求下轨道交通的设计、建设水准。

5 从航空乘客出行者角度定义“对标航空”

在更大的空间距离上竞争航空旅客，交通方式必须“更快”才能更有竞争优势，大兴国际机场线以160km/h的运行速度与道路交通大幅拉开了差距。而在多种交通方式同时竞争的环境下，大兴国际机场线必须要有足够突出的综合优势才能吸引旅客。“对标航空”，是建设者从旅客角度“换位思考”后的理性选择。

大兴机场线综合交通规划提出三项规划原则：一是时间第一，二是公交优先，三是多层次供给。这条轨道交通线不再是旅客在道路交通拥堵时的出行备选方案，而是切实成为旅客往返机场选择的第一交通方式。为实现“对标航空”的服务标准，建设者从乘客体验角度梳理出不同的场景和需求。

第一个场景：便捷到达大兴机场线

航空旅客客源地分散在全市范围，75%的旅客是通过其他地铁线路换乘而来，基于这一特点，大兴机场线在航空旅客的接驳标准上形成目标：一是通过地铁网络的接驳，力争实现主要航空客源地一次换乘到达大兴机场线。二是考虑航空旅客对于更加快速舒适接驳交通的要求，重视大兴机场线车站与机动车接驳的良好衔接。

这两个标准令大兴机场线的车站选址有了明确的方向：既要选择线网当中的换乘枢

纽点，同时也要考虑到地面交通的方便可达性。大兴机场线形成了与多条地铁线路的接驳、换乘，在道路交通接驳方面随车站配套建设了进出道路、车道边、停车库等设施，乘坐小汽车、出租车的旅客也可实现与地铁车站的“无缝衔接”。

通过多层次、多方式的系统配置，航空旅客可快速、便捷、舒适到达大兴机场线。

第二个场景：购票、进站、候车无缝衔接

旅客到达大兴机场线后的购票、进站、候车等活动影响着出行体验的好感度。在车站空间范围，"对标航空"的服务标准主要体现在三个方面：

一是提升车站的空间尺度标准，降低人流密度标准，营造类似机场航站楼的开敞感，使旅客能够享受到与机场航站楼同等标准的空间使用感受。

二是打造全过程无障碍的旅客进站流线，在出入口、站厅站台垂直交通全部采用自动扶梯和垂直电梯，配置数量和规格与机场电梯同等标准。在安检、进站区域提高了宽体闸机的配置比例，安检设备采用拖地式安检机，进站闸机预留了人脸识别功能，提升携带行李旅客通过的舒适度。

三是提升人性化服务设施。考虑到国内外旅客的各种需求，大兴机场线大幅提升了卫生间的设施配置标准，打造了舒适、明亮、温暖的卫生间，同时配置了无障碍洗手间、母婴室等设施，充分体现人性化关怀。

第三个场景：堪称"陆地航班"的列车

乘车的舒适度关乎旅客对整个出行体验的评价。大兴机场线"对标航空"的理念充分体现在列车和车内环境上。列车车辆采用铝合金车体，大幅提升了密闭性；线路是高精度标准铺设的高平顺性轨道系统。

车内布置采用全座席的布置方式，确保每位乘客都有座位，并大幅提升了座椅间距、走廊宽度等标准，每节车厢车门处设置大件行李置物架，满足不同需求旅客的使用；每节车厢仅设置两组车门，采用1.4m开距的双开门方式为旅客提供宽阔的上下车空间；座位上配置的USB充电口、车窗的挡光窗帘、LED大屏显示等，均大大提升了乘车舒适度。

第四个场景：落地旅客的"出站攻略"

对于落地旅客的接驳，大兴机场线从流程上进行了优化。

首先，争取到了头车（行李车）进入航站楼幕墙的优化条件，旅客经大兴国际机场站南侧第一组扶梯到达B1层后可"零距离"衔接到机场内部的垂直交通系统。

其次，为方便旅客快速乘机，开创性地在B1层设置了值机和安检区域，践行了公交优先的理念。

另外，在管理流程上取消了轨道交通旅客进入机场的防爆检查环节。通过优化与航站楼的接驳流程，消除了大兴机场线与航站楼在空间、流线、管理上的一切隔阂，令航空旅客到达大兴机场线倍感舒适和安全。

出
EXIT
B
C
航站楼
Terminal

出
EXIT
航站楼
Terminal
停车楼
Parking Lot

6 接力换乘衔接方便的线站位选择

大兴机场线作为航空轨道专线，必须要将机场专线引入中心城，与轨道网、道路交通系统、功能区紧密衔接。航空轨道专线选线的主要难题是如何协调与普通线路的关系，如何衔接中心城轨网，如何协调区间与沿线区域的关系，如何避免对大客流通道资源的占用。

大兴机场线选线的第一阶段研究方案就是线路与中心城的衔接问题。规划提出的最高目标是线路沿赵登禹路深入中心城，直接进入大兴机场在中心城西部的航空主客源地牡丹园、金融街等地。

赵登禹路走廊同时也是西部区域规划的一条南北向大运量快线19号线的走廊。针对两条线路的关系，研究提出了上下叠落共走廊、共线分站越行、接力换乘等方案。

叠落共走廊方案，即在一条走廊通道上既建设19号线，又建设大兴机场线。由于赵登禹路通道条件较窄，因此将两条线叠落布置，19号线在上，大兴机场线在下，两线各自实现自身的规划功能。但是在建设上会出现了盾构隧道长达15km的叠落并行，带来了前所未有工程挑战。受工程难度影响，系统制式的选型也不能选用适应更高速度的交流系统，而是囿于直流A车的范畴，最高运行速度也仅有120km/h的水平。

共线越行方案，实际就是将机场线与19号线合并成为一条线，组织两种列车在同一轨道上运行，在乘降时设置不同的站台，组织两条线的列车分别停靠。该方案较第一个方案大幅降低了工程规模，减少了工程难度，同时也兼顾了两条线的功能，因此在规划建设过程中被反复地提出，但也存在以下问题：

一是系统制式上看，该方案直接限制了大兴机场线的制式同样只能采用地铁A型车，最高速度不超过120km/h。导致大兴机场线在途时间运行过长。

二是运营模式上看，同一条线路上既运营大兴机场线，又运营19号线，两条线互相挤占，从运力来看两条线的需求都不能得以

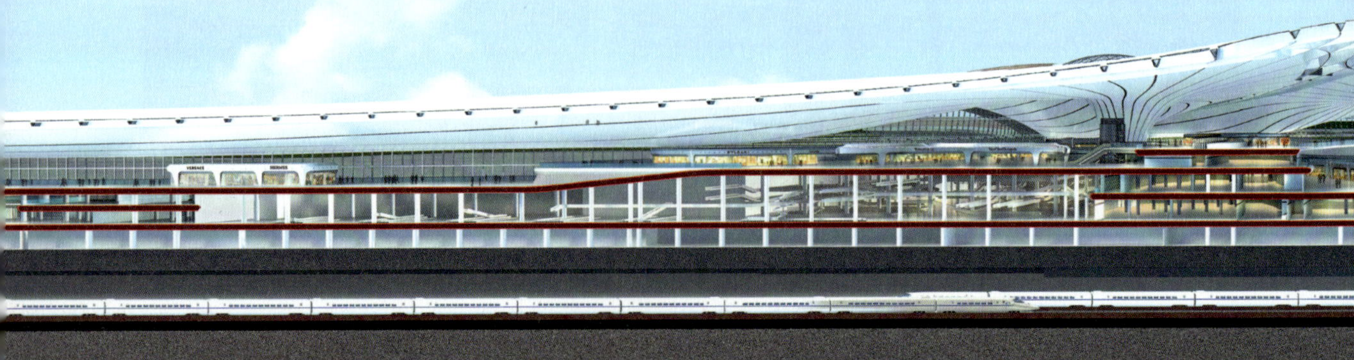

满足，功能有很大缺失。

三是工程难度上看，由于车站内出现了大量的道岔区、四线段等特殊区段，在土建结构上创造了大量的不规则断面，需要通过明挖的工法来实施，但是赵登禹路通道交通繁忙，道路狭窄，用地紧张，无法创造出明挖的实施条件。

接力换乘方案的提出完全是对以上不同方案比选后，针对通道特点选择出的最终方案。大兴国际机场的主客源地中心城的各个功能区在空间分布上极为分散，通过一条线的直接服务是不现实的，必须要借助在中心城四通八达的轨道交通网络实现其覆盖需求。因此提出通过大兴机场线寻找轨网衔接的枢纽点，通过接力换乘形成广泛覆盖的方案。

在这个思路的指导下，形成大兴机场线车站选址的体系标准。核心是寻求轨网中的多线路换乘枢纽，通过枢纽的锚固提高大兴机场线的轨网辐射能力。此外，还需要衡量车站所处区域的用地条件和外部交通系统，保障必要的交通接驳设施的布置，为通过道路交通机动车接驳的旅客创造良好的进出环境和接驳条件。

最后，大兴机场线在顶层设计中提出要随着车站选址建设城市航站楼，城市航站楼是以车站为核心，配套必要的交通接驳设施，上盖建设酒店、金融、商贸等业态，形成功能复合的城市地标。

经过多方案比选研究，设计单位选择了大兴新城、草桥、丽泽商务区三个车站作为大兴机场线的车站。大兴机场站与规划轨道交通R4线、预留远期发展线换乘还与国铁廊涿城际铁路、京雄城际铁路换乘。大兴新城站与规划的S6线换乘。草桥站与既有轨道交通10号线、在建轨道交通19号线换乘。一期工程实现了三座车站与既有和规划的五条轨道交通换乘的条件，远期延伸至丽泽商务区站，还要再增加4条线路的换乘。届时将有9条轨道交通线路衔接大兴机场线。使大兴机场线工程无缝融入北京城市轨道交通网络系统当中。

与车站选址不同，由于大兴国际机场线车站数量较少，因此形成了较为长距离的区间工程。对于区间路由的选择，一是考虑线形顺直，保证列车高速运行，二是与其他市政交通廊道整合，避免对沿线地区的大范围切割。大兴机场线在南五环段与高压走廊并行，避免了对西红门镇建设用地的占用。在六环外，与京雄城际铁路、机场高速公路、团河路共走廊布置，形成了五线、四层的立体综合市政交通走廊。

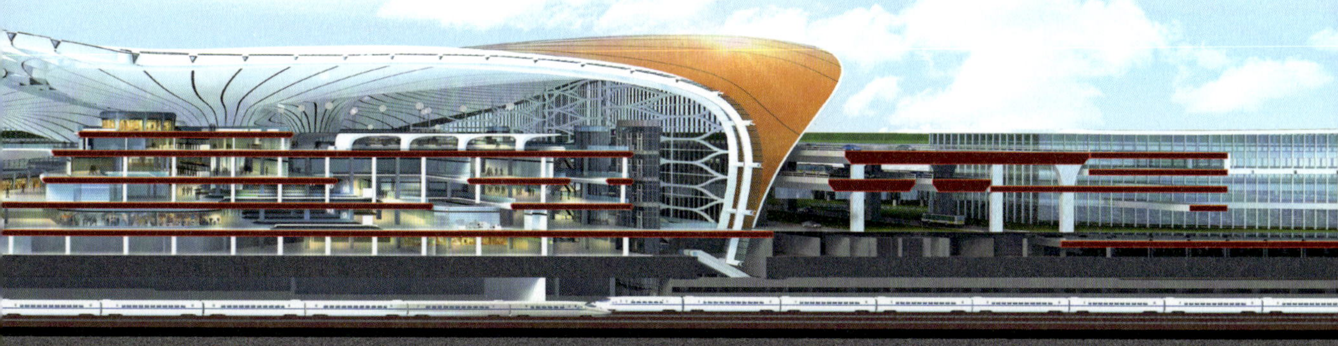

7 按照枢纽标准精心建设每座车站

大兴机场线共设大兴机场站、大兴新城站、草桥站等三座车站，三座车站及未来北延后的丽泽商务区站均为换乘站。为扩大每座车站的覆盖范围，三座车站均按照综合交通枢纽的标准进行建设，将车站与城市综合交通体系融合，落实建地铁就是建城市的设计理念。

大兴（国际）机场站位于大兴国际机场航站楼地下二层，着力打造京雄城际铁路、R4线、预留轨道线、城际铁路联络线等五条轨道交通线路的无缝衔接换乘，五条线并行穿越大兴国际机场航站楼，与大兴机场综合交通中心融为一体。实现了高铁、地铁、航空及其他各种交通方式的深度融合。

大兴新城站打造与S6线换乘的绿色阳光车站，车站附属预留了与周边地块开发的衔接条件，车站主体预留与规划S6线通厅换乘的条件。车站与周边一体化开发深度融合，设置下沉广场引入自然风、自然光；在地下形成步行街区网络；地上二层设置步行道及自行车道。

草桥站与在建地铁19号线通厅换乘，与既有地铁10号线通道换乘。北京地铁10号线为北京客流量最大的地铁线，吸引国贸、CBD等区域的乘客。北京地铁19号线为南北走向骨干线，服务金融街、中关村、软件园等区域的乘客。为实现周边多种方式的便捷衔接，车站配建了地下网约车、出租车地下接驳停车场，车站配建接驳道路和跨河桥系统，打造车站周边交通的微循环系统，车站顶部预留公园绿地与一体化开发条件，形成城市功能和景观的微中心。不仅实现了地铁车站的功能，而且优化了周边的交通环境。

未来，规划中的丽泽商务区站与在建的14号、16号线及规划中的11号线、丽泽与金融街连接线形成五线换乘站。同时，在丽泽商务区站设置城市航站楼，方便航空旅客使用值机、行李托运等航空服务功能。

磁各庄车辆段预留上盖进行一体化开发条件，与片区发展轴线和新凤河景观带紧密结合，规划配置居住、办公、交通、养老、社交、教育、休闲等功能。

8 各系统装备的革命性创新

在160km/h的最高运行速度条件下，轨道交通大兴国际机场线的装备也与传统不同，在车辆系统、供电系统、信号系统、通信传输系统、轨道系统、检测系统等方面的装备全面升级了北京轨道交通的装备水平，可谓一次革命性的创新。

大兴机场线在车辆系统方面，全方位优化了CRH6F原型车的系统参数(表1)。

将原型车的长度由24.5m缩短为22.8m，有利于将轴重控制在17t以内，较短的车体亦可缩短站台长度、增强小曲线半径通过能力、减小站场土建规模以更适合线路在城市内部的敷设，见表2。

车辆内部采用座椅2+2横向布置，座席宽度不小于52cm/座。每辆车在车门入口左右设适量大件物品存放架，每列车合适的位置设置无障碍轮椅区。

供电系统方面，牵引网采用交流25kV带回流线的直接供电方式，正线牵引网采用架空接触网悬挂。大兴机场线在正线地下隧道采用架空刚性接触网，在地面及高架区段采用全补偿简单链形悬挂或补偿弹性简单悬挂方案。电力配电系统采用35kV电压等级，中压供电网络共分4个供电分区。

大兴机场线车辆参数的优化　　表1

<table>
<tr><th>原型车参数</th><th>优化后参数</th><th>优 化 原 因</th></tr>
<tr><td>车体长度
头车25450(mm)
中间车24500(mm)</td><td>车体长度
头车24400(mm)
中间车22800(mm)</td><td rowspan="4">（1）城市轨道交通线路采用刷卡进站，无法限制高峰客流乘客数量；
（2）若仍采用25m车长，在站立乘客数量超过6人/m²时，会出现超过轴重17t情况；
（3）轴重改变对列车影响较大</td></tr>
<tr><td>定员标准3人/m²
超员标准6人/m²
车体结构强度6人/m²</td><td>定员标准3人/m²
超员标准6人/m²
车体结构强度9人/m²</td></tr>
<tr><td>车辆自重≤49t</td><td>≤45t</td></tr>
<tr><td>轴重≤17t</td><td>轴重≤17t</td></tr>
<tr><td>设置卫生间</td><td>不设置卫生间</td><td>新机场线全线旅行时间22min，无设置卫生间必要</td></tr>
<tr><td>不设置行李车厢</td><td>设置行李车厢</td><td>配套城市航站楼，具备城市值机功能，提高航空客流服务品质</td></tr>
</table>

组合柜(Z13)

24.5m车长与22.8m车长对比 表2

8辆编组长度	201.4m	185.6m
车体长度(头车/中间车)	25.45m/24.5m	24.4m/22.8m
车辆定距	17.5m	15.7m
列车自重	≤49t	≤45t
可通过最小曲线	180m（9#道岔）	150m（7#道岔）
轴重≤17t时的载客重量限制（考虑2%轴重不平衡系数）	294人	361人
乘客站立面积限制（按9人/m^2考虑）	≤32.6m^2	≤40m^2
单侧车门对数	2～4对	2～4对

信号系统方面，信号系统采用基于无线通信的列车自动控制系统（CBTC）。降级模式具备点式和联锁级两级控制模式。信号系统采用全自动驾驶技术。信号系统采用TIAS集成信号ATS方案，采用以行车指挥为核心的综合自动化系统。

通信传输方面，传输系统采用业务带宽为20Gb/s的MSTP-PTN方案，在长大区间通信节点设置有传输设备；车地综合通信系统采用LTE技术、使用20M频宽采用15M+5M资源分配方案，构建A/B双网，实现车地无线业务的综合承载（信号、PIS、车载视频、列车运行状态监测、紧急信息），在长大区间通信节点设置有BBU；公务电话系统采用软交换方式，在长大区间通信节点设置接入设备；专用电话系统推荐采用调度专用系统设备组网，在长大区间通信节点设置接入设备；无线通信推荐采用800M TETRA数字集群系统，在控制中心设置无线集群交换机，在长大区间通信节点设置有基站。

轨道系统方面，采用高铁、城际铁路中技术成熟的WJ-8B型扣件，扣件为有挡肩结构，大大提高了列车高速运营下轨道的横向稳定性。一般地段采用双块式无砟轨道，配套SK-2型双块式轨枕；地质沉降区采用新型板式无砟轨道；穿越环境敏感点地段采用隔离式减振垫板式道床以满足环保要求。正线道岔采用60kg/m钢轨12号单开道岔及交叉渡线，磁各庄车辆段则采用50kg/m钢轨9号道岔，侧向通过速度为35km/h，满足中远期运量时列车快速出入车场的需求，为国内城市轨道交通车辆段首次采用。

大兴机场线引入CP III轨道基础控制网，为接触网和轨道精调提供数据保障。轨道基础控制网实现了一网多用的目的，主要为调线调坡、轨道的铺设与运营维护服务，同时还为施工放样、建设期间变形监测以及运营后的结构变形监测服务。

为了保证设备系统能够综合承载160km/h的运行速度，大兴国际机场线在完成传统轨道交通线路综合性调试的既定工作内容基础上，消化吸收高铁“黄医生”动态综合检测技术，在国内城市轨道交通首次采用动态综合检测技术为工程“体检、诊断”，指导工程整改。

9 实现“城市值机” 践行空铁联运

大兴机场线作为轨道交通专线，设施和服务标准“对标航空”，并且在城市中心地铁车站引入“城市航站楼”理念，实现了值机和行李托运功能前置，让旅客轻松去往机场，让机场功能回归城市。

大兴机场线为契合首都发展定位，践行可持续理念、满足航空功能的需要，提升服务品质、满足携带大件行李的旅客乘坐轨道交通出行的需要，提供全过程服务吸引航空客流，在草桥站设置了行李值机托运系统。

在工程建设初期中，便做好了行李值机托运系统的预留工作，并在草桥站增设了垂直电梯等。项目建设过程中，与首都机场集团公司北京新机场管理中心合作，共同推出了城市值机服务，通过签订《北京轨道交通大兴机场线草桥站至大兴机场站空铁联运服务合作框架协议》，明确了分工，由大兴国际机场与城市铁建公司共同打造空铁联运平台，由北京首都新航空地面服务有限公司、北京首都机场航空安保有限公司负责空铁联运业务操作。

根据实际情况，设计研发了简易行李托运系统。系统包括值机柜台、安检柜台、行李装运小车、小车上车装置。乘客可在草桥交运行李，行李经过航空级别的安全检查，装入小车，由人工搬运至列车上，通过列车运送至大兴国际机场，由人工搬运接入大兴

国际机场的安检柜台。

行李托运功能实现后，在社会上引起了强烈反响。获得了使用乘客的广泛好评。许多正在建设中的机场专线纷纷前来观摩学习，为同类机场线的建设提供了宝贵的建设经验。

在实现行李托运功能的基础上，大兴机场线积极探索空轨联运新模式，大兴机场线已经与首批入驻的国航、东航、南航、中联航、首都航空、河北航空、厦门航空等航空公司签订了空轨联运协议，卓有成效地推动了空轨联运体系的建设。

KN5911 11:00 Shenzhen A09
KN2917 11:05 Tongliao C52
KN2985 11:10 Hailar C53
KN5621 11:15 Longnan B25
KN5305 11:20 Ordos B20
KN2987 11:25 Ulanhot C43
KN5209 11:35 Bijie A05
KN5525 11:40 Mudanjiang D62
KN5835 11:55 Nanyang B37
KN2935 12:00 Manzhouli D66
JD5315 12:05 Jixi D69 Delayed
JD5859 12:10 Haikou D72 Delayed
NS8011 12:10 Sanya A06
KN2969 12:15 Changsha B32
KN5605 12:15 Lanzhou B26
GZ6572 12:45 Jieyang
中国 北京
09:22
2020/02/21
城市值机
City Check-in
国际、港/澳/台航班
北京首新航
Beijing CAH

大兴机场城市航站楼 草桥站 Daxing Airport City Terminal
城市值机 City Check-in 国内航班 Domestic Flights
城市值机 City Check-in 国内航班 Domestic Flights
有限公司
es Co., Ltd.
出口

10 丽泽城市航站楼将机场功能带回城市

丽泽城市航站楼是集轨道交通、交通接驳、航空功能、物业开发于一体的城市枢纽，通过高效准时的轨道交通和前置的航空服务，实现了多元功能的有机融合，提高了旅客的出行效率和舒适度，扩大了北京新机场的服务范围，增强了大兴国际机场的吸引力，实现了旅客的集疏运。

城市航站楼又称场外航站楼或城市候机楼，是机场航站楼基本服务功能向中心城区或周边城市延伸和拓展的前置载体，是汇聚人流、物流、交通流和商业流的城市重要功能节点。

作为城市航站楼需要具备以下基本特征：一是空间上远离机场，位于中心城区或机场周边城市，靠近或位于航空客源地；二是具备机场航站楼的一些基本服务功能；三是与机场间有便捷快速的交通运输衔接。基于这三个特点，大兴机场线丽泽城市航站楼是标准的城市航站楼。

丽泽城市航站楼的功能有4个部分：车站是载体，包含车站设施设备与交通换乘设施，是整个城市航站楼的功能依托；航空功能设施设备是基础，包含值机、行李托运等多种功能，可提升新机场快线的服务水平；物业开发功能是增益，可增加整个公共交通设施综合体的社会经济效益。

丽泽金融商务区站能够将中心城航空客源地乘客输送至机场线，是大兴国际机场线联络中心城航空客源地的重要纽带。规划的远景轨道网中，丽泽城市航站楼为大兴机场线、M14、M16、规划M11、丽金线等五线换乘站。

为满足航空旅客不同的出行方式，大兴机场线在丽泽城市航站楼配置了更快捷、更完善的交通接驳设施，包括公交车、机场巴士、出租车、小汽车等，形成高复合度、高协调性的交通接驳系统。城市航站楼将航空服务前置到市区，机场与客源地同步，提前为旅客办理预登机手续，具体包括航班信息、票务服务、旅客值机与签转、行李托运以及直达机场的交通服务等。与航空旅客的活动和消费习惯相对应，丽泽城市航站楼配套了适宜规模的物业开发项目，以旅客的直接需求为基础，包含购物、餐饮娱乐、商务会议、金融服务、旅游等。一方面可满足旅客身处机场时的相同需求，另一方面也可为旅客提供了多种机场难以支持的服务需求，既是机场物业的延伸，又是城市物业的载体。

丽泽城市航站楼在空间布局方面，地下一层为航站楼值机层，与地铁14号线、16

号线站厅层同标高，形成共享大厅，此空间应具备两个功能：一是与M11、M14以及M16三条普通地铁线路进行换乘，在客流规模可控的范围内，可以选择节点换乘。二是基于航空乘客在心理上对出行环境的更高要求，空间设置上更易于认知，环境品质更是高于既往轨道线车辆空间品质。丽泽城市航站楼地下二层为新机场线站台层，与14号线站台平行且上跨16号线。

丽泽城市航站楼在配套服务方面，业态配置主要满足公务及商务航空旅客的需求；满足航空旅客的活动及消费习惯；在极端天气时大面积航班延误或取消的情况下，有利于航空旅客的安置疏解和服务保障。

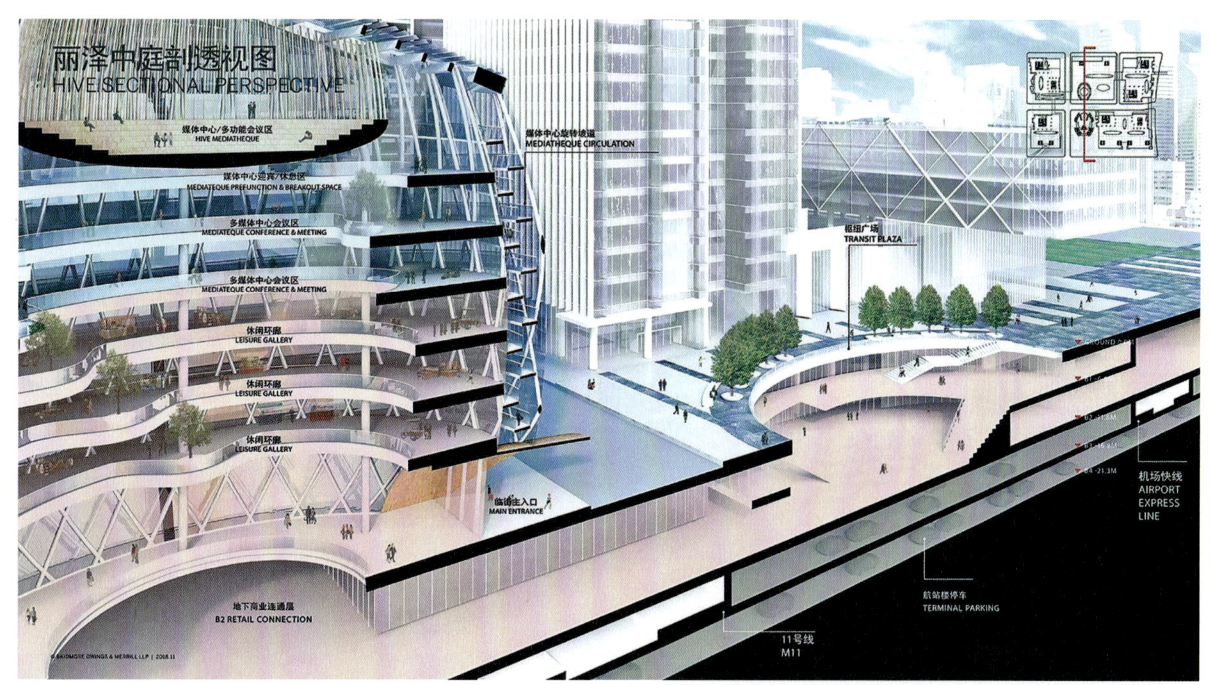

11 非票务资源开发——PPP模式下的商业潜力

PPP公司在大兴机场线进行了巨大的资本金投入，公司运营单凭票务收入，难以实现资产的收支平衡。非票务资源的开发可弥补运营亏损，减轻政府负担，实现大兴机场线投资、建设、运营的良性循环，推动轨道交通事业的可持续发展。

非票务资源收入是指因轨道交通投资、建设和运营而衍生和延伸的具有可开发利用的资源，可由轨道交通业主单位拥有或控制，在保证安全运营的前提下，为广大乘客提供公共交通服务以外的便利服务。城市铁建非票务资源的经营发展，既考虑当前的需要，又考虑未来发展的需求。

在非票务资源收入的发展战略上，城市铁建公司加强了资源控制力度。克服投资、建设、运营“三分开”体制下建设、运营、经营各自为政的现状，密切协调各方，形成了利益相关业务的责任相关制度。

妥善维护资产，建立并完善资产管理信息系统，明确不断增长的轨道交通非票务资产的数量、位置、利用情况等基本信息，最大程度地利用资源为社会各界做好服务。充分挖掘资源潜力，做好业务规划，优先开展投资收益率较大的项目。集约化利用资源，发挥地铁网络化资源优势，以物业资产为基础，以衍生资产为拓展，整合现有非票务资源，丰富产品类型和结构。在有形资源的基础上，挖掘无形资源，为乘客和商家提供生活便利。

城市铁建公司以"效益最大化为原则"，组织进行大兴机场线非票务资源专题研究和策划，并根据非票务资源的形式和类别，以及后续规划调整，经非票务资源分成6个板块，并制订配套实施模式开展招商工作。

在广告资源开发中，以政策法规为准则导向，充分对标航空广告、高铁广告，结合站点空间结构分析，对大兴机场线站台、站厅不同区域广告形式及点位规划进行充分调研分析及测算，根据各站点的特点及工程预留情况进行广告定位，明确线路广告投资的收益价值，研究当前市场需求最大的广告形式，努力实现线路媒体广告资源收益最大化。

结合城市中心理论、初期客流、市级商圈和区域租金等大兴机场线车站等级评分标准，对各站点的商业开发等级进行评定，根据各站点等级判定各站点商业价值和广告开发体量，广告设置标准，在全线规划广告媒体共8种形式，包括12封灯箱、LED屏、拉布灯箱、激光大投影、站台门多媒体投影、镜面广告屏、PIS广告和梯牌广告。

在商业资源开发中，城市铁建公司对标航空商业、对标高铁商业，明确适合大兴机场线的商业资源规划，结合各站点站厅、站台商业业态及相应的工程预留条件，形成商业招商及运营模式规划。

通过对三个站点的周边环境、客流、商圈特征和片区租金的逐一分析，依据站点不同等级及片区类型，结合机场、高铁商业设置和客流特点，在各站点规划设计时提前预留不同面积的商业空间。机场、高铁商业模式主要以百货类和餐饮配套类为主，自助机械涵盖娱乐游戏、零食、冷热饮品等多种类别。城市铁建公司结合地铁客流主要是快进快出特点，从运营安全角度考虑是不允许客流长时间进行停靠，在商业上主要是以零星商业和自助机械为主，站内零星商业主要以文化产品宣传为主，自助机械以满足共性需求为主，满足客流需求。

在对非票务资源策划实施上，对线路非票务资源开发重点进行梳理分析，并借鉴其他机场线的成功经验，针对广告商业设施的投资、建设及运营特点，以“性价比最优的高效益、低成本”为原则，采取了不同商业模式的组合拳，将资源分成了车站及列车广告、激光大投影、PIS广告、站台门多媒体、自助机械和银行ATM六个模块，以“利益最大化”为第一原则，将收益测算充分比较，通过测算结果决定招标模式；以“培养与吸纳相结合”为第二原则，配备专业人才团队，由公司自行负责组织开展相关工作，并对于尚无把握的项目采用租赁和委托代管的方式。

城市铁建公司对大兴机场线车站及列车广告资源进行了充分策划或空间规划，开发了激光大投影综合服务项目，站台门多媒体广告，投放了自助饮料机、杂货机、咖啡机以及银行的ATM机等，开发了车站商业用房招商运营及PIS媒体经营的项目，并由委托单位做好相应的招商和经营管理工作。

12 指挥部+总部下沉 工程组织管理的宝贵经验

大兴机场线不仅在设计、建造、设备、运营等方面采用了大量新技术和高新标准，创造了多个全市乃至全国第一，在工程组织管理模式上，采取了“指挥部+总部下沉”的创新管理模式，也形成了可供同行借鉴的宝贵经验。

根据市政府批准文件，大兴国际机场线工程采用政府和社会资本合作方式实施，北京市交通委员会为实施机构，北京市基础设施投资有限公司为该项目政府出资人代表。

大兴机场线项目总投资约264亿元，分为A、B两部分，A部分主要包括前期工程、站前广场和草桥站、大兴国际机场红线内相关土建工程，由北京基础设施投资有限公司设立的全资子公司大兴国际机场线线路公司负责投资建设。B部分主要包括大兴机场线前期专项工程、土建工程、设备设施，大兴新城站、车辆段二次结构、装修工程、草桥站、大兴（国际）机场站装修工程和设备设施等工程，由PPP公司北京城市铁建轨道交通投资发展有限公司负责投资建设。

由北京市轨道交通建设管理有限公司、北京市轨道交通运营管理有限公司、北京城建集团有限责任公司、北京市政路桥股份有限公司、北京市政建设集团有限责任公司、中国铁建股份有限公司、中铁十四局集团有限公司、中铁十二局集团有限公司共八家单位共同组成联合体，于2016年11月11日中标北京大兴机场线社会化引资项目后，与政府出资人代表北京市基础设施投资有限公司共同出资成立北京城市铁建轨道交通投资发展有限公司。根据联合体协议约定，北京市轨道交通建设管理有限公司负责建设期建设管理工作，北京城建集团有限责任公司、北京市政路桥股份有限公司、北京市政建设集团有限责任公司、中国铁建股份有限公司等单位负责总包施工，北京市轨道交通运营管理有限公司负责运营管理。

北京轨道交通建设管理有限公司在北京轨道交通“三分开”的管理体制下形成了专业化的建设管理模式，在“委托代建制”和“建设管理服务”方面进行了一系列有益的尝试，积累了丰富的管理经验，建立了一整套标准化的管理体系以及与之配套信息管理系统，具备了对轨道交通工程项目的总体把握和控制能力，对设计、施工、监理等全方位的总承包能力和设备系统总集成能力，公司不断加强基础建设管理，完成了贯标认证、内控体系认证和信息化建设等方面工作。最终落实为给业主委托方提供轨道交通新线建设(和基础设施)一揽子解决方案的能力。

大兴机场线工程工期紧、任务重及关注度高。北京轨道交通建设管理有限公司高度重视线路建设管理工作，为加强公司对大兴机场线工程建设的组织领导、统一指挥和综合调度，确保大兴机场线工程按期通车目标实现，成立了公司大兴机场线领导小组及公司大兴机场线工程建设指挥部，采用“公司总部全面负责”建设管理模式，利用公司总部对于工程“见多识广”、对于沟通“衔接顺畅”等特点，充分发挥公司总部各相关部门作用，对项目实行“横向到边，纵向到底”的建设管理，以实现减少管理层级，加快决策效率，全力服务工程，全力服务现场的管理目标。

通过这种模式，强化了建设单位的协调管理力度，确保了大兴机场线的按时通车。

绿色生活 美丽家园

第三篇 CHAPTER 3

科学美学“奇遇记”

优良的建筑物会永久地屹立于城市的“顶端”，并沉淀为城市在一个时代里的精神气质。大兴机场线不仅是一项驶入时代前沿的轨道交通工程，也是一座大气磅礴且气质不凡的城市建筑物，更是向世界展示中国交通发展成就的靓丽窗口，必将以其独特的审美取向、人本内涵、科学精神和文化价值载入北京乃至中国的城市轨道交通发展史。

“特别惊艳”“非常惊喜”，这是大兴机场线开通后许多人迫不及待地试乘后的强烈感受。从全线三座站台体验到的丝绸之路文化和“一带一路”美好愿景，到前置至始发站的“城市航站楼”值机服务，再到乘车时从每一处人性化的设施中体验到的“人在车厢，如在机上”的舒适享受，以及在换乘过程中体验到的各种无缝衔接方便快捷的服务体系，甚至于短短行程中的所见所闻，均被无数人上传到社交媒体并广为传播，进而为各界津津乐道。

大兴新机场线带给公众全新而美好的出行快感，源自科研、设计、建设团队本着自主创新和科学发展的务实精神，来源于“对标航空”的设计理念，来源于建设思想上的“革命”，堪称一场突破传统、将科学与美学碰撞又融合的“奇遇”。

设计的“破”与“立”

美轮美奂的大兴机场线展示的绝非理想主义者的浪漫情怀，它凝聚的是北京已经建成的666km轨道交通线路所积淀的建设经验和技术总结，以及建设者对引领未来轨道交通发展的多面向的思考。突破，源自思想深处的革命。

大兴新机场线应该建成什么样?这曾是被讨论过无数次的问题，是比照北京首都机场建设成轨道专线，还是借鉴上海虹桥机场以普通线路接入机场，或是仿照深圳11号线模式加挂机场乘客专用车厢，又或者能否开行快慢线和大小交路混行列车来解决机场线和通勤客流的不同需求……

在各种方案难以决策之际，设计方启动了世界范围的大调研，到欧洲，深入了解英国希斯罗快线、德国柏林火车站的设计；在亚洲，认真研究了韩国、日本、马来西亚、泰国和中国香港地区的轨道交通机场线方案。

对比了世界范围内的轨道交通机场线建设的得失经验后，设计思想再次回归到工程立项的初衷上，作为大兴国际机场的配套工程，它有特定的乘客群，并承担着特定的使命和任务。所有人形成了一个共识：这条轨道线无法照抄任何既有工程。

设计方首先为机场乘客群“画像”，结论是这一乘客群要求准时性强、在途时间短、服务品质高。瞄准这一服务对象群体的核心需求，提出了时间目标“半个小时通达中心城”、服务水平全面“对标航空”的设计理念。

“半个小时通达中心城”，决定了大兴新机场线的工程建设标准和列车时速定位，而“对标航空”的服务，则高水准、全方位定位了车站和车厢的建设、设备、服务标准。

在此基调之上，“对标航空”更加细化：车站空间全面对标大兴国际机场航站楼，列车车厢全面对标飞机机舱。事实证明，这一大胆的探索和实践，轨道交通业界和社会公众都给出了一致的好评。

站台里的“丝路”文化

每一项优质的工程必定承载着一个时代的重大使命和文化内涵。大兴新机场线三座车站的外观设计，紧扣“一带一路”发展主题，将“陆上丝绸之路”“海上丝绸之路”“空中丝绸之路”的历史、文化全面融入车站的空间设计中，对包括灯光、艺术品、设备、引导标志等所有可见物均实施了一体化的设计方案，形成了性价比高、风格统一的整体方案，是引领未来轨道交通设计思维转变升华的完美范例。

大兴（国际）机场站的设计主题是“空中丝绸之路”，与大兴国际机场风格融为一体，以“翔舞长空”为设计立意。站厅层和站台层行云流水的飘带从柱面延伸到天花吊顶，起到引导客流的作用，站厅层墙面的中国红造型元素，则洋溢着浓郁的地域文化气息。

大兴新城站的设计主题为“海上丝绸之

路”，以船和水波纹为设计元素，取“海纳百川”之意，运用抽象的表现方式，结合灯光效果对空间进行塑造，营造出现代、简洁、灵动的地铁空间。

草桥站的设计主题为“陆上丝绸之路”，其空间主题依据周边环境地域特色，取“丝路花语”形式立意。整个空间将站厅流线型主题、曲形柱面及流线型吊顶融为一体，用装修流线起到引导“换乘流线”的作用。

大兴机场线还创新性地将行李托运功能前置到位于中心城区的始发车站草桥站，旅客在草桥站即可解放双手，轻松到达机场。行李则通过列车上的行李专用车厢运抵航站楼。此举为深化空铁联运、促进多种交通方式的优质融合做了全新的尝试。

与此同时，航空乘客从进入大兴新机场线站台即可随时接收到航班信息。为了改善乘客的乘坐体验，大兴新机场站还将行车信息发布设施与屏蔽门进行了一体化整合，旅客在候车时可在屏蔽门上获得车厢拥堵程度信息而主动分散上车。

不仅如此，大兴新机场线车站的人性化设计无处不在，连卫生间都是匠心营造的空间，入口处以中国传统文化的旗袍和中衫标识着男女，让乘客瞬间感受到北京历史文化古城的氛围，进入卫生间内部，在赞叹烤瓷鸟笼与风筝壁画的精美时，马上又会被自动开启的卫生间照明系统所惊讶，随后又会被自动更换的坐便卫生洁具带来无微不至的关怀所折服，为此，大兴机场线的卫生间竟然成为了"网红打卡地"。

大空间 大气象

大兴机场线对标航站楼的空间设计标准，为出行者营造出宽敞明亮、气派非凡的殿堂般"高大上"的候车空间。这种大空间的设计，既利用了交流系统带来的功能需求，也利用了8节A车所需的车站长度，可谓一举两得。

从高度上看，大兴新机场线的三座车站，站台层结构最小高度是草桥站的6.7m，最大高度是大兴新城站的9.2m；装修后最大高度是大兴机场站的6.5m，最小高度是草桥站的3.7m。站厅层结构最小高度是北航站楼站的5.2m，最大高度是大兴新城站的7.8m；装修完成后最大高度是大兴新城站的6m和大兴(国际)机场站的3.45m。

从宽度上看，大兴新机场线车站的站台宽度是根据航空乘客人均占用面积标准进行的核定。按照人流密度2m^2/人计算，侧式车站的侧站台宽度不小于6m，岛式车站的侧站台宽度不小于4m的标准，草桥站的两个侧站台宽度达到了16m，大兴新城站的岛式站台宽度达到了16m，大兴机场站的离港站台宽度为12.9m，到港站台的宽度达到了惊人的39.3m。在尽量加宽加高车站的同时，草桥站和大兴新城站均采用了16m单柱的结构形式，尽可能多将无效空间转换为有效空间。

大兴(国际)机场站因站台层较高，车站屏蔽门上方有4m宽、200m长的条带空间，如果按照传统，这会是无效空间，而大兴机场线则首次利用投影仪将这个空间变为宣传黄金位置，滚动播放各种宣传画面和商业广告，衍生出面向高端乘客的全新商业价值。

大空间对采光和人防的设计要求也很高。采光方面，在草桥站设置了采光天窗、礼仪入口、下沉广场、光导照明，努力将地下空间地面化，在北京首次提出人防的水平封堵、垂直洞口采用滑动式人防封堵板进行临战转换的封堵方式，实现了大兴机场线五级人防的设置标准。

换乘通道空间也对标航空标准，设置水平步道。大兴机场线的三座车站均为换乘车站，其中大兴机场站与R4线、城际铁路是平行通厅换乘方案，草桥站与19号线也是平行通厅换乘方案，与10号线为通道换乘，分上下行设置了两个通道，净宽均为5.2m，考虑到机场乘客大多携带行李，设置了5%的缓坡以替代楼扶梯的设置。

为更好地满足携带行李乘客的垂直运输需求，大兴机场线站台采用了3吨电梯作为上下交通的设施，每个站台的公共区均不少于3部3吨电梯，每部电梯至少可容纳14名带一大一小行李的乘客搭乘，同时，在每个站台均设置了不少于2部上下行自动扶梯。

为提升安检效率、改善旅客体验，草桥站将安检设施集中设置在出入口处，将整个站台和站厅都变成安检区域。避免了安检及隔离栏杆对站厅层空间的破坏。

不仅如此，在车站设计中，还最大限度地将能整合在一起的设备设施尽量整合设计，利用地面标识、墙面标识、LED显示设备，减少标志标牌的无序出现。通过这些优化手段，将工程建设体量上付出代价而获得的车站大空间最大效益地利用起来。

舒适的“陆上空客”

对于选择轨道交通去机场的航空乘客，预期的候车时间一般不超过10min，而在列车上的时间大概为20min。大兴新机场线则致力于进一步改善航空乘客在列车上的体验。

如何将列车车厢与飞机机舱对标，设计者把握住了航空客舱设施的三大主要特征：一是座椅间距比较大，能倾斜；二是行李放置空间大且收纳有序；三是信息提供和服务呼叫系统完善。

通过研究首都机场线的车辆设备，大兴机场线在旅客出行需求上做了更多调研，提出了对标航空的具体标准。一是在车门处设置大件行李存储位置，在座位上方设置行了小件行李支架，并加大了座椅间距以满足乘客膝前放置便携式行李；二是设置耐用舒适的座椅靠垫；三是减少座椅数量，降低车内拥挤程度；四是优化信息传输显示装置，在车厢内滚动播出航班信息；五是改善车内的照明光源强度，提供温暖舒适的光环境。

为达到吸引高端乘客乘坐大兴机场线，减少小汽车接驳量的环保追求，大兴机场线增设了商务车厢，并提供了商务车厢候车区。从草桥站开始，商务车厢乘客可通过预约商务通道从地下小汽车接驳区直接平层接入草桥站，通过专用商务电梯，直达站台商务车候车区，商务车候车区配置候车用专用沙发，就近卫生间等服务设施。商务车厢的服务标准对标航空客舱头等舱。座椅采用可旋转式座椅，2+1的座椅布置方式，提高了商务乘客的活动空间，座椅下方设置USB充电接口，座椅上方提供阅读灯和空调调节开关。通过这些设施和服务，希望将航空头等舱乘客吸引到大兴机场线上来。

方便快捷的“接驳方案”

无论航空出发旅客或到达旅客，对交通接驳系统服务的要求都很高。机场乘客由于携带大量行李，采用小汽车接驳的需求是最高的，为了更好地服务航空乘客，实现绿色多样出行选择，大兴机场线在草桥站站厅层西侧配套设置机动车接驳区，到港乘客可不出车站，直接换成小汽车，驶离草桥站。停车区域提供网约车、出租车接驳设施，构建共享多赢的智慧衔接体系。地下交通接驳区与车站同期建设，提供51个网约车停车位，26个出租车蓄车位和5个出租车上车位。

在空间结构上，采用分层立体布局，网约车驻车区与站厅同层布置，地铁出站乘客可以平层乘坐网约车；出租车蓄车区位于地下二层，形成人车分离，避免排队出租车与出站旅客交织。在环境营造上，出租车旅客候车区为全空调专属空间，舒适宜人。

13 大兴（国际）机场站——古典与现代的碰撞

轨道交通北京大兴国际机场线的起点站是大兴（国际）机场站，它发挥的是展示首都形象的“窗口”作用。大兴(国际)机场站在设计上突出了既与机场航站楼风格一致，又体现地铁站的个性特色，在全线“一带一路”主题下，机场站的主题方案是“丝路乐舞”。

大兴（国际）机场站位于大兴国际机场内，站厅层位于地下一层，站台层位于地下二层。南、北站厅作为直接连接机场的空间，在设计风格和手法上与机场保持一致，在空间效果上，突出现代感、艺术感和“对标航空”的理念。

在大兴(国际)机场站的设计中，从功能角度进行了空间塑造，以柱子为单元格，以曲线勾勒空间形态，引导客流，营造与机场换乘厅一致的空间效果，并采用了宫门铜钉的设计元素来营造“京味”气氛。设计中充分体现出“空中丝绸之路”的寓意，传递着和平合作、开放包容、互学互鉴、互利共赢的国家精神。

西侧站台是去往机场方向的到港站台，空间视觉元素采取行云流水的飘带来引导客流，风格现机场大厅一致，在三角房和柱面位置等细节部位也进行艺术化处理，既满足对现代、简约的站台空间内细节部分的处理需求，又保证对空间的每一处都合理的利用，将到港站台营造出一个具有艺术气息的空间环境。

到港站台扶梯间的琉璃飞羽装饰灯具，选用琉璃材质，有的形如透明气泡，有的形如羽毛，羽毛在色彩上选择透明色、红色、蓝色、黄色和绿色这五种颜色，琉璃灯具从天花倾泻而出，配合着灯光照射效果，宛若点点星辰。

三角房侧面的画面选用莲花变形图像，寓意中国传统文化中“纯洁与高雅、清净和超然”的精神气质。飘带形象也表达着中国正逐渐崛起的自信与决心。莲花的粉色花瓣与绿色枝叶的色彩交替，同样展示着中国人追求的“出淤泥而不染”的高洁品性，亦隐喻着盼游子归乡的深情。

东侧站台是进入北京市区方向的站台(以下称为离港站台)，为让乘客提前感受北京城市文化，设计风格突出“中国文化、北京特色”，通过展现具有北京特色的屋檐、斗拱、汉白玉栏杆、灰墙等建筑特点，让乘客提前置身于北京的文化氛围中，达到向国内外乘客宣传中国文化、北京文化的效果。

空间色彩搭配主要以中国红、城墙灰为主色调，提取故宫建筑红柱和飞檐为设计元素。

在离港站台靠近墙面一侧的天花造型为中国传统的屋檐造型，表达北京欢迎八方来客、庇护天下有志之士得以实现鸿鹄之志的博大胸怀。瓦当选用卷云纹图案，寓意吉祥如意，滴水选用“五福捧寿”瓦当，寓意多福多寿，皆表达着对祖国繁荣昌盛、长治久安的希望。

离港站台楼扶梯三角房的侧墙上的花窗，采用冰花纹，寓意“刻苦、通达”，有“十全十美，四通八达”之意。在花窗的正中间有三条龙，寓意腾飞之势。

斗拱是我国古代建筑所不可缺少的部分，通过在离港站台中间选取三根柱子，做成斗拱造型，既表达了对传统古建形式的敬意，又使得空间更加富含中国意蕴。

此外，大兴（国际）机场站还通过智能化照明系统、新型智能化的设备和艺术化处理，以科技智能的设备和艺术创造营造出一个绿色环保、科技时尚并满足对乘客人文关怀的多元化空间。

大兴（国际）机场站所有的细节设计，均展现北京将更加“四通八达、繁荣向上”的发展势头，以及北京的国际化道路必定会越走越宽广的豪情壮志。

14 大兴新城站——乘风破浪的"海上丝绸之路"

大兴新城站位于大兴区观音寺街道，兴亦路与规划广平大街交口南侧，是大兴机场线一期三座车站中的中间车站，也是全线唯一一座标准车站。

大兴新城站以"海上丝绸之路"为设计主题，以大海和帆船为主要视觉形象，提取船和水波纹为设计元素，并通过抽象的表现形式，将铝板、方通与灯光结合，来营造现代、简洁、灵动、具有生态气息的车站空间。

大兴新城站作为标准车站，遵循了标准化的设计原则，材料标准化，规格尺寸标准化，墙面铝板、地面石材和天花铝方通及天花铝板均为标准化设计。设计上摒弃了繁复的造型，追求以简洁为主的功能型设计美学，在设计中强调"静"的体验，有助于缓解乘客出行的焦虑。

大兴新城站是明挖单柱车站，站厅建筑结构高度为8m，站台建筑结构高度为6.85m，经过多专业共同努力，大兴新城站实现了站厅层装修空间最高点6m，最低点5.3m，站台层最高点4.9m、最低点4.2m的高大宽敞的车站空间。

大兴新城站亦对所有设备高度集约整合，优化了设置形式，减少了空间吊杆，设置了整合支架，减少了设备对车站装修空间的影响，让车站空间更加干净清爽。

在"对标航空"方面，大兴新城站增设了母婴室，优化了卫生间隔间尺寸、冷热水保障，完善了各类人性化设置，通过提升设计标准，改善乘

客的体验感，增加使用的舒适度。

在空间设计中还增加文化点缀，艺术文化柱、传统中国文化在艺术站名上的运用，让模数化的材料组合多了一丝灵动与文化韵味。

大兴新城站以“海纳百川”的寓意突出“海上丝绸之路”主题，展现航海文化的磅礴大气，和中国必将乘风破浪走向世界、为构建人类命运共同体做出更大贡献的雄心壮志。

15 草桥站——阳光入站的“丝路花海”

草桥站的装修设计以“丝路花海”立意，车站仿佛一座绚丽多彩的百花园，站厅层的阳光中庭，步移景异，一幅幅灵动的画面让国内外乘客感受到北京的热情友好、中国的蓬勃发展。可变幻色彩的灯光犹如盛开的花朵，营造出绚丽而热烈的氛围。

在“丝路花海”的整体立意下，“花”成为草桥站的设计灵魂。为了融合草桥站的地域特色与交通功能，在站厅层付费区设置了花瓣造型柱，连接流线型吊顶，区分了付费区与非付费区。

花瓣造型柱是站厅层的亮点，也是重难点之一。从前期的方案设计到后期的施工图设计、材料生产、加工、安装等各个阶段，“花瓣柱”一直是项目的工作重心。花瓣造型柱采用的是非常规双曲板材安装，同时，花瓣双曲板上要精准定位每个圆形镂空位置的直径大小，达到灯光渐变的效果。

站厅层主出入口作为草桥站的“门户”，延续了站厅层弧形设计，与钢结构连接的侧面烤瓷铝板也是前期设计的双曲板重点造型之一。

草桥站在空间设计一体化上，将照明设计与装修设计的融合、创新，引用了自然光与人工照明相结合的方式。站厅层主出入口及天窗的设计，白天引入自然光线，辅助站内空间照明，夜晚开启边缘暗藏灯光与蔚蓝色的夜空烘托站厅气氛，既节能环保又体现了“天圆地方”的设计思想。

草桥站在照明设计上，将点、线、面光源融入“丝路花海”中。

“点”，站台层点缀在波浪形镂空铝板中的明装筒灯作为站台层主要照明之一，均匀的布置在流动的波浪形铝板之间，打破了顶面铝板本身全封闭的沉闷感，又达到了站台层整体照度要求。

“线”，贯穿站厅层与站台层的流线型LED条形灯带作为草桥站主要灯光照明，均匀布置在整个站厅和站台层，光照均匀、稳定，同时将“路”进行了连贯性设计，配以灯光的引导性，既满足功能，又不失美感。

“面”，站厅层付费区盛开的花朵，采用铝板渐变开孔的工艺，暗藏彩色可控制洗墙

B A 出 EXIT
换乘10号线
G F E 出 EXIT

灯，既补充灯光照明，也突出了“花海”主题，活跃了空间氛围。站台层柱子上部彩色的LED灯带，既是点缀灯光照明，也为整个空间增加一些灵动的韵律。出发站台蓝色的灯光，示意蓝天白云以及愉快的空中旅行；到达站台中国红灯光，提示旅客“这里是北京，欢迎来到中国”，让中外旅客感受到北京的人情味。

草桥站付费区内花瓣造型暗藏彩色智能可控灯具，可选7种不同灯光颜色，自动、手动变换模式可随意切换，可以根据季节不同、重大节日气氛、日常气氛烘托等后期运营需求调整灯光模式。既作为站厅的补充照明，增加灯光气氛，同时寓意绚丽跳动的花朵盛开，传扬花乡“草桥”的地域风貌。

草桥站装修部分建设单位采用设计、施工、材料一体化统一管理模式，为装修功能、质量、工期等目标的实现提供了强有力的保障。

16 匠心营造的高大车站空间

走进轨道交通大兴国际机场线的车站，第一感受就是站内空间大。宽敞的空间营造出如同置身于机场的感受。

轨道交通大兴国际机场线较一般的普线车站提高了站内空间标准。大兴机场站是国内目前第一座轨道交通与航站楼共构设计的车站，车站位于航站楼中轴线上，横跨南北，位于航站楼的投影区。结合航站楼的功能布局，地下二层、地下一层与综合换乘大厅实现了平层衔接车站与大兴国际机场北航站楼综合交通中心一体化设计，使高铁站，地铁站与航站楼三站场合一，并通过竖向交通实现人流的“零距离”换乘。车站站厅层层高5.2m，站台层层高9.2m；大兴新城站位于规划道路下方，预留与规划线路平行换乘、与待地块开发地块接驳的条件，采用地下二层车站。结合地块开发的高度，站厅层层高7.8m，站台层层高7.5m；草桥站位于待开发地块内，采用浅覆土的地下二层车站，与普线M19号线车站平行设置、同期设计、同基坑施工，实现两线站厅层共享的便捷换乘。考虑上跨既有线区间的风险，站厅层层高6.2m，站台层层高6.5m。

借鉴《铁路旅客车站建筑设计规范》候车区（室）的设计规定，轨道交通大兴国际机场线的车站净高采用高标准，站厅层、站台层公共区吊顶下最小净高均不小于3.6m。

10

出
EXIT
A
B

17 北京首例16m宽单柱岛式车站

大兴新城站为16m宽的单柱岛式站台车站。如此宽的单柱车站在北京地区属于首例，在全国也属罕见。

常规地铁车站在站台宽度较大时，多采用双柱三跨框架结构。大兴新城站在全面对标航空服务的思想指导下，在设计过程中，为体现大空间效果，车站公共区采用了单柱二跨框架结构，负一层公共区净高增加至8m。

双柱车站一般来说横向跨度布置灵活，结构板厚度较薄，受力简单，经济性好，但公共区柱多视野受影响，不能满足一体化功能需要，与对标航空的标准不匹配；单柱车站在站台较宽时横向跨度一般比较大，会造成结构板厚度较大，受力复杂，尤其是在地震荷载工况下抗震性、经济性较差，但空间效果好，视野通透，能够满足一体化功能需要，符合对标航空的要求。

大兴新城站为16m宽单柱岛式站台车站。为解决抗震问题，框架柱采用抗震性能良好的塑性钢管混凝土柱。远期预留接口处框架柱采用型钢混凝土组合柱，内部设置十字形型钢。加强梁板墙节点设计，板墙交接处采用大腋角，改善受力条件。单柱段顶底板墙腋角尺寸为1000mm×2000 mm、顶底板梁腋角尺寸为1000mm×1500mm、中板墙梁腋角尺寸为500mm×1000mm。

设计过程中对16m宽岛式站台单柱车站抗震性做了专门的三维时程分析计算，通过计算，地震荷载工况下的各项指标均满足规范要求，建成后的单柱车站视野非常开阔。符合该线对标航空标准的要求，技术水平高、对推动工程建设行业技术发展具有重大影响，社会效益明显提高。

另外，大兴新城站属于北京首个大净空地下车站，站台装修面至站厅装修面7.5m，有效减缓乘客在地下空间的压抑感，提升了旅行的舒适度，给旅客带来全新的乘车体验。

18 大兴新城站预留灵活的“一体化”条件

大兴新城站周边为大兴区待开发区域，整个车站预留了远期一体化接入条件，站厅层预留远期与规划轨道交通S6线换乘条件。

根据全面对标航空服务标准要求，大兴新城站也按照枢纽标准进行了方案设计。为配合远期“一体化”接入，大兴新城将站厅层高增加1.8m，站厅西侧预留大面积通透连接，并向西预留一跨，东侧预留预埋城际铁路联络线大兴新城站土建结构工程，设备区上层预留上盖3层结构荷载。

基于大兴新城站施工周期紧迫，为保证顺利通车，同步开展实施了车站与“一体化”区域连通口的土建结构预留工作。车站站厅层公共区长约143m范围内两侧侧墙预留打开条件（预留梁柱体系），可灵活与远期城际铁路联络线站厅层连通及一体化开发空间连通。结合近远期需求的不同，车站采取了包络设计，取得了不错效果，实现了各方需求。

19 车站地下空间“地上化”

不同的交通建筑类型给旅客的空间体验是不同的，地铁站给人的印象是拥挤、闭塞。相对而言，大兴机场航站楼给旅客的空间感受较地铁站宽敞、明亮，其大柱跨、高净空，让人与人间都能保持舒适距离。“对标航空”促使该线对车站空间的比例、尺度进行了新的探索。

一、地下空间设计

地下车站由于缺乏自然光的引导，地下空间的方向感较弱，容易让人迷失。怎样让地下空间产生趣味性，是大兴机场线设计的重点之一。草桥车站引入了采光天窗、礼仪入口、下沉广场、光导照明，不但利于氛围的营造，也利于自然通风排烟，减少运维成本。

草桥站车站顶板设置了四组钻石形天窗并配备自动开启扇，天窗位于联系站厅站台的楼扶梯上方，阳光可以通过站厅照射到站台层，出站旅客在行走过程中便可以看到室外的景色，缓解航空旅客出行过程中的疲惫。

车站西侧E1出入口是面对落客边的礼仪入口，专门服务于乘坐机动车进站的旅客，在进站口处提供了居高临下俯视车站空间的平台，旅客可以在高处对车站的空间规划有一个整体的认识，很容易获得方向感。

出入口上方为双曲面玻璃穹顶，引入自然光，穹顶下方空间同时作为换乘中庭，组织旅客进出站及换乘接驳区的其他交通方式。同时，首次在车站附属空间引入光导照明系统，减少人工照明以及运营费用。

通过简洁明了的建筑空间规划，有条理的功能秩序安排，使乘客方向感清晰，避免旅客使用时的紧张和疲惫。通过清晰的结构带来的秩序，减少对标识系统的以来，增强了旅客在乘用过程中的自主感。

二、结构创新设计

地下车站纵向柱距通常不超过9m，草桥站公共区纵向柱距增大到13.5m。同时，由于轨面高程和草桥站场地标高限制，车站顶板标高接近现状地面标高。车站顶板要与室外地坪有自然缓坡衔接，顶板上方需要3m厚覆土作为屋面种植绿化要求，车站顶板梁无法和大兴机场线其他车站一样通过钢筋混凝土梁上翻来解决梁高受限问题。

在同等荷载下减小结构梁高，借鉴民用建筑的设计方式，采取了双向布置主梁，设置井字次梁，减小顶板板厚这种改变结构传力体系来减小顶板梁高度，但是地铁由于需要有大量沿轨道纵向穿行的管线，设置双向

梁带来的梁高减小很快被管线穿行引起吊顶高度降低给抵消。综合比较，采用做法如下:

钢管混凝土除在梁高范围内梁顶设置上加强环、梁底设置环形抗剪牛腿外，在梁中部增设悬臂钢梁，钢梁与钢管柱工厂焊接连接，在钢管柱内部设置水平加劲肋环板，环板中部设置混凝土浇筑孔和排气孔。悬臂钢梁与型钢混凝土梁内的钢梁现场栓焊连接。

新增设的悬臂钢梁可以直接传力给钢管柱，增强梁柱连接节点刚度，考虑到地铁工程主要为宽梁，在结构梁梁底仍设置了环形抗剪牛腿，使得结构连接更可靠。同时，由于钢管柱运至现场时已完成悬臂钢梁焊接，考虑到现场施工的可操作性建议将钢管柱拼装节点改为现场坡口熔透焊。

采用型钢混凝土梁后，顶板梁梁高由混凝土梁高3.0m降为2.0m，有效增加建筑净空高度，同时增强了结构的整体性。

三、人防设计

车站的设防标准为五级人防，站厅公共区要实现天窗、下沉庭院等设计手法的实现，需要妥善处理好开放洞口处的临战封堵措施。设计团队经过将近一年半的探索、讨论，并与审查部门对接，最终确定车站的水平及垂直洞口都采用滑动式人防封堵板进行临战转换的封堵方式。

20 巧建立体小汽车接驳区

地下交通接驳区与车站同期建设，提供51个网约车停车位，26个出租车蓄车位和5个出租车上车位。网约车驻车区与站厅同层布置，地铁出站乘客可以平层乘坐网约车。

草桥站基坑为超大基坑，车站总长315.4m，宽136.3m，地下结构高15.84m，共15跨，底板埋深13.96m。基坑围护结构采用钻孔灌注桩加内支撑、二级放坡开挖、桩+锚索以及悬臂桩体系，车站主体为地下两层、局部地下一层的箱型框架结构。鉴于工期压力较大，为加快施工进度，在西侧明挖基坑内增加了施工便道，基坑向西拓展，形

成下口宽12m的施工便道，便于施工机械车辆进出，提高渣土运出和材料运入效率，有效地解决了超大基坑材料运输距离远的问题。基坑内施工便道的实施加快了施工进度，土建工期提前了三个月，为后续施工节约了时间，保证了机场线如期通车。

为充分发挥出车站三线换乘的优势，服务好习惯于乘坐机动车进出站的旅客，实现绿色多样的出行选择，借施工便道已经开挖的契机，在站厅层西侧配套设置了机动车接驳区，可提供网约车、出租车接驳设施，构建了共享多赢的智慧衔接体系，增加了车站的可达性和进出站的趣味性。

地下交通接驳区与车站同期建设，提供51个网约车停车位，26个出租车蓄车位和5个出租车上车位。在空间结构上采用分层立体布局，网约车驻车区与站厅同层布置，地铁出站乘客可以平层乘坐网约车。出租车蓄车区位于地下二层，形成人车分离，避免排队出租车与出站旅客交织。在环境营造上，出租车旅客候车区为全空调专属空间，舒适宜人。参见图1基坑肥槽的空间利用和图2地下交通接驳区空间模型。

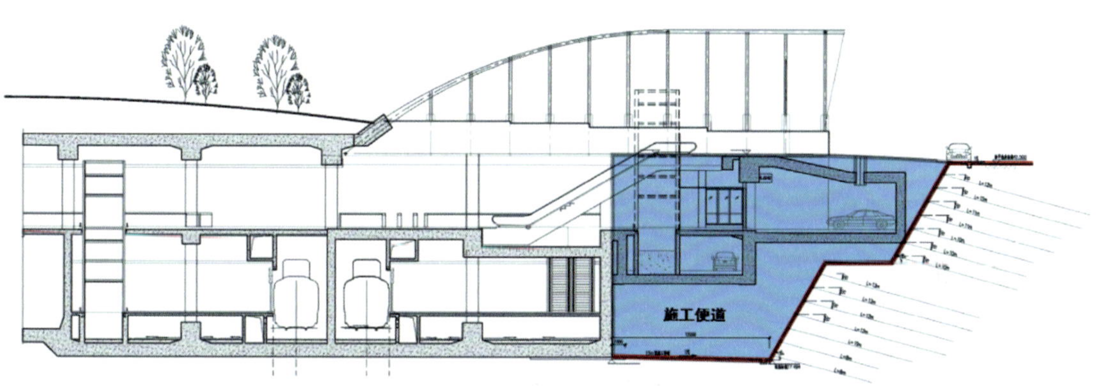

图1 基坑肥槽的空间利用

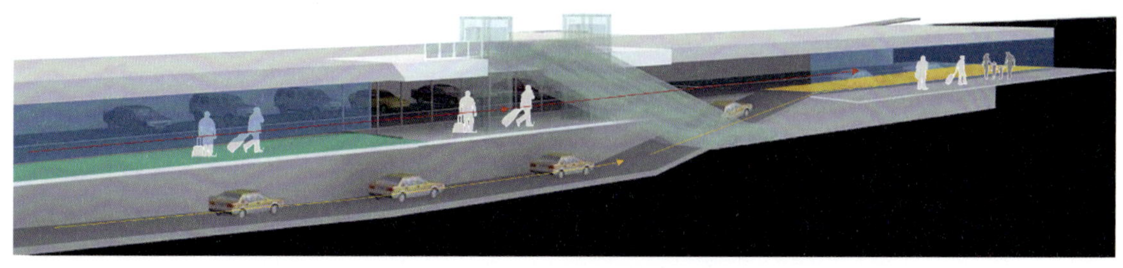

图2 地下交通接驳区空间模型

21 彰显航空乘客尊贵的服务设施

车站公共乘客区设置了VIP专用出入口、VIP专用闸机、VIP专用电梯、VIP候车区、VIP车厢等特色服务，卫生间设置了母婴室、无性别无障碍卫生间……大兴机场线除设有普通地铁车站的设施外，设计上还有很多细腻的地方。

大兴机场线除设有普通地铁车站设置的客服中心、自动售票机、软席座椅、银行、无线宽频等服务设施外，设计上还有很多细腻的地方，如航班显示屏、行李搬运寄存服务、大运量电梯等。卫生间设置了母婴室、无性别无障碍卫生间，在公共乘客区设置了VIP专用出入口、VIP专用闸机、VIP专用电梯、VIP候车区、VIP车厢等特色服务。

此外，轨道交通大兴国际机场线与普线的换乘是设计中的重要一环。草桥站与普线M10号线车站采用长通道换乘，为了创造良好的换乘体验，设计方参考香港机场线长距离换乘的设计，将长通道分为两段，采用最大净宽22m的双通道与净宽5.2m的单向通道交替组合的方式，创造出富于变化的内部空间，使两段通道走起来空间感觉很舒适、宽敞、不单调。在换乘通道入口处设置双向自动步道，步道在早晚高峰期开启，迎合主客流走向，整个走行路径设计得便捷、舒适。

XM-1-1
XM-1-2
XM-1-2

22 “知冷知热”的车站暖通系统

在冬季，北京地下车站公共区是无须供暖的，但大兴机场站的大厅却设置了暖通空调系统，保证车站冬暖夏凉，此举充分考虑了乘客的出行的舒适度和良好的乘车体验。

国内首座冬季供暖的地下车站

如果冬季不供暖，大兴机场站站厅的温度最高仅16℃，从机场航站楼20℃的环境到地铁站换乘的乘客会骤然感到寒气袭人。

为保证乘客在航站楼与地铁车站间有相同的热舒适体验，大兴机场站采用了暖通空调设计，对大兴机场站的站厅、站台采用与大兴国际机场航站楼大厅一样的室内空调设计参数，即夏季26℃、冬季20℃。大兴(国际)机场站成为国内首座冬季供暖的地下车站。

机场、车站实现冷热源共享

由于大兴（国际）机场站与机场航站楼同步设计、同期施工、运营，具备资源共享的条件，大兴（国际）机场站的公共区及管理用房的冷热源均由机场能源中心提供，使得车站内不必单独设置一套能源中心及控制系统，达到了减少机房占用空间、节约能源、减小设备配置容量的目的，也降低了运营管理工作量，实现了资源共享。

跨越不同的运营管理部门如何实现资源共享？在大兴机场线的暖通空调设计中，通过从整体规划入手，在保证通风空调系统的安全性、可靠性基础上，通过灵活的设计理念，不局限于轨道交通线网之间的资源共享，将地铁与城市其他建筑空间的接驳关系统一规划，合理利用，避免了重复建设，从更高的维度实现了资源共享，控制了建设投资与运维成本，使得工程项目获得了更好的经济效益和社会效益。

23 吊顶里的走线奥秘

一条轨道交通线路，一座地铁车站内，到底有多少管线才能带动起整条线路、整个车站的正常运行？如此多的系统管线，它们都藏在什么地方？

不按管线数量算的话，一条轨道交通线路仅系统的种类至少有23类之多，包括：暖通专业的送风系统、排风系统，空调系统，给排水专业的消防水系统、喷淋系统、给水系统等水系统，还有动力照明系统、民用通信、通信、FAS\BAS等电系统……如此多的系统管线，全都藏在吊顶天花内。

吊顶天花内空间有限，如此多的管线必须要先经过整理才能摆放其中，必须合理利用每一寸空间，做到空间最大化利用，让我们来探探吊顶里的奥秘。

第一关

大兴（国际）机场站的北站厅层吊顶高度3.3m，因为土建与航站楼一体，结构主体相对较大，导致管线敷设使用的空间非常有限。

为使车站与航站楼保持整体视觉一致，决定降低局部吊顶高度供风管敷设用。各系统专业平铺在没有风管敷设的区域梁下，而水管也第一次敷设在了电专业之上，在土建结构预留的孔洞内穿行，在平面上是错位开的，这样既保证了吊顶高度，又能满足各系统专业的敷设要求。通风也由原来的集中送风改为了分散送风，以减小风管尺寸，保证吊顶高度。

第二关

西北站台公共区，有一个航站楼的制冷管廊侵占了管线敷设区域，管廊下净空6.2m，去除装修所需的20cm厚度，还剩下80cm空间供管线敷设，但是暖通系统风管尺寸的长宽比例不能小于4：1的要求限制，而最大风管尺寸高度也要做到1m，只能再次用降低吊顶高度来解决。

正常情况下，吊顶高度最多做到4.6m，为了尽可能提高吊顶高度，最后将风管保温紧贴吊顶龙骨上层，将风管下部的施工空间与吊顶空间共用，管线与风管并行敷设，避免在此处交叉，从而提升吊顶完成面的高度至4.8m。

第三关

接下来是要排布整理整个公共区管线位置。公共区风管多处尺寸最大高度1m，且因为整个站台层靠近轨行区一侧的土建结构梁大多为2m以上，不适宜敷设管线，因此，管线集中敷设在远离轨行区的站台西侧，且风管利用梁窝接支管，满足离港站台东侧送风需求。

风管横穿较多，无法保证原方案的6.8m高吊顶要求，只能再次降低吊顶高度。依据第一次降低吊顶的方案，风管紧贴吊顶龙骨，基本能满足吊顶高度6.6m。综合考虑了其面积过大，风管横穿时管线敷设空间过小，每一处梁体尺寸及站台顶板厚度并非相同等因素，经与装修专业多次协商，最后确定6.5m的高度比较稳妥，不会影响到整体视觉感观效果。

第四关

在站台层公共区西南角的离港西南站台无障碍电梯附近，此处建有楼、扶梯且邻近设备区与公共区交口处，管线集中收口进入设备区，无法实现原方案的6.8m高吊顶要求。土建已无法更改，只能又一次牺牲吊顶高度。但是因为收口处有装修造型，为了这一处管线在收口处降低吊顶高度，对吊顶造型影响较大。

最后解决方案是：收口处牺牲部分造型，改为普通铝板吊顶。因为端部有无障碍电梯及扶梯，属于人员流动区，吊顶不宜过低。经多次与通风专业协商调整风管尺寸，确定了局部吊顶完成面高度为5.2m。因为造型吊顶为6.5m，要降低到5.2m，高差1.3m，高

差较大，管线变高需要空间大，装修为了方便管线变坡，同时连接两处高度吊顶，做了缓坡变高处理。

四次深化吊顶高度后，站厅及到港站台繁荣公共区装修高度有所降低，但是并没有影响整体视觉效果。

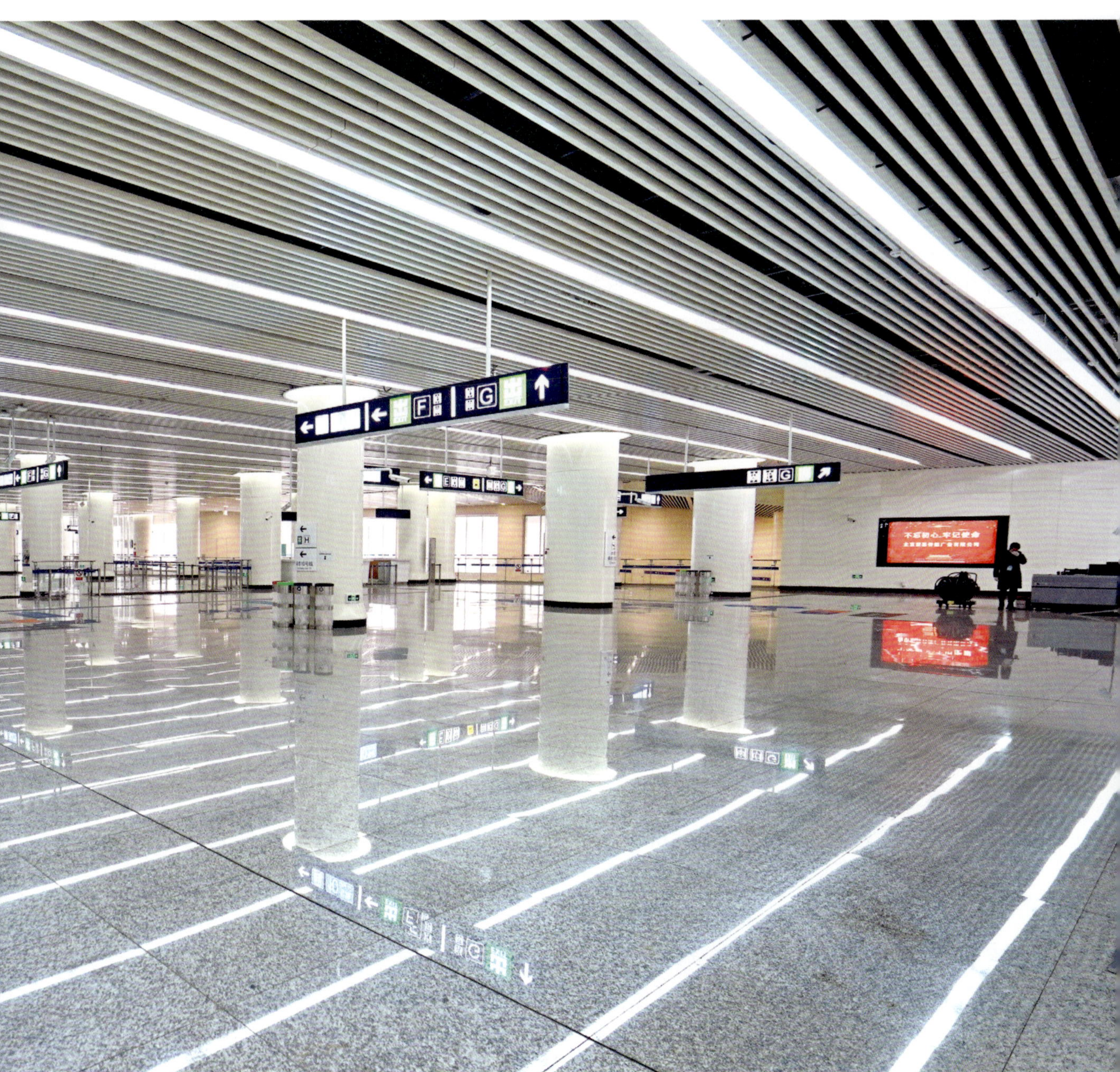

24 各有千秋的车站消防设计

大兴机场线三座车站和磁各庄车辆段的功能和结构各有不同，在消防设计上，打破了许多传统的做法，针对不同情况和安全保障要求，采取了最优化、最可靠的设计方案。

草桥站：最大安全疏散距离50m

草桥站规模大于一般车站，共划分了17个防火分区，最大的防火分区面积为25071m²，面积超出消防规范要求。针对车站公共区防火分区面积超标的问题，根据《城市轨道交通工程设计规范》，采用了特殊消防设计，通过加强火灾探测设备系统等措施来保证火灾时旅客的安全疏散。

站厅层设有感烟探测器，并设有消火栓系统、自动喷水灭火系统及自动跟踪定位水炮系统。水炮系统管线被妥善安排在吊顶以上。

《地铁设计规范》规定，站台和站厅公共区内任一点与安全出口疏散的距离不得大于50m；《城市轨道交通工程设计规范》规定，站厅公共区内任意一点到安全出口的最大距离不得大于60m。

在此前几轮的特殊消防设计评审中，均通过了不大于60m的设计标准。最后一次评审要求调整至最大50m的设计标准，实施现场增加临下沉庭院处的玻璃幕墙的可开启门的数量，确保最大50m的疏散距离要求。

大兴（国际）机场站：人员换乘、行李运送安全可靠

大兴(国际)机场站是“凤凰”立脚处，在消防设计的沟通过程中，经过消防性能评审及工程建设项目施工图审查“多审合一”阶段时，传统的工作流程不再适用该项目。

不同于普通地铁站，大兴(国际)机场站与航站楼共构设计，这种车站形式决定了无法设置地铁独立的直出室外的安全出口，必须要经过综合换乘大厅来完成客流的疏散和引导。

大兴机场线首次加入了行李系统，大兴(国际)机场站作为终点站承担了行李输送、分拣、接入航站楼行李系统等复杂功能，地下车站管理用房的消防设计也带来一些难度。

解决方案一：通过直接间接的连通“环沟、综合换乘中心、机场服务车道、停车楼半室外空间”这四个策略，解决地铁安全出口不能直通室外的问题。

解决方案二：地铁车站内首次加入行李系统设计，原有设计规范内没有设计依据支持本项目，经与多方沟通，最终按照《民

用机场航站楼设计防火规范》（GB 51236—2017）对机场行李处理机房的要求进行消防设计，解决行李机房区域防火分区、安全出口、疏散距离的消防问题。

项目于2019年7月29日正式通过特殊消防设计的专家评审会。2019年9月通过了车站的消防验收。

大兴新城站：更大空间的蓄烟仓

虽然大兴新城站的设计客流量不大，但是消防设计标准从未降低。值得一提的是公共区的高蓄烟空间设计。

车站站厅层公共区层高达7.8m（常规层高多为5m），高空间具有超强的蓄烟功能。为此，该站设计了比常规车站高出了2.8m的蓄烟空间，极大地保障了公共区的安全。

消防设计注重为远期接口预留消防措施。车站站厅公共区两个侧墙均预留了远期打开条件，既可实现与规划线路的换乘，又可实现与规划地块的连通。因此，在每一个预留接口处都设计了防火分隔措施，将大空间有效地分隔成为若干个区域，并在每个区域设置独立的直通地面的出入口，从而保障了车站的安全疏散。

磁各庄车辆段：一体化建设车辆段的消防方案

磁各庄车辆段的消防设计也是有针对性的。在库区的消防设计、咽喉区的消防设计以及消防车道的安全问题上借助了特殊消防设计进行论证。在充分分析、研究其特殊性后，采用了在库区与咽喉区之间通道不能顶板开洞处加设高压细水雾隔离带、咽喉区设置射流风机机械排烟、咽喉区区域丙类厂房采用防火墙（防火门）等与咽喉区分隔的措施，保证了工程的消防安全。

GF
10号线
Line 10
出
H
乘车10号线

25 大容量电梯更舒适快捷

大兴机场线的电梯和自动扶梯设置标准为每个站台每组均设置不少于2部上下行自动扶梯；每个站台公共区均不少于3部3t电梯。

北京大兴机场线是一条主要服务于航空客流的机场专线。本线以航空旅客、商务旅客为主，国外旅客较多。乘客对通行路径的简明、通畅要求较高，并且由于航空乘客携带行李较多，对通行过程的环境品质和服务设施要求也较高。“服务优先，高效安全，舒适便捷”是北京大兴国际机场线的主要服务标准。

在电梯的数量、吨位、载客量的布设中，大兴机场线根据首都机场目前的运营经验，

其采用2t电梯一次可运输4台手推车，在航班到达高峰期，存在电梯口拥堵的问题。结合目前较为先进的大型枢纽建筑均采用多组数、大载重量的观光电梯的做法，经过科学严谨的分析研究，提炼量化平均等候时间和平均等候乘降次数两个控制指标，深入对比多种类载重电梯的布局方案以及调研七个主要电梯生产厂家，最终在大兴机场线推荐采用3t的无机房电梯，即一部电梯至少可容纳14名带一大一小行李的乘客搭乘，一次可运输6台手推车，可有效缓解航班到达高峰期的电梯口拥堵问题。这也成为北京大兴国际机场线区别于其他轨道交通线路的特有的电梯设计标准。

适度提高电梯的设置标准，为适当减少楼、扶梯的设置点位创造了条件，也增加了地铁站厅层空间视线的通达性，让乘客也体验到了平均等候时间不超过1分钟、平均等候乘降次数不超过两次的快捷舒适的中转。

相对于普通8辆编组A型车地铁而言，大兴机场线的电梯服务水平更高，令乘客感觉更便捷、更可靠、更舒适，参见表1大兴机场线各站电(扶)梯设备配置表。

大兴机场线各站电（扶）梯设备配置表　　表1

项目		电梯		扶梯	
站名	位置	数量（个）	载重（t）	数量	宽度（m）
大兴（国际）机场站	到港站台	4	2	3组6部 上行	净宽1
	回市区站台	3	3	2组3部 下行	净宽1
大兴新城站	岛式站台	4	3	2组4部 上行2部 下行2部	净宽1
草桥站	出发站台	6	3	2组4部 上行1部 下行3部	净宽1
标准8A车站	回市区站台	4	3	2组4部 上行3部 下行1部	净宽1
	岛式站台	1	1.6	4组8部 上行4部 下行4部	净宽1

26 针对大空间的标识标牌系统

大兴机场线的导向系统设置在各正线车站的站外、出入口及通道、站厅、站台、换乘通道等公共区域，针对大兴机场线空间高大，与多种交通方式衔接的特征，重新进行了标志标牌的深化设计。增大了牌体尺寸，加入航空元素。

大兴机场线的导向标识设置有以下几个亮点：

一是牌体尺寸合理化增大，安装形式也做出优化设计。

由于全线三座车站都超出标准地铁车站的高度，为适应大空间效果，首先，将吊挂牌体尺寸由既有线版面30cm高调整到40cm高，版面进行等比加大。其次，在大兴机场站和大兴新城站高大空间里，取消吊杆吊件，与其他设备采用整合支架安装形式。独立的导向点位采用侧挑安装方式，使空间更加简洁、干净。

二是创新牌体形式，增加航空元素。为突出这条轨道线的特色，适应机场环境，对标航空，主流导向牌体造型增加了航空元素，以此增强乘客目的地的归属感。

三是导向标识系统引入网络化管理，大量运用电子动态屏。对导向系统电子牌体部分进行网络化、智能化和动态化设计，实现了集中管理四八编组信息和票价信息、集中管理线网信息、集中管理LCD屏信息，以及播放内容统一制作、发布，播放素材及播放终端统一管理、维护。

四是导向标识系统进行整合设计。导向与四八编组、票务信息整合设计；入口位置，门匾与PIS系统LED显示屏进行整合设计；出口位置，导向与PIS系统LED显示屏和紧急疏散整合设计；扶梯整合支架上，固态指引与扶梯联动牌整合设计；对嵌墙式导向牌体与吊挂式牌体进行整合优化；首次将位置相近的吊挂式导向牌、壁挂式导向标识、PIS系统、LCD、LED显示屏及时钟系统等的显示终端进行了多专业深度整合，使站厅、站台布局更加简洁、信息更加集中。

五是对四八编组乘车与商务车厢乘车进行专项设计。大兴国际机场线首次设置了商务车厢，车厢按功能分为商务车厢和普通车厢，而且列车分为4节编组和8节编组两种，为此，导向系统采用专项设计使乘客快捷到达目的地。

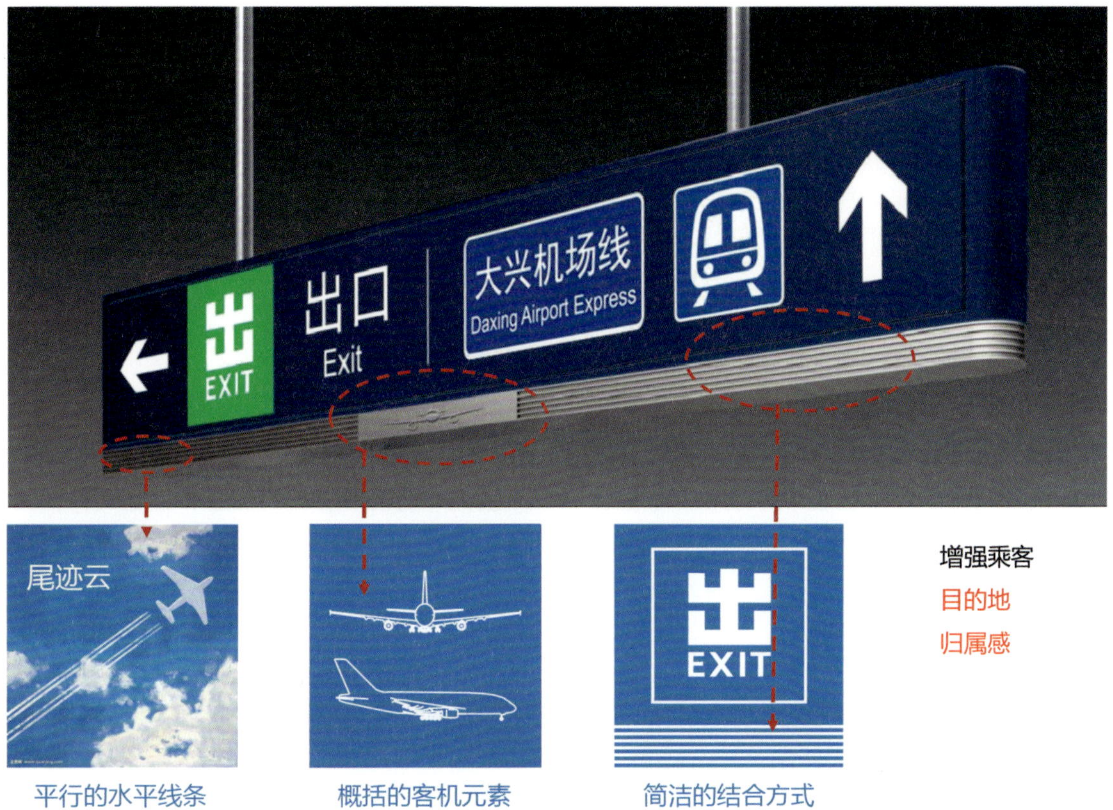
出口
Exit
EXIT
大兴机场线
Daxing Airport Express
尾迹云
EXIT
增强乘客
目的地
归属感
平行的水平线条
概括的客机元素
简洁的结合方式

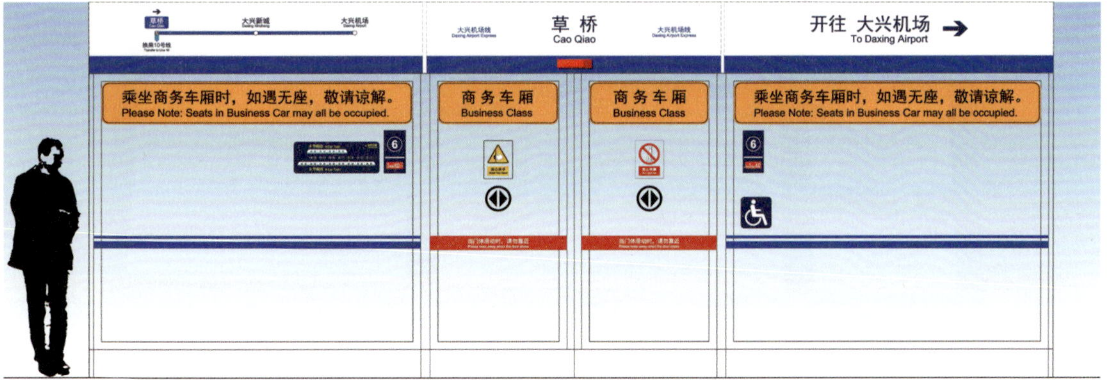
草 桥
Cao Qiao
开往 大兴机场
To Daxing Airport
乘坐商务车厢时，如遇无座，敬请谅解。
Please Note: Seats in Business Car may all be occupied.
商 务 车 厢
Business Class
商 务 车 厢
Business Class
乘坐商务车厢时，如遇无座，敬请谅解。
Please Note: Seats in Business Car may all be occupied.

27 多功能PIS系统引导智慧出行

轨道交通北京大兴国际机场线的多功能乘客信息系统进行了整合设计，出行者可以在全线方便直观地获得各种需要的信息。

大兴机场线各场站的多功能乘客信息系统皆进行了嵌墙式导向牌体与吊挂式牌体的优化整合。首次将位置相近的吊挂式导向牌、壁挂式导向标识、乘客信息系统LCD、LED显示屏及时钟系统的子钟等显示终端进行了多专业的深度整合，使站厅、站台布局更加简洁、信息更加集中。

大兴机场线在北京地铁路网中首次设置商务车厢，车厢分商务车厢和普通车厢，而且列车分为4节编组和8节编组两种，为此，导向系统采用专项设计使乘客最终到达目的地。

终点站
11
分钟
运行方向
舒适
比较拥挤
拥挤

售票/问讯
Tickets/Information
补票/问讯
Fare Adjustment / Information

28 卫生间为何成了“网红”

一般地铁的卫生间往往有很多不足，如尺寸小、设置台面导致大件行李不便挪运、洗手台没有热水等。而大兴机场线的卫生间因空间开阔、设施人性化、便捷化程度高，而成为“网红”。

关于轨道交通大兴国际机场线三座车站的卫生间该不该提升标准？如何提升？应该设计成啥样？2018年3月，建设单位组织了一场以需求为基础的对标航空的大型讨论，基于本条线的乘客特征，设计单位决定提升卫生间设计标准。

大兴（国际）机场站的卫生间率先在地铁内设置了家庭卫生间，新增加了香氛净化空气的设备、水龙头增加冷热水功能、马桶采用自动换纸的马桶圈、卫生间隔间内的灯采用感应式灯具、卫生间隔间为满足乘客换衣隐私及换衣使用空间需求采用通高到顶式的隔间、在到港站台卫生间隔间洁具后方加设半高实墙置物台方便乘客放置物品，在到港/离港站台卫生间隔间内采用上方遮盖板为平板的卷纸盒方便乘客放置手机等小物品，卫生间隔间内的挂衣钩选用双层挂衣钩，方便出行乘客挂随身物品等，可以看出大兴国际机场线卫生间的服务设施是多功能、人性化、便捷化的。

空间装修效果也是多彩的，在到港和离港卫生间入口墙面、卫生间隔间内墙面和主要通道墙面进行设置，把站台的艺术化处理手法引入卫生间，使用艺术化手法处理卫生间墙面，通过卫生间集中展示传统的北京文化特色。

西侧站台（到港站台）卫生间墙面的艺术处理，男卫生间的艺术化处理墙面使用空明纯净的蓝色、女卫生间的艺术化处理墙面使用温馨活泼的粉色来展示、区分两个空间。从图案上来看有山、飞鸟和云海的形象，采用中国国画层层渲染、近大远小的艺术处理手法，一幅“远山飞鸟云海”图便油然而生，以现代的表现手法来表达中国古代文人墨客期望的自由、辽阔、舒畅、随心、跳动的“禅意”的世界，使乘客仿佛身临其境，从细节上来感受中国悠长的历史和深厚的文化，也以此为依托向乘客展示中国“天高任鸟飞”的博大胸怀，欢迎国内外游客再来北京、再次乘坐新机场线！

东侧站台（离港站台）卫生间墙面的艺术处理，首先映入眼帘的是第三人间的墙面上的中山装和旗袍，以现代的文化符号，以衣服的这种具象的特征来作为男女卫生间的导向标志，红蓝两色对应男女两性，通俗易懂，同时在图案的处理上加入了抽象的手法，含蓄而不失中国风。考虑到到港站台是国内外游客下飞机之后乘坐地铁到北京市市区，主要是体现北京文化，展现北京韵味。以北京老胡同常见的鸟笼作为素材，来体现老北京风俗的生活习惯；以及北京特有的纸鸢（风筝），现为非物质文化遗产。选取大俗大雅两种极端的事物来阐述北京的包容性，说明了北京欢迎中外友人、中国欢迎中外友人的热情。

乘客在这里不仅仅是“上厕所”，而是能够得到身心上的放松。卫生间服务设施的提高，是基于对乘客需求的深度把握，是设计中人性化水平的提升。从这些设备功能和装修的提升变化中让乘客以小见大，仅从卫生间这一个空间就感受到大兴（国际）机场站的设备设施的人性化与装修的用心。

29 多样化票种令各方满意

大兴机场线因功能定位的特殊性，其票价水平与普通线路票价必然不同。为科学合理地为这条线路制定票价，城市铁建公司经研究推出了空轨联运票、商务车厢票、区间定期电子计次票等多样化票种，以满足不同乘客的需求。

大兴机场线票制票价制定工作是根据北京市发改委、交通委、财政局发布的《北京市轨道交通机场专线价格定价机制》（以下简称“定价机制”），结合社会各方意见建议，历时数月，经多轮研究后最终确定的票价方案。

根据方案规定，普通单程票，20公里（含）以内10元，20公里到30公里（含）25元，30公里以后35元。

商务单程票，提供更高标准服务及乘车体验的商务车厢，票价不超过普通单程票的2倍，运营初期采用全程单一票价50元。

空轨联运票，从大兴机场到港、离港或是中转的乘客，可通过航空公司官方渠道购买机票的同时，优惠购买大兴机场线单程票。一个航段一名乘客仅限购买一张。票价为大兴机场线单程票价（含商务票）的80%。

区间定期电子计次票，为方便沿线居民、机场员工通勤出行，根据社会各方意见，发行特定区间定期电子计次票。

在多样化票种上，城市铁建公司组织北京市交通发展研究中心，完成了大兴机场线票制票价的基础性研究工作，一是完成了线路票制票价方案，多样化票种方案，为方案最终确定，提供了智力支持。二完成了票制票价方案安全风险评估，及相关应急预案，为票制票价方案面向社会推出，提供了有力保障。

大兴机场线票制票价工作，充分考虑了各方需求，为满足不同人群的出行需求，推出了普通单程票、商务单程票；为加强与航空公司的联系，首次推出了空轨联运票；为解决机场工作人员的出行需求，首次推出了区间通勤计次票。

为配合大兴机场线票制票价方案项目落地，在落实相关线下实体票票种的同时，城市铁建公司配合市指挥中心，组织如意行软件开发公司同步研究商务单程票、空轨联运票、区间定期电子计次票等多样化票种的软件开发工作，相关工作随线路开通如期上线。

特别是空轨联运票，经多方共同努力，其进站方式，由最初的通过网络取票机取票，调整为乘客可直接通过航司官方APP刷闸机进站，用户体验更加良好，乘客出行更加便捷，受到各方一致好评。

完成票制票价公示后，社会舆情总体平稳有序，达到了各方面满意的预期效果。

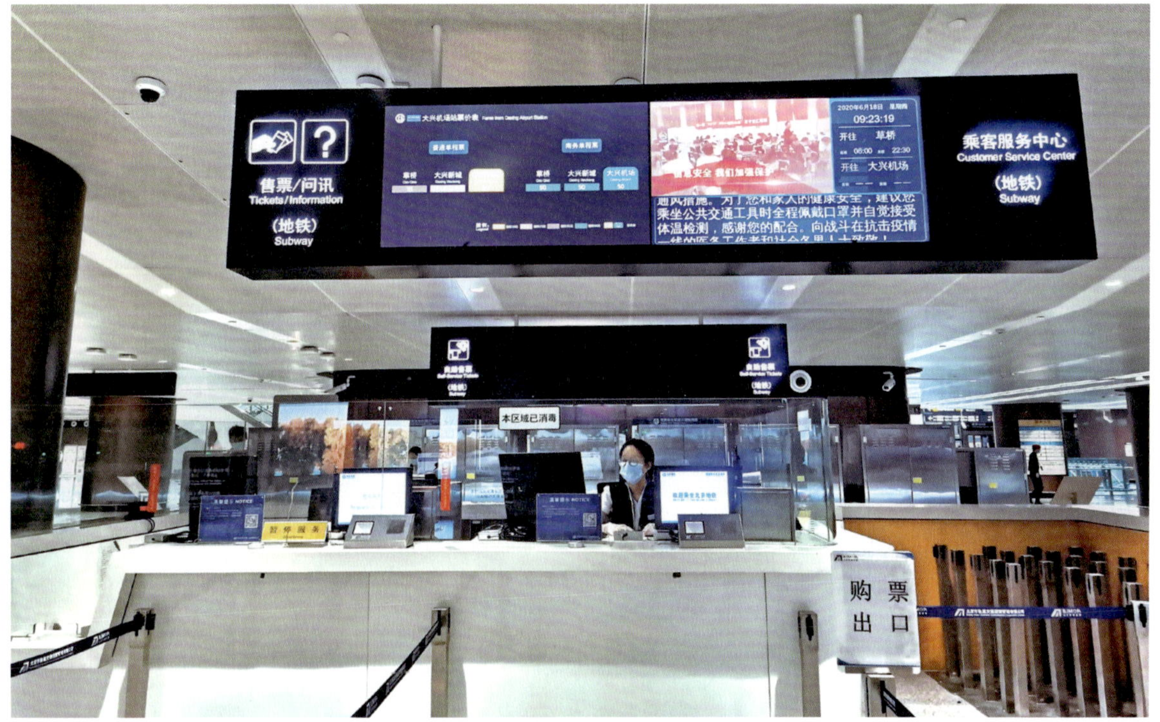
售票/问讯
Tickets/Information
(地铁)
Subway
乘客服务中心
Customer Service Center
(地铁)
Subway
本区域已消毒
购票
出口

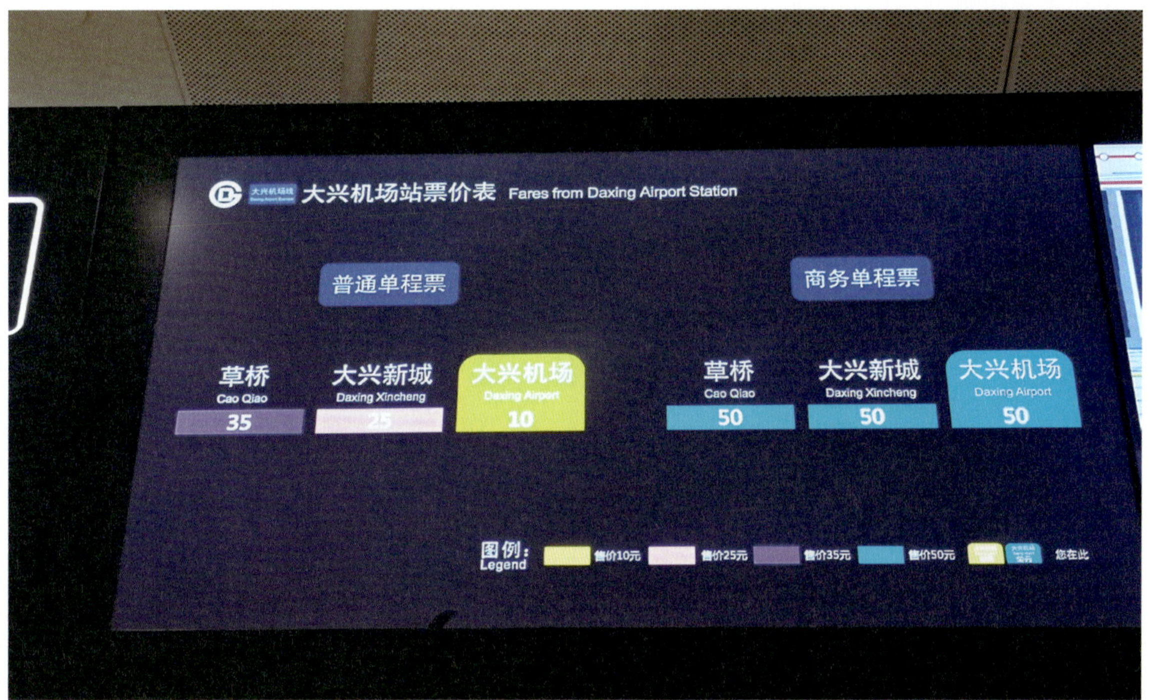
大兴机场站票价表 Fares from Daxing Airport Station
普通单程票
商务单程票
草桥
Cao Qiao
35
大兴新城
Daxing Xincheng
25
大兴机场
Daxing Airport
10
草桥
Cao Qiao
50
大兴新城
Daxing Xincheng
50
大兴机场
Daxing Airport
50
图例：
Legend
售价10元
售价25元
售价35元
售价50元
您在此

30 “4+8混跑” 行车间隔6min40s

“4+8混跑”是轨道交通大兴国际机场线提升运力、缩短行车间隔的一种列车编排方式。将部分初期购置的两列8编列车拆分为四列4编列车，增加在线车数，行车间隔缩短但总体运力不变。

轨道交通大兴国际机场线采用4+8混跑，是服务水平与运营经济性的平衡，在设计过程中，初期曾按照12min的行车间隔进行设计，这一标准是基于客流预测数据为前提。客观来讲，12min的行车间隔对于高效的出行间隔较大，因此，以行车间隔小于8min作为优化的目标。

降低行车间隔需要增加运用车数量，如果单纯采用增购列车的方式会导致投资增加，且会导致系统运能的浪费。因此将部分初期8编列车拆分为两列4编列车以增加在线车数，行车间隔缩短了，总体运力并未变化，不会导致运力的浪费。

采用4+8混跑后，全线初期行车间隔由12min调整为6min40s，略优于常规机场线服务标准，可满足轨道交通大兴国际机场线初期的运营需求。具体开行方案可保证8编列车6对/h，4编列车3对/h，总计9对/h的开行间隔，同时大小编组的开行比例为2:1，规律的开行间隔便于运营计划的安排，参见表1国内外机场快线行车量统计表。

国内外机场快线行车量统计表　　　　表1

线　　路	高峰行车量（对/h）	行车间隔
中国香港机场快线	7.5	8min
北京机场快线	7.5	8min
日本京急空港线	6	10min
日本成田空港线	8	7min30s
日本JR成田空港支线	4	15min
伦敦希斯罗机场快线	4	15min
首尔机场快线	9	6min40s
吉隆坡机场快线	4	15min

4节编组
4-Car Train
8节编组
8-Car Train
4节编组
4-Car Train
8节编组
8-Car Train

行李作业区
VIP候车区
普通乘客候车区

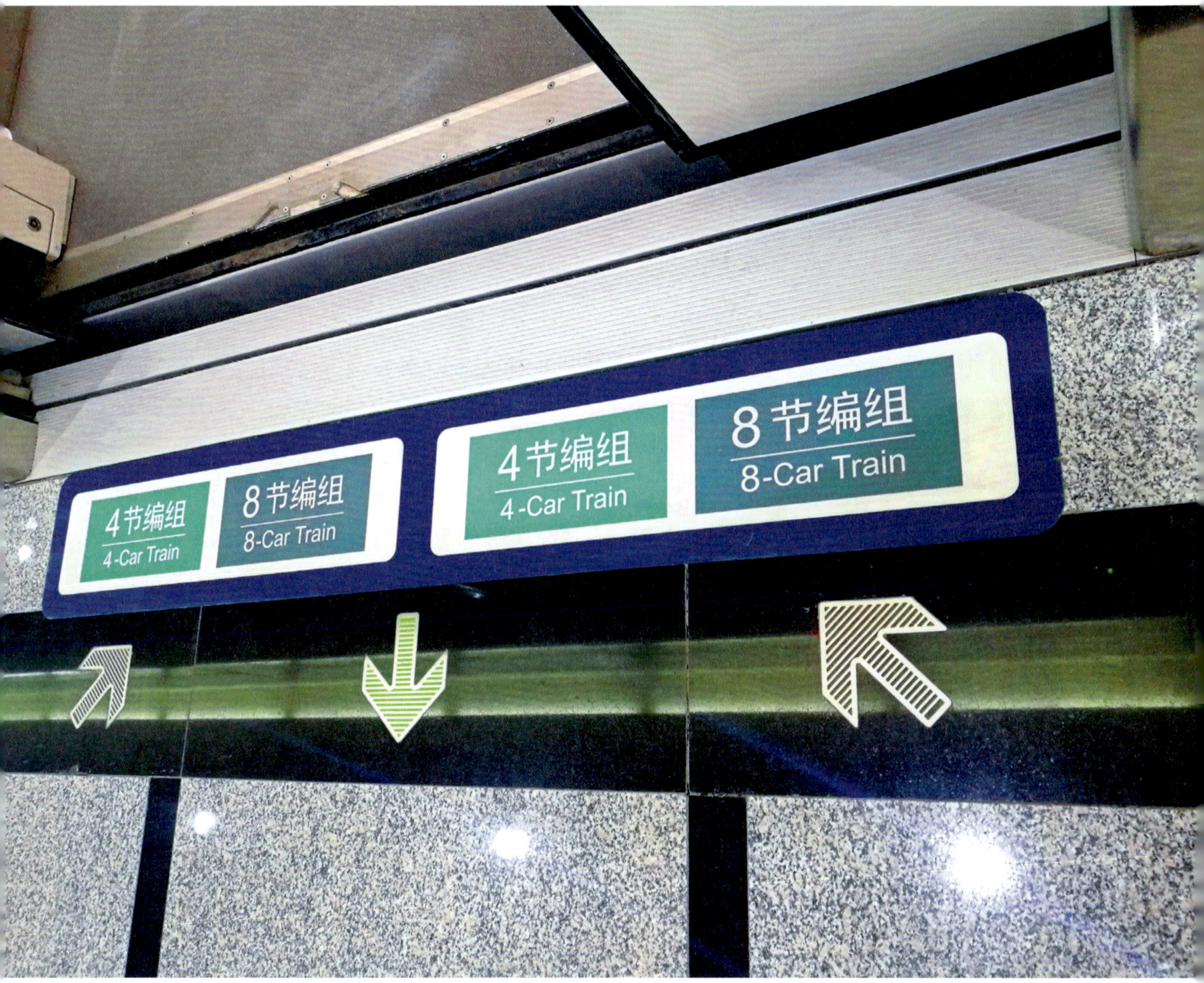

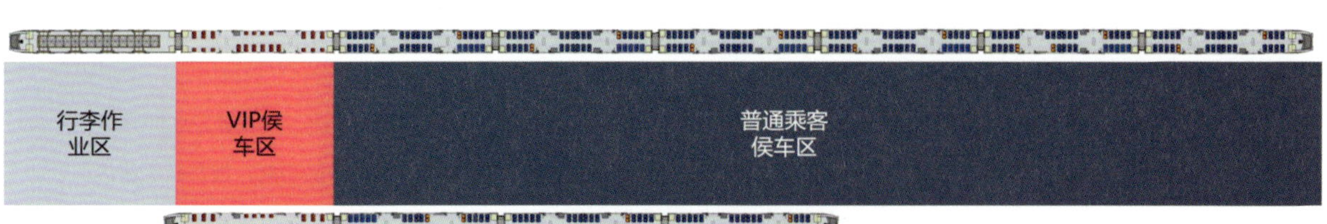

31 乘“白鲸号” 享人性化服务 赏沿途美景

为了给乘坐大兴国际机场线的航空旅客创造舒适便捷的乘车环境，“白鲸号”列车的车厢设计彰显着以人为本的理念，大量细致入微的服务功能，令乘客全程获得舒适美好的出行体验。

大兴机场线的列车被命名为“白鲸号”，采用的是8节编组的市域D型车，具体为“6+1+1”的编组形式，有6节普通旅客车厢，布置是“2+2”的横排座椅布置方式，定员为64人；1节车为商务车厢，定员为32人，车内服务为“VIP”级；还有1节车厢设定为行李车厢，行李车厢与城市航站楼和机场航站楼的行李系统对接，负责行李运输的功能。

新型D型车技术平台在成熟的国铁CRH6F城际动车组技术平台上进行优化升级，相对于CRH6F做出如下调整(表1)。

“6+1+1”的编组形式，通过对不同车厢区别功能，实现了为不同需求乘客提供个性化服务的目标。如果乘客从机场回市区时选择乘坐第一节车厢，那么将有机会以火车司机视角欣赏沿途的风景，同时也能一览车辆司机室的状态。

大兴机场线车辆参数的优化表　　表1

原型车参数	优化后参数	优化原因
车体长度 头车25450(mm) 中间车24500(mm)	车体长度 头车24400(mm) 中间车22800(mm)	1. 城市轨道交通线路采用刷卡进站，无法限制高峰客流乘客数量； 2. 若仍采用25m车长，在站立乘客数量超过6人/m^{2}时，会出现超过轴重17t情况； 3. 轴重改变对列车影响较大
定员标准3人/m^2 超员标准6人/m^2 车体结构强度6人/m^2	定员标准3人/m^2 超员标准6人/m^2 车体结构强度9人/m^2	
车辆自重≤49t	车辆自重≤45t	
轴重≤17t	轴重≤17t	
设置卫生间	不设置卫生间	大兴机场线全线旅行时间22min，无设置卫生间必要
不设置行李车厢	设置行李车厢	配套城市航站楼，具备城市值机功能，提高航空客流服务品质
CTCS-2型车载列控系统	适用于GoA4全自动运行自动化等级的车载列控系统	满足北京轨道交通高自动化、高可靠性、智能高效的要求

大兴机场线采用的是全自动驾驶的模式，司机室仅可见一方小操作台，司机更多的工作是监视列车运行。司机室是完全开敞的操作台，与旅客乘坐区域仅隔半人高的玻璃隔断门，透过司机室前方的车窗，乘客能够看到列车在隧道内、在高架桥上飞驰的景象，也能够欣赏到“三线四桥共走廊”的现代综合交通工程的壮观结构。这种开敞通透的车厢设计，传递着现代交通开放和人性化的服务理念，使乘客在旅程中获得全新而丰富的体验。

在乘客车厢的舒适性方面，大兴国际机场线也是下足了功夫。在速度160km/h的高速运行中，列车进入地下区间时，因空气压力变化对乘客耳压产生影响。为了解决这一问题，列车采用了高铁城际列车的铝合金车体、密闭式塞拉门，在车厢连接通道处设置了隔断门，以提高车体的整体密闭性，减小车厢内气压突变，令乘客在全程感受舒适。

“白鲸号”列车“对标航空”的车内服务设施如下：

(1)普通车厢

座椅：采用2+2横排座椅、软席，加装USB充电插口、座椅下设置行李照明灯。

照明：采用LED照明、侧顶设置隐形主照明光源，车顶设置环形装饰灯带。

行李存放：车门入口处设置大件物品存放，座椅下部设置行李存放区。

(2)商务车厢

品质空间：座椅对标高铁高端商务座椅进行设计，典雅华丽，温馨舒适；2+1的布置方式更为旅客提供超大乘坐与活动空间。

个性服务：独立阅读灯、独立送风口、座椅可旋转设计、交互式座椅显示屏、大件行李架等设计为乘客提供个性化高品质服务。

格调氛围：带有暗纹装饰的中顶灯区与侧顶隐形灯源、行李架隐形灯源形成层次丰富、格调高雅的照明氛围。

(3)行李存放区与行李专用车厢

乘客车厢行李存放区域：设上部行李架、大件行李架及座椅（下方、走廊侧、前部）区域多处行李存放区以满足行李存放需求。

座椅行李存放区：座椅下部留行李空间、设置挡框防止行李滑出，方便走廊侧行李存放；走廊侧扶手下部空间无凸出，走廊侧行李可深入扶手下部空间，座椅间距加大（1000mm及以上座间距），座椅前部空间也可存放行李。

行李专用车厢中心线上布置输送机，用行李集装箱存放。

列车车厢两侧的A1 ~ A4和B1 ~ B4号8个门内，分别布置1段输送机，用于集装箱进出车门。列车满足100s内每个列车门装卸4个集装箱，共装载15个集装箱，其中国际行李集装箱7个，国内行李集装箱8个。

为了方便携带行李的乘客快速乘降，列车加大了车门开距，采用了与普通线路同等宽度的1.4m开距的双开门。同时，调整车门位置，城际、高铁列车车门位于车厢两端，车门位置分布不均，乘客走行距离较长，大兴国际机场线调整车门均位于车厢三分之一处，有效缩短了乘客在车厢内的行走距离，方便就近选择车门上下。

32 给孔跨布置立“规矩”

高架桥梁的景观一直是工程建设的一个难题。合理的孔跨布置对整体环境、景观效果、结构设计有着很大的影响。设计单位给大兴机场线的孔跨布置立了“规矩”。同时，全线也存在两处“不守规矩”的桥墩布置。

一、横向“看齐”

由于轨道交通北京大兴国际机场线与新机场高速公路、京雄城际铁路共走廊敷设，因此，桥梁的孔跨布置需要综合考虑三条线路的协调统一性。合理的孔跨布置对整体环境、景观效果、结构设计有着很大的影响。首先，要求简支梁跨度做到32m，与京雄城际铁路一致，保证了大部分线位的桥墩能够保持在一条线上，做到横向整齐一致。这对共构结构的可行性、经济性、整齐性、平顺性起到了至关重要的作用。

公路、轨道交通、高速公路，任何一个交通工程对应的结构变化都会对其他工程造成影响。经过对三线共走廊段相交节点道路方案进行研究，确定了跨越主要(规划)道路的跨度方案。共构段跨道路节点桥主跨均采用40m，如果节点桥采用大于40m的主跨，结构高度将增加，共构结构中横梁承担的反力也会增加，相应中横梁的高度也需要增加，且会出现连锁反应：跨越处公路净空不够，公路标高将抬高，投资将增加。如果只将跨越处节点桥附近标高抬高，那么7.9km共构段高度平面将会出现波浪，共构体系将不可行。

共构段节点桥主跨采用40m，设计采用钢混结合梁体系，梁高和简支梁一致，中横梁和标准段一致。无论标准段还是节点桥，共构结构尺寸基本一致，结构安全，线路平顺，外形流畅。

二、“不守规矩”的节点布置

共构段标准梁和节点桥跨度都“守了规矩”，同时，全线也存在两处“不守规矩”的桥墩布置。

其中跨魏永路主跨采用40m钢混结合梁跨越，能够满足道路跨越要求。但在设计过程中，在道路南北两侧发现有3条管线（现状）和1条规划管线承台均与管线位置冲突。针对上述情况，小组共研究出4套方案以解决上述冲突：调整承台、缩小跨径、一跨跨越、改移管线的方案。

经多方案比选，最终通过调整承台方案顺利解决了上述难题。

除此之外，跨小龙河布置于河中的桥墩同样采取了桥墩斜置的方式，和河流方向一致。上部结构采用32+32m斜置连续钢混结合梁。

33 桥面布置巧用空间

北京大兴国际机场线桥面布置遵循功能齐全、布置紧凑、节能环保的原则，满足了轨道、供电、通信、信号、照明、防噪等专业的功能需求。

大兴机场线的桥面布置充分利用了桥上空间，布局紧凑、整洁，结构受力简洁、明确，尽量减少了桥面宽度，减少桥梁自重和二期恒载。

设计桥面布置时，对电缆支架方案、电缆槽方案、疏散平台的布置等分别进行了比较，结合桥梁桥面布置的主要特点：强、弱电分开布置、线间距5m、接触网供电、接触网立柱布置于整体桥面上、桥面采用中间排水方式。最终，将强电电缆布置于疏散平台之下，弱电电缆布置于电缆槽内，上面覆盖混凝土盖板，接触网立柱布置于桥面范围内。

第四篇 CHAPTER 4

“中国速度”新标杆

大兴机场线工程建设全程贯穿着科学精神及追求完美的极致匠心，虽用时短，然品质优。这条线将城市轨道运行速度一举提至160km/h，实现了城市轨道交通技术发展的一次大飞跃。而工程从动工到投运，用时仅33个月，也刷新了中国城市轨道交通的建设速度。

这两个速度的提升，是满足经济社会不断发展、让人民群众出行更加快捷舒适的必然追求，也是轨道交通创新驱动发展取得的重大成果。

一、快有快的底气

大兴机场线作为机场专线，对“快”的追求，是由其功能定位、线路位置和客流特征决定的。它既要具备高频次、大运量、高保证、时间准的公交化特征，也要具备高速直达的高速铁路特征。

我国的城市轨道交通经过20年的发展，已经形成了稳定的系统制式，但轨道运行最高速度一直在120km/h。大兴机场线160km/h的运行速度提出时，相应设计规范、标准是无可参照的，建设者靠自主创新编制了《大兴机场线设计暂行规定》，指引了整个工程设计和建设过程。

要满足大兴国际机场至中心城半个小时的目标，大兴机场线的运行速度必须不低于140km/h。基于这一需求，建设者对车辆和供电进行了广泛的调研，对不同速度等级、电压等级、车辆选型等多种方案均进行了完整的技术经济对比后形成一个研究结论：160km/h和140km/h车速下，土建规模投资是相同的。因此，大兴机场线选择了160km/h这一速度，也注定使大兴机场线成为国内城市轨道交通领域第一速度。

提升运行速度首先要解决空气压力波问题，可以从两个方向改善这个问题，一是采用密闭的车辆，二是扩大地下盾构的尺寸，降低车辆与隧道的阻塞比。

车辆密闭性能的一个关键指标是车体材质，大兴机场线采用了铝合金车体。车门数量和开距是控制车辆密闭性的另一个关键指标，大兴机场线设置两对双向开启的塞拉门，车门开距为1.4m，既满足了客流疏散需求，又满足了车体密闭要求。

对于地下段盾构尺寸，根据设备安装限界和阻塞比重新拟定隧道内径为7.9m，外径为8.8m，较传统A车线路盾构直径增加2.4m，依此，建设者给大兴机场线工程量身定制了10台大尺寸盾构机。

列车要跑得既快又稳全靠钢轨的支撑。建设者在施工过程中，克服了工期短、冬季施工困难等，创造了目前为止北京地铁日施工无砟道床1074m的新纪录。在铺轨施工过程中引入具备丰富经验的第三方精调队伍对轨道状态、几何形位进行精确控制和调整。

信号控制系统也必须为“快”做出相应变化。建设者通过与设计、设备生产单位反复沟通，取得了CBTC应用于160km/h的安全认证，大兴机场线有了安全可靠的控制大脑。

传输系统也必须适应高速和大传输量两方面的要求，为了从根本上解决车地无线网络频率安全、可控问题，建设方及时申请为轨道交通LTE-M技术量身定制的1800M频率资源并获许可，LTE-M技术成为大兴机场线车地宽带无线网络的最终选择。

二、“降龙伏虎”33个月

跟随建设者走一趟大兴机场线，可以真切地感受到它在建设周期短、系统制式新、施工难度大的条件下曾面临无数“拦路虎”带来的困扰。

然而，33个月便建成通车的大兴机场线，在短时间的施工期内攻坚克难“降龙伏虎”，协调各种优势资源为工程建设保驾护航，呈现出的“中国力量”，其强大的能量和气魄令工程界赞叹。

为了保证大兴机场线的如期开通，建设方利用大兴机场高速公路与大兴机场线环抱的临时施工用地，建设了一处临时停车场，提供了10列位的停车场地，同时具备车辆到场组装及上线调试功能，为大兴（国际）机场站向北10km先期开通试车创造了条件。

大兴（国际）机场站是这条线的第一座车站，位于大兴国际机场航站楼的地下二层，与城市轨道交通R4线、预留线及京雄城际、廊涿城际形成“五线平行”，建设难度相当大。为了满足大兴国际机场的建设周期，在大兴机场线方案尚未确定的条件下，提前进行了大兴机场站在航站楼内的预留工程。为大兴国际机场

开工建设，提供了基础保证。大兴机场站选取了侧式站台方案，层高与京雄城际同高，造就了大兴机场站站台净空接近10m，其以大气磅礴的风格与航站楼无缝衔接、一体化建设，成为大兴国际机场的重要组成部分。

大兴(国际)机场站向北引出后，为预留线、R4线的三线共廊道区间。预留线在永新河以南截止，预留线预留了远期盾构条件。R4线与大兴机场线共结构穿越永新河。在建设过程中根据实际需要改造了河道，实现了上述5个工程同时穿越永新河的壮举。

为解决北京南部地区既是沉降区又是沙土液化区带来的施工难度，建设者将矩形断面的高宽比进行了调整，在区间上部预留了区域沉降的调整空间，通过方案优化，解决了沙土液化的问题。

线路从永新河至京山京沪高铁节点区段为大兴机场线与机场高速、京雄铁路的共走廊段，该段线路方案消除了大量夹角地。为了节约集约利用土地，中间有7.9km为大兴机场线与机场高速共构区段，为北京地区首次城市轨道交通与高速公路的共构工程，也是国内首个Ⅷ度抗震区的共构工程，形成了京雄城际、大兴（国际）机场高速公路、大兴机场线、地面团河路、地下综合管廊共同形成的“五线共线，四层共构”的建设奇观。施工单位采取“穿巷”式架梁的创新方式，确保了工期。

高架桥梁的贯通一个很重要的控制因素就是沿线的高压线，为创造南部10km的试验段，建设单位采用了临时架设电缆方案，解决了高压线带来的难题，保证了动车调试的实现。

南北走向的大兴机场线在整个建设过程中面临的最大“拦路虎”是穿越东西走向的京沪高铁。建设者在京九铁路与京沪高铁相交的东侧找到了满足穿越条件的位置，并采用四座桥梁同时实施转体的高难度工法解决了重大节点工程难题，减少了对铁路运行的干扰。这次转体施工的时间仅有90分钟，精度要求相当之高，四座转体桥最小交互距离仅为5cm。建设方科学组织、施工单位精心操作，最终一次转体成功。

大兴机场线中段设置了磁各庄车辆基地一座，占地约30.3hm^2，且包含上盖开发预留工程，工程量巨大，总投资超过30亿元。建设过程中克服了沿线特殊地段有关设备电磁干扰和临时租户拆迁等问题。这是北京地区第一个市域D车车辆段，采用9号道岔布局方案，降低了小号道岔对车辆的磨耗，提供20列位停车能力，能满足大兴机场线的初期、近期运营需求。

大兴新城站周边为大量待开发用地，大兴区希望以大兴新城站为中心打造一体化开发方案。为满足与大兴新城一体化开发和景观融合的需求，大兴新城站方案几经调整，最终向西的出入口均预留了与一体化衔接的条件，车站改为单柱车站。

大兴新城站南北侧为大兴机场线的盾构区间，建设者在路基段至大兴新城站区段创造了单台盾构转场掘进的推进纪录。在盾构施工过程中，建设者在1号风井处采用管幕法暗挖盾构井，解决了此处征地拆迁滞后带来的困难；通过多部门通力合作协调，完成了穿越高压走廊和南水北调工程；采用人工破除、砖砌回填，解决了热力管线改移的问题。

草桥站是大兴机场线中心城的终点站，与地铁19号线、10号线在此换乘。根据航空乘客的出行习惯，建设者完善了周边道路接驳系统，以综合枢纽的设计思想打造了周边的接驳条件，新建道路6条、跨河桥一座。在车站西侧提供了出租车立体化接驳系统，方便乘客直接换乘小汽车抵离车站。

为清除土建施工的“拦路虎”，设备系统也优化了方案。轨道专业将高铁的板式轨道、双块式轨枕等成熟系统引入到大兴机场线的施工中；供电系统首次在地下区间将柔性接触网改为刚性接触网，160km/h条件下采用刚性接触网为世界领先水平；通信、信号、通风、给排水、动力照明等机电弱电系统也紧跟土建建设步伐，建完一段安装一段，在最短时间内完成各系统设备的安装。

大兴机场线所采用的市域D型车，是城市轨道交通领域首次应用，为了实现160km/h速度下的平稳运行，建设管理单位组织了第三方动态综合检测，对轮轨、弓网、电磁环境进行检测，并结合其检测成果有针对性开展了高速动态性能参数的精调微调，确保逐级升速至160km/h，最终实现了大兴机场线160km/h的高速平稳运行。

大兴机场线的建设、运营为解读“中国速度”的内涵打开了全新的方式。

34 19km站间距 19min到机场

大兴机场线凭借19min内到达机场的巨大速度优势，当之无愧成为大兴国际机场外部综合交通的骨干系统。支撑实现19min内到达机场这一速度目标的，是线路、车辆、供电、信号各系统的密切配合，而线路则是保证运行速度160km/h的最基础条件。

在轨道交通的设计中，某条线路最高运行速度的选择与平均站间距的设置是有一定的匹配关系的。对于1km左右站间距的普通地铁线路，与之匹配的常规运行速度为80km ~ 100km。近些年来，各城市建设了站间距更大的地铁快线，站间距达到3km左右时，运行速度可达120km/h。

在更高的速度等级下，通过牵引曲线的计算，能够选出相应合理的站间距取值。对于大兴机场线而言，一期工程共三座车站，站间距分别达到了12.5km和25.8km。如此大的站间距完全能够适应列车160km/h高速运行的条件。线路首先从站间距水平上保障了列车的高速运行。

影响列车运行速度的另一方面因素即线路的平面条件。在地铁线路设计中，为了适应城市道路的走向，绕避障碍物，不可避免地要出现平面曲线。平面曲线的设置最低标准是要满足列车通过曲线的构造要求，在常见的地铁工程设计中，A型车适应的最小曲线半径为350m，B型车由于车辆长度略短，适应的最小曲线半径为300m。

在曲线设置满足最小曲线半径要求下，线路会在曲线上设置超高，保证列车能够以一定的速度通过曲线。针对不同的最高运行速度，会有满足其运行要求的最小曲线半径。曲线的设置大于最小曲线半径，便能够保障列车按照最高运行速度达速运行。若是存在大量的不满足半径要求的曲线，则列车在该段只能按照曲线允许的通过速度运行了，在设计中称为限速段。通常，在对全线路曲线条件进行分级统计后，计算满足要求的线路长度所占的比例，定义这个指标为达速比。

根据经验，通过对达速比的衡量，判断某一线路曲线条件相匹配的速度等级。对于大兴机场线，曾统计了速度100km/h、120km/h、160km/h分别适应的最小曲线分布，可以看出全线小于1300m的曲线半径仅有5处，占比5.25%，也就是说，在速度160km/h的运行状态下，全线的达速比高达94.75%。

进一步分析限速段所处的位置，一处位于线路下穿京沪高铁、上跨京山铁路处，受既有铁路与线路交角及大兴机场线与机场

高速共构段分离等条件限制，线路采用一组半径1000m（缓和曲线长140m）和半径800m（缓和曲线长150m）曲线，满足最高速度120km/h。另一组位于草桥站前后，受周边既有建构筑物条件控制，站前采用一组半径800m（缓和曲线长85m）和半径600m（缓和曲线长75m）曲线，站后采用一处半径605m(缓和曲线长80m)曲线，限速80km/h。但该处靠近草桥站端，列车在这段正好处理进出站的加减速度，对线路高速运行几乎不产生影响，见表1。

大兴机场线的站间距和平面曲线条件对速度160km/h的运行标准体现出了完美的适应性，保障了列车的高速运行。

区间曲线半径及曲线长度统计表　　　　表1

序号	半径(m)	曲线个数	曲线总长（m）	比例（%）
1	600≤R<800	1	201.388	0.48
2	800≤R<1300	4	1972.45	4.77
3	R≥1300	19	16442.4	39.75

35 8.8m盾构隧道保障地下区间风驰电掣

大兴机场线地下区间采用160km/h的运行速度，采用盾构法施工。经对设备、车辆、车-隧阻塞比、沿线工程建设特点进行系统研究后推荐采用8.8m外径的盾构隧道。在此基础上，考虑本线的实际需求，为8.8m外径的盾构隧道匹配了23个设计参数，确保了机场线地下区间的安全快速建造，同时保障了地下段车辆的运行速度及舒适度。

一、盾构隧道形式的确定

盾构隧道需要根据不同城市的建设环境特点来确定其具体的设计参数，盾构在北京地铁中已经应用多年，形成了较为完备的技术体系及应用经验，但其均应用在时速≤100km/h地铁线路中，以6m及6.4m的单洞单线断面为主。大兴机场线设计时速高于以往线路，采用的车辆及系统制式亦不同，因此在机场线盾构标准的选择上参建各方及评审专家形成了较大的争议，是选择单洞单线隧道断面还是选择单洞双线隧道断面？结合车型、系统制式的选择不同形式的断面的尺寸又该如何确定？各方分歧较大。

建设过程中经参建各方研讨，最终聚焦为：不可容纳柔性下锚点的单洞单线断面、可容纳柔性下锚点的单洞单线断面、可容纳柔性下锚点的单洞双线断面三种断面形式。

经工期、造价及风险比选后，最终确定了其采用不可容纳柔性下锚点的单洞单线断面。并且从舒适性和空气动力学角度，通过数值模拟分析得出了160km/h速度目标值下的车-隧阻塞比，经与高度方向设施设备安装要求比对，得出其限界不由车-隧阻塞比控制。从而确定了其基础限界尺寸为7.6m。

二、8.8m盾构的关键技术指标

因地层及地下水的复杂性，目前国内外盾构隧道设计仍为经验与理论并重的方式。因此本线在满足设计计算要求的前提下，重在吸取过往工程成功的经验，此外本次设计对于结构的耐久性给予了高度的重视，在此基础上对于施工的便捷性给予了充足的考虑，然后逐一确定了各关键技术指标。

内径及外径的确定如下：

盾构内径：在7600mm基本限界的基础上，需进一步确定结构加固空间需求及施工误差情况，方可确定盾构隧道的内径。基于本线运营阶段水土稳定性好、地层沉降微小的特点，同时考虑基础限界尺寸大，结构的任何外放都会导致工程造价显著增加的事

实，本线隧道预留50mm的钢环加固空间，在此基础上结合北京地区盾构施工经验及盾构平均掘进水平施工误差按100mm考虑，从而确定盾构内径为7.9m。

盾构外径：在结构计算的基础上，经对国内外文献及工程案例的系统研究，为通过最为经济的手段提高本线隧道强度及耐久性，推荐采用450mm厚的管片。同时考虑本线盾构隧道沿线在北京城市后续建设中会发生较多穿越的客观事实，为提高其运营阶段的安全度，推荐采用450mm的管片厚度。从而确定隧道外径为8.8m。

三、关键参数的针对性设计

大兴机场线于2016年底完成PPP招标工作，而2019年9月30日要完成通车建设。2017年初盾构机还没有开始加工制作，留给盾构机采购、加工制作、用地协调、到场调试、始发及接收结构施作、正线结构掘进、附属结构施工的时间不足20个月，各建设环节需紧密衔接且必须保证高效高质量完成，才能完成本线的建设任务。

而不同盾构管片参数的设计将产生不同的盾构掘进速度，管片参数决定着正线的掘

进速度及水平，表1和表2分别给出了该项目的盾构参数值。为确保大兴机场线快速安全的掘进，结合大兴机场线的线路线形特征、沿线的工程地质及水文地质条件，大兴机场线盾构管片采用了以下应对措施：

一是为减少拼装次数，节约工期，本线采用了1.6m的大环宽设计。

二是本线采用了通用环，考虑线路直线段较多的特点，管片进行了8分块且K块位于腰部左右拼装的设计，提高了拼装效率及质量。

三是为避免误差累计产生管片错台及“蛇性化”现象，从而影响管片拼装速度及质量，通过分块方式、环宽、拼装方式的系统比选及研究，设置了国内同量级盾构隧道的最小楔形量，简化了拼装的难度，提高了拼装速度。

四是针对施工中K块容易出现拼装及安全问题的特点，尽量减小了K块径向插入角度及纵向插入角度的量值，提高了K块安装的安全度及便捷性，从而确保了拼装速度。

五是管片接头的整齐化设置，为避免不必要的应力集中，对管片的环缝及纵缝接头面进行了整齐化设计，降低了管片的损伤概率，确保了拼装速度。

六是为提高管片拼装手的操作效率，管片上设置了辅助拼装点，提高了管片的拼装速度。

盾构参数表（一） 表1

分块形式	环宽(mm)	外径(mm)	内径(mm)	管片厚度(mm)	楔形量(mm)	K块位置	拼接方式	螺栓形式	环向螺栓数量	纵向螺栓数量	标准块重量(t)
5+2+1分块	1600	8800	7900	450	38	位于腰部	错缝	斜直螺栓	22	16	6.44

盾构参数表（二） 表2

单颗螺栓负载重量(t)	K块角度	K块径向插入角度	K块纵向插入角度	K块搭接长度(mm)	抗渗等级	混凝土强度等级	通用环/标准环	防水道数	环缝是否设置凸凹榫槽	纵缝是否设置凸凹榫槽
2.15	1/3分块	2°	1:8	1000	P12	C50	通用环	一道	不设	不设

36 32m跨小箱梁首次设计应用

轨道交通北京大兴国际机场线高架段总长16.2km，首次采用了32m跨度为主跨的简支梁，配跨采用24m跨度，梁高2m，吊装259吨，梁宽11.4m，这些均为国内城市轨道交通项目首次采用。

双线并置小箱梁和整孔箱梁谁更合适？

上部简支梁采用箱梁已经成为国内轨道交通高架区间的主流形式。箱梁结构形式有双线并置小箱梁和整孔箱梁两种。整孔箱梁在整体刚度、稳定性、景观等方面都有着更为出色的表现，对下部结构的横向宽度要求也相对较低。本线最终选用双线并置小箱梁主要结合现场条件和工期压力而确定。

本线下穿10条高压线，其中有四条为500kV高压线，分别位于K13+150和K21+200附近。为保证梁上运输净空要求及运营阶段安全距离要求，均需升塔或改移。在初步设计过程中经与相关部门沟通，高压线迁改时间存在很大的不确定性，周期较长。若采用整孔箱梁方案，梁体运输均需在梁上运输，高压线迁改严重制约高架区间的施工和工期，高架区间施工工期不可控。

鉴于上述情况，上部结构选择双线并置小箱梁方案，梁体采用地面运输或者梁上运输，梁体架设采用吊装施工或者架桥机，施工更加灵活。

全线共894片梁，采用预制架设施工，由两个梁场承担预制任务。预制梁采用标准化、工厂化制梁，最大程度上保证了工程质量和进度。南北两个梁场均设置在线路的西侧，北梁场主要为共构段制梁，南梁场为标准段制梁。预制梁采用地面运输+履带吊和梁上运输+架桥机两种方式进行梁体架设。京沪高铁以北至高架起点受制于架梁设备限制，一共18孔(36片)简支梁采用现浇施工。

轨道简支梁结构设计填补国内空白

本线设计的简支梁为国内首次设计应用，有几个数字特征：160km/h为北京轨道交通最快设计时速；32m简支梁跨度为国内轨道交通首次；2m梁高、11.4m桥面宽度的规模也是首次。这些数字意味着本线简支梁结构填补了国内轨道交通时速160km/h标准图设计的空白。

37 CBTC 最核心的列车控制系统

基于通信的列车控制系统（CBTC），是目前城市轨道交通信号系统中最先进的闭塞制式。被称作列车运行大脑和控制中枢的信号系统的制式是怎么确定的，信号系统又是如何确保“国门第一线”安全、高速、可靠运行的？

在城市轨道交通系统中，信号系统是一个集行车指挥和列车运行控制等功能为一体的非常重要的自动控制系统，它直接关系到城市轨道交通系统的运营安全、运营效率以及服务质量。它对保证乘客和列车的安全，实现列车快速、高密度、有序运行起着重要的作用。

“国门第一线”大兴机场线因设计时速、车型、牵引供电制式、超长区间、全自动驾驶模式等，与传统城市轨道交通工程有很大的区别，这一全新轨道交通线的信号系统制式是怎么确定的？信号系统又是如何确保“国门第一线”安全、高速、可靠运行的呢？

列车需要怎样的信号系统？

要确定信号系统制式首先需要了解轨道交通北京大兴国际机场线的工程特点和对信号系统提出了什么需求？

一是需要满足160km/h最高运行速度下可靠工作的要求，以及适应交流25kV供电制式及市域车的相关要求。

二是需要满足远期行车间隔的能力要求，并留有一定余量；能够满足大运量、高密度行车、行车交路变化（正常交路和临时交路）的运营要求。

三是需要具有较高的自动化水平，采用完整的列车自动控制系统；满足全自动驾驶需求。

四是系统配置和功能需要满足互联互通要求。

综上，轨道交通北京大兴国际机场线的工程特点和需求既具有常规城轨工程的特点同时又具有国铁高速铁路工程的特点，但与常规城轨工程、国铁高速铁路工程又不尽相同。

适用于轨道交通北京大兴国际机场线工程的城轨和国铁信号系统分别为城轨CBTC系统和高速铁路CTCS2+ATO系统。

两种制式怎么选？

在城轨CBTC系统和高速铁路CTCS2+ATO系统中二选一，还需要结合功能需求、运营需求和适应工程特点等方面。

一是功能需求的适应性。

二是运营需求的适应性。

Z043
Y044

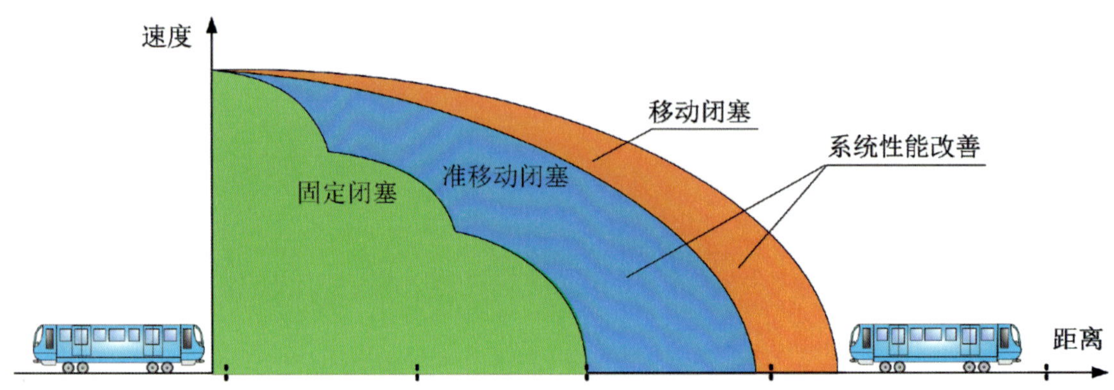

图1 各种闭塞制式信号系统的速度控制系统示意图

三是160km/h最高运行速度的列车控制适应性。

四是160km/h最高运行速度的车地通信适应性。

五是对交流25kV牵引供电制式的适应性。

六是对市域车的适应性。

七是对土建的需求和影响。

八是工程造价和设备维护。

九是工程应用。

综合两种信号系统对以上九个方面的适应性分析，CBTC制式的信号系统在城市轨道交通工程中技术成熟、应用广泛，它的运营模式和系统功能能够完全满足北京大兴国际机场线的工程需求和线网间的互联互通，只需要在传统CBTC系统的基础上进行工程参数等的适配即可。同时采用1.8GHz专用频段的基于LTE-M技术，车地数据传输速率高，满足北京大兴国际机场线高速下列车运行的安全性、实时性要求。

最终确定最适合轨道交通北京大兴国际机场线工程的信号系统是CBTC系统。

CBTC是什么？

什么是CBTC呢？CBTC是城市轨道交通信号系统的一种制式，英文全称是Communication Based Train Control System，即基于通信的列车自动控制系统。信号系统制式经历了固定闭塞制式、准移动闭塞制式逐步发展而来，CBTC制式是目前城市轨道交通信号系统中最先进的闭塞制式，是应用最多、最先进的主流技术（图1）。

它摆脱了用轨道电路判别对闭塞分区占用与否，突破了固定闭塞制式、基于数字轨道电路的准移动闭塞制式的局限性，可以连续监测、控制列车运行，实现了列车之间的动态追踪，不再受固定闭塞分区的限制。它利用无线通信技术改变了固定闭塞制式和准移动闭塞制式下信息只能通过轨道电路由轨旁设备向车载设备单向传递、信息量少的缺点，实现了列车和地面设备间的大流量、双向、实时数据传输，可以实现列车高速运行、列车间隔动态移动，达到更小的运行间隔控制和更强的运行调整能力，以及满足全自动驾驶的需求。

38 LTE-M无线通信 速度350km/h不断网

大兴机场线选择了具有明确演进方向、技术成熟可靠的LTE-M体制作为车地无线网络，简单来讲，它支持350km/h以上快速移动场景的数据传输，不延时，不断网。

2016年以前，应用于轨道交通行业的宽带车地无线网络均采用WLAN技术体制，因为当时城市轨道交通缺少自己专属的宽带频率资源，只能采用2.4G或5.8G等ISM无须频率授权许可的WLAN技术建设车地无线专网。为了从根本上解决车地无线网络频率使用安全、可控问题，北京城市轨道交通根据工业和信息化部无〔2015〕65号文的精神及时申请了为轨道交通LTE-M技术体制量身定制的1800M频率资源并获许可。

1800M频率资源的获得为轨道交通北京大兴国际机场线车地宽带无线网络最终选择LTE-M技术体制迈出了决定性的一步。

在大兴机场线160km/h高速移动场景下，车地综合通信系统网络设计主要应考虑列车中高速运行对系统传输性能带来的影响以及切换的稳定性、可靠性问题。

LTE-M是一种基于3GPP的第四代宽带无线通信技术，具有明确的演进方向。系统支持多种带宽灵活组网，支持350km/h以上快速移动场景，从而保证了系统传输性能的稳定和可靠。而WALN在本质上是一种基于牧游移动场景的局域网无线通信技术，符合标准化规模应用的WLAN体制不支持120km/h移动场景的连续通信和快速切换。

由于LTE-M采用1.8G专用频率的组网，极适用于成熟的漏缆覆盖方式覆盖FAO通信区域，从而保证了无线信号的平稳覆盖，切换可靠，网络带宽、时延、丢包率等关键指标完全满足业务体系技术规范要求。

LTE-M系统具有B-TrunC宽带集群调度功能。LTE-M技术不但可以扩展和补充了专用无线调度功能（如视频对讲等），同时还可作为专用无线系统的应急备用通信工具。

39 “1+1”的供电方案

大兴机场线与常规的城市轨道交通相比，无论是车站设置、车辆型式、运营速度还是沿线市政配套条件差异都很大，并且也没有针对性的供电设计规范标准可以借鉴，对设计人员制定供电方案带来了很大的挑战。

目前我国城市轨道交通接触网电压制式大多选用直流1500V或直流750V，大兴机场线采用了较为特殊的25kV交流电压制式，这是为什么呢？

大兴机场线采用市域D型车8辆编组，列车最高运行速度160km/h，线路全长约40km,设置3座车站，全部为地下站，最大站间距达26km。线路具有设计运营速度高，车站数量少，站间距大特点，线路从草桥引出后主要在城市郊区敷设，沿线交通、电力等市政配套相对建设滞后，运营维护人员后期驻守困难，线路电源引入也困难；车辆首次采用市域型车辆，车辆宽度、高度都加大，并且作为地铁线路在国内首次最高速度运行，都与常规的地铁车辆不一样。传统直流1500V供电制式的牵引变电所供电距离约为3km ~ 6km，远远无法满足机场线对供电距离与牵引负荷的特殊需求。若沿线路建立多个牵引所，则会增加不必要的投资。根据本线车辆选型、列车速度、线路长度等特点，通过供电计算全线设置了2座交流牵引变电所。与传统城市轨道交通直流牵引供电方案相比，该方案具有供电电压高、无杂散电流影响土建工程、供电距离长、可提高系统供电能力、减小牵引网载流截面的优点。因此，从供电系统角度，采用交流25kV供电制式是较为理想的方案。

电力变配电供电部分，通过供电计算和结合线路规划情况，主变电所确定采用集中供电方案，结合征地条件和郊区电网外部电源的情况，确定新机场北至磁各庄站区间和磁各庄站至草桥区间分别设置2座主变电所。相比分散供电方式，集中供电方式具有供电距离长（最远达30km）、外电源数量少、节约投资、自成系统可靠性高等优点。同时，经供电内部核算，2座主变电所可以满足后期线路延伸电源的需求，无须新增外电源，可以一次解决电源供应的问题。

主众所周知，主变电所每增加1座都会带来外电源投资以及土建征地费用增加问题，如何缩短工期，控制造价，对于“国门第一线”大兴机场线来说尤为重要。

为进一步减少主变电所土建征地费用和

降低外电源投资，设计者们深入研究大兴机场线的工程条件，并详细分析了本线路、城际铁路和地铁线路的供电方案，通过详细的牵引供电计算和经济性比选，通过多轮论证首次提出轨道交通北京大兴国际机场线采用配电集中供电与27.5kV交流牵引供电相结合的供电方案。

电力主变电所与交流牵引变电所合建并共享两路110kV外电源，在国内首次采用配电集中供电与27.5kV交流牵引供电相结合的供电方案，充分利用了地铁供电和铁路供电的优势，创造了新思路、新理念，并且得到了成功的应用，对于后期类似工程的建设具有重要的示范意义。

40 解密“王牌”轨道

大兴机场线是国内首条速度为160km/h的城市轨道交通线路，超越传统地铁设计的速度范畴，工程对轨道系统进行了升级设计，积极引进、吸收了高铁及城际轨道的成熟先进技术，创新性地提出了采用“城际+地铁”相结合的方法，形成了适用于本工程的技术标准。

高铁、城铁“硬汉”扣件——WJ-8B型扣件

国内外高速和城际铁路无砟轨道对有挡肩和无挡肩扣件均有采用，经过运营检验，有挡肩扣件的稳定性和养护维修工作量较小。目前大部分以有挡肩扣件为主，有代表性的如WJ-8B型扣件、vossloh300型扣件，有砟轨道用弹条V型扣件。

WJ-8B型扣件采用有挡肩、有螺栓的结构形式，将横向力通过轨距挡板传至轨枕挡肩上，锚固螺栓不再承受横向力，优化了受力结构，延长了扣件的使用寿命，对高速行车以及小半径曲线的适应性更好，更适用于城轨快线的运营条件。扣件由螺旋道钉、平垫圈、弹条(W1型弹条和X2型小阻力弹条)、绝缘轨距块、轨距挡板、轨下垫板(普通垫板和复合垫板)、铁垫板、铁垫板下弹性垫板和预埋套管组成。经过国铁几十年的运营考验，技术成熟、通用性好，造价较低。

同一结构可安装多种弹条（W1型弹条和X2型小阻力弹条），通过更换弹条和轨下垫板调节扣件阻力，可满足高架桥无缝线路铺设要求，实现轨道交通地下段、路基段、高架段标准统一、结构通用。可减少备品配件种类，方便养护维修，降低养护维修工作量。

性价比最高的轨枕——SK-2型双块式轨枕

双块式整体道床是一种先进、成熟的无砟轨道结构，我国高速及城际铁路广泛采用。采用钢桁架连接的双块式轨枕，保证了轨枕与现浇混凝土道床之间的有效结合，使新、老混凝土界面最少，结构整体性最好。

SK-2型双块式轨枕为有挡肩轨枕(图1)，可通过混凝土挡肩提供可靠的横向稳定性，养护维修工作量小，提高了轨道结构的整体稳定性及耐久性，更加适用于160km/h快速线路的运营条件。

SK-2型双块式轨枕由两块轨枕块和钢筋桁架组成，通过钢筋桁架将两块轨枕连接在一起，提高整体性的同时降低了钢材用量，经济环保。同时，其结构简明统一，可在地

下线、路基段和高架线等不同工况下通用，减少了备品配件种类，便于养护维修。SK-2型双块式轨枕契合“人文、绿色、科技”的理念，符合北京市轨道交通“安全型、服务型、环境友好型、节能型、快捷高效型、国产化、网络化、标准化”的主题目标。

道床定制、9种轨道结构形式筑就稳定可靠的轨道基础

大兴机场线道床结构多样，包含地下线双块式整体道床、地下线板式道床、地下线减振垫整体道床、地下线道岔区整体道床、

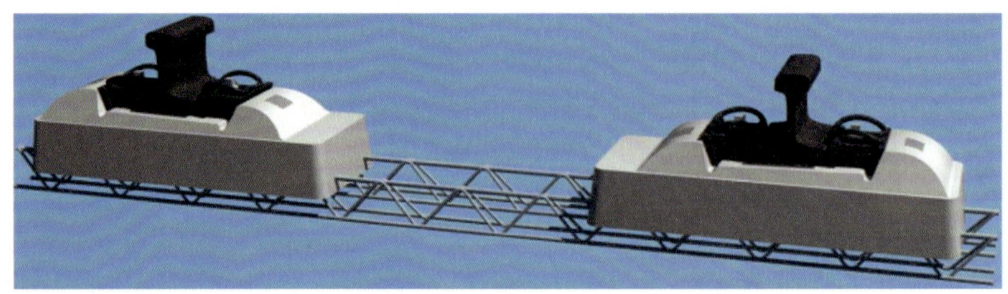

图1 SK–2型双块式轨枕三维示意图

高架线双块式整体道床、路基段双块式整体道床、路基段板式道床、路基段道岔区整体道床。道床结构的多样性客观体现出设计的复杂性，技术囊括了城市轨道交通领域大部分先进技术，可以说，大兴机场线是一条“先进之线”“创新之线”。

0.6m的轨道高度，高架线无砟轨道成功“瘦身”

本线高架地段全部采用双块式无砟轨道。按照高铁及城际铁路高架线的设计经验，无砟轨道应由“道床层”+“底座层”的双层结构体系组成，轨道结构高度0.725m，二期恒载约为45kN/m。

然而，城市轨道交通高架线的桥梁结构承载能力较弱，照搬高铁及城际铁路的无砟轨道结构设计则会引起桥梁结构荷载超限。为此，在城际铁路无砟轨道的基础上，结合城市轨道交通高架线纵向承轨台轨道的设计理念，将无砟轨道的底座层取消，改为通过桥面植筋将单层道床板固定于桥梁之上，这样一来，无砟轨道的双层结构体系简化为单层结构体系，经结构检算之后，这种单层结构体系完全能够满足新机场线正常运营的需求。优化后的无砟轨道结构高度仅为0.6m，二期恒载降低为25kN/m，无砟轨道结构“瘦身”的同时，还减少了施工工序，缩短了施工工期，降低了造价，更加符合城市轨道交通的建设特点。

轨道“手牵手” 共筑路基段稳定型和耐久型轨道

路基地段轨道结构直接暴露于室外环境，温度作用效应明显，不宜采用连续式或者纵连式的结构形式，而应采用单元式的分块结构，这样可以避免纵连式结构在温度作用下的伸缩，从而提高轨道结构耐久性。

然而，采用单元式结构仍存在问题，即轨道稳定性问题，单元式结构自重较轻，且路基段无法进行植筋与下部基础连接，轨道结构仅仅依靠自重很难抵挡列车的纵向和横向荷载。当列车紧急刹车，或者通过曲线时，单元式轨道若不采取措施，很难避免出现纵向及横向的失稳问题。

面对此种情况，项目组创造性地研发了传力杆结构，即在道床接缝处设置一系列的钢棒，钢棒一端为固定端，另一端为可滑动端，固定端与滑动端交错布置，既将道床之间“手牵手”连接起来形成整体性强的结构，又可允许板端在温度影响下释放少量位移。传力杆的设置大大提高了路基段整体道床的稳定性及耐久性，为创造舒适、安全的行车条件提供了基础。

19分钟，可不是“黑科技”

大兴国际机场“荣升”为新晋网红打卡地之后，经常听到来这里的人们惊叹：“40多公里只开了19分钟，简直黑科技啊！”其实，这不是什么“黑科技”，而是速度160km/h城市轨道交通60kg/m钢轨12号单开道岔的应用。

该道岔有多项创新加持，自然威力无比。首次在城市轨道交通道岔领域采用60AT2尖轨，设置轨底坡或轨顶坡，提高了列车经过岔区时的平稳性和旅客的乘坐舒适度；首次将镶嵌翼轨式合金钢组合辙叉应用于城市轨道交通道岔，提高辙叉使用寿命，延长更换周期，减小养护维修量；道岔不同区域采用不同刚度的板下弹性垫层，首次实现了城市轨道交通道岔岔区的刚度均匀化及整体低刚度，有效降低了岔区的振动噪声；首次在速度160km/h城际铁路采用大间隙限位器结构，以尽量减小限位器的受力，使限位器只在尖轨有较大的伸缩位移时才起作用。

该道岔在速度160km/h城市轨道交通地下车站使用，配套设计了5.3m、6.7m间距交叉渡线，相比常规单渡线布置形式，车站咽喉区长度至少缩短150m，地下主体结构工程投资节省约5000万元，满足了新机场线工程建设的急需，填补了国内该系列道岔产品的空白。

新型9号道岔首次亮相车辆段

大兴机场线是我国首条速度160km/h地铁线路，在道岔选型上需要充分考虑中远期线路运量提升情况下的需求，并提供技术支持和技术预留。提高车辆段道岔的侧向通过速度，保证中远期运量是车辆段道岔设计中的重要一环。现阶段车辆段用7号道岔侧向通过速度为25km/h，新机场线磁各庄车辆段则采用9号道岔，侧向通过速度为35km/h。同时，道岔设计及选型采用城际铁路动车所设计标准，转辙器尖轨跟端采用弹性可弯式，消除了国铁50kg/m钢轨9号道岔活接头式接头处病害；道岔辙叉跟端进行优化，由间隔铁式连接方式更换为夹板连接，增强辙叉整体稳定性；护轨采用33kg/m槽型护轨，基本轨内侧采用弹性扣压，提高了车辆段道岔通过速度，保证了道岔功能要求，并减小了工务养护维修工作量，为日后市域快线的发展奠定了坚实的基础。

41 “由上而下”的轨排施工法

双块式无砟轨道轨排较轻，采用轨排法施工高效、快捷，施工调整工作量小，而且道床混凝土捣固作业方便，质量易于保证，施工精度较高。

大兴机场线普通地段采用了双块式无砟轨道，其结构特点是将预制好的双块式轨枕与钢轨、扣件组装、架设成轨排，再浇筑道床混凝土。其施工方法采用轨排法施工，就是将预先设置好的双块式轨枕进行组装，并且成轨排列，按照预先设计好的间距，通过相关的加固措施将其固定在设计好的位置上，再浇筑混凝土将轨排埋入整体道床内。

板式无砟轨道施工“由下而上”

大兴机场线在沉降危险性大的区域及减振地段采用板式无砟轨道，其结构特点为预先设置底座层，而后架设轨道板，依靠轨道板位置的精调保证优良的轨道线形与平顺度，轨道板下设置自密实混凝土调整层，采用流动性好的自密实混凝土填充于轨道板与底座之间。

轨道板的架设与精调借鉴高铁CRTS Ⅲ板式无砟轨道精调方法，并对精调标架进行改进，研究出了适合地下线轨道板精调的最佳方法。通过预制轨道板道床快速施工配套设备及合理、高效的施工组织管理措施，达到快速施工的目的。

为了保证自密实混凝土技术性能满足要求，在正式施工前进行了配合比试验和揭板试验。自密实混凝土出机后、到铺轨基地和施工现场后，应检测混凝土拌和物的温度、坍落扩展度、T500和含气量等相关性能指标。自密实混凝土从轨道板中心孔灌注，前后孔为排气、观察孔，单块轨道板的灌注应一次性完成。

“豪华”的1680对/km扣件

扣件铺设数量是无砟轨道结构的重要设计标准之一，对保持轨道结构良好的几何形位，合理传递、分布列车荷载及保证轨道结构的稳定性等有重要作用。城市轨道交通钢轨支承间距的设计应根据城市轨道交通的运量、行车速度及线路条件、道床形式等因素综合考虑确定。

目前，城际铁路、高铁无砟轨道的扣件铺设间距通常大于地铁工程。原因是高铁、城际铁路曲线半径大，减振措施较少，异常波磨较少发生。而地铁通常曲线多、半

径小、减振地段多，且北京地铁线路的运营经验表明扣件铺设数量加密能抑制或延缓波磨的发生。

尽管本线较常规地铁线路来说曲线半径已经加大不少，但相比高铁、城际铁路来说仍较小，而且本线还有穿越振动敏感点地段，结合北京地铁的运营经验，大兴国际机场线最终选择了1680对/km扣件铺设数量。

新型预制板结构对治沉降

根据沉降调查研究报告，本线在K5+300—K8+250里程范围，即部分路基段及U形结构地段处于沉降危险性大的区域。目前土建结构专业已经采取了一切可靠办法去保证该区域的安全稳定，但在长时间的后续运营过程中，由于地质环境的不确定性，仍然存在下部基础发生一定程度不均匀沉降的可能。

为了充分应对未来可能出现的这种极端情况，减少对于轨道结构的破坏性，提高轨道的可修复性以及尽量减少对正常运营的影响，满足日后养护维修需求，轨道专业工程师在沉降危险性大的区域采用了预制板式整体道床，研发了用于城市轨道交通时速160km/h的新型预制轨道板，采用新型限位结构，在预制轨道板下一体化预制限位凸台，调整能力大、适用性强，可满足不同地段铺设要求。

新型预制轨道板整体道床的最大调整量可达70mm，当下部基础发生不均匀沉降时，可通过填充快速修复砂浆来实现预制轨道板的抬高，该方案可在1～2个夜间维修作业点完成，不影响线路在白天的正常运营，提供了运营期间地基沉降时轨道结构的可维修性，解决了运营期间整体道床难以维修及调整的难题。

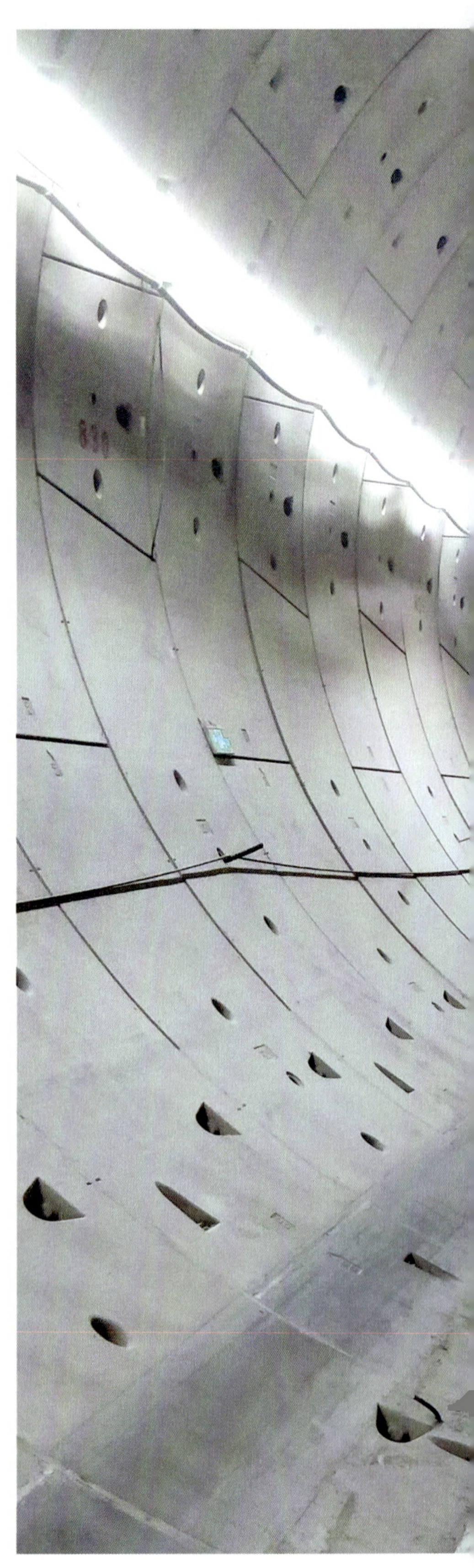

42 9号道岔车辆基地的系统思考

为适应新型市域列车的需求，综合北京市市域轨道交通系统选型及建设标准，磁各庄车辆段轨道道岔采用9号道岔、岔后曲线200m的标准。较传统轨道交通的7号道岔，岔后曲线150m的标准有很大提高。

轨道交通北京大兴国际机场线采用的车辆为CRH6改型市域车，其车辆长度和车辆定距修改为与普通地铁A型车一致，在可研设计中站场线路采用地铁设计规范中的A型车标准，即车场线路采用7号道岔、150m半径曲线，出入段线最小曲线半径采用250m。后续在车辆基地设计招标以后，有关设计的前置条件发生了变化，主要为车辆基地明确要进行上盖一体化开发以及线路采用全自动运行系统设计。

在2015年12月底初步设计预评审后，根据专家意见，一期工程调整为只设置磁各庄车辆段，机场北停车场改为规划预留，且根据车辆特点及建设规模，建议磁各庄车辆段与S6线车辆检修资源共享。当时S6线拟采用CRH6型城际动车组，转向架定距为17.5m，为满足行车安全，磁各庄车辆段轨道采用9号道岔、岔后曲线200m的标准。

从后期效果看，磁各庄车辆段站场采用9号道岔、岔后曲线200m的标准，站场车辆运营条件得到了改善，主要表现在：①行车过程中，司机的瞭望视野开阔；②在相同车速条件下能够降低车辆运营噪声对上盖开发的影响；③轮轨磨耗大大降低，轮对镟修需求延长到40万km以上。

LC032
LC030
LC028
LC029
LC022

43 稳定又可靠的电能来源

当我们来到大兴机场线，乘坐平稳的扶梯下到站厅层，在自动售票机买完票，顺利通过安检机检查，在璀璨的灯光照耀下，顺着导向牌的指引登上“白鲸号”列车……这一切正常运转的背后，离不开电力源源不断地供应。那么，线路的电能从何而来呢？

电能从何而来

一般普通工厂、住宅小区的小型用电设备属于二级或三级负荷，每个电源点引入一回10kV线路进行供电即可。地铁是重要的公共交通类用电客户，属于一级负荷，北京市地铁中的每个电源引入点均接入两回10kV电源进行供电。

轨道交通北京大兴国际机场线也是一级负荷用户，那么它的进线电源应该选用怎样的电压等级呢？线路选择了110kV电压等级作为进线电源，它是普通市政用电10kV电压的11倍，其电能来源更靠近发电厂、可靠性更高、稳定性更好、更符合线路的特点。

发电厂中的发电机把水力、火力、风力等能源转换成电能形式，通过升压变压器把电压升高至110kV，经过输电线路输送到本线的主变电站，再经主变电站变换将电能分配给列车、车站和信号等用电设备。

在大兴国际机场线的110kV输电线敷设过程中，由于部分路径位于城区，采用了架空线与电力隧道结合的形式，敷设路径穿越工厂、北京六环公路、跨越了铁路、河流等障碍。施工人员与时间赛跑，解决了各类施工难题，才把输电线引进到主变电站中。

能源的“心脏”——主变电站

为保障本线用电，全线设置了专用的主变电站供电。主变电站就像人体的心脏，强有力地、源源不断地将血液（电能）输送到列车和车站的各个用电设备上。

本线设置了2座主变电站，分别从不同城市的220kV变电站引入电源。同时，每座主变电站有2回110kV电源进线，这2回进线又从220kV变电站的不同段母线引来，相互独立。当任一电源发生故障时，另一路可以继续提供电能；当任一主变电站发生故障时，另一座主变电站可以继续提供电能，保证了线路的正常运行。通过完备的供电网络实现两路进线电源之间的冗余备用、两座主变电站之间的冗余备用，其安全可靠性之高可见一斑！

电能输送的“血管”——供电网络

主变电站在接收到城市电网输送来的电源后，对110kV电源进行再次分配，就像血管将血液输送到全身各处一样。本线通过牵引供电网络和电力供电网络将主变电站的电能输送给各个用电设备。

对于列车而言，全线在轨道上方设置了专用输电线路——牵引网，主变电站的25kV电源通过电缆与牵引网相连接，车辆的受电弓通过与牵引网的滑动接触取得电能，再通过钢轨和回流电缆返回到主变电站，形成完整的列车供电网络。2座主变电站将全线牵引网分为两部分，这两部分在线路正常运行时分别供电。每座主变电站设置有2台牵引变压器，任一牵引变压器发生故障时，切换到另一台继续工作；任一主变电站故障时，另一座主变电站为全线牵引网供电。

全线各车站、区间变电所通过2回35kV电缆“手拉手”环接在一起（简称环网电缆）。主变电站的35kV电源通过电缆将电能输送到沿线各车站、区间变电所内，再通过降压变压器转换得到400V电源。每座主变电站设置有2台电力变压器，任一电力变压器发生故障时，切换到另一台继续工作；当任一环网电缆发生故障时，由另一环网电缆继续工作。由此可见，本线用电网络具有多重冗余配置，有力地保障了车辆的可靠运行。

大兴机场线

44 控制系统有“备胎”

控制中心负责指挥和监控全线运营，当主控制中心“偷懒”了，备用控制中心会火速接盘“上场”。

在全自动的运行模式下，司机的工作一部分由列车自动控制系统完成，另一部分则由控制中心完成。传统的司机“掌舵”模式逐渐落伍，转变为由控制中心调度员直接把关列车运行的模式。调度员通过专用无线系统直接服务乘客、指导乘客处理紧急事故。

在全自动模式下，控制中心的作用远超非全自动轨道线路，设置备用控制中心，就是为了当控制中心发生长时间待工后，它能够火速接盘。备用控制中心的功能等同于控制中心，配置级别也与控制中心相同。

大兴机场线采用完全对等式结构的控制中心方案，可以说备用控制中心就是控制中心的“备胎”。控制中心和备用控制中心核心设备相同，其综合监控系统核心设备的软硬件配置完全一致，包括冗余配置的FEP、网络交换机、实时服务器、历史服务器等，可满足中心系统单点故障时的随时切换，主备系统相互连接，可以保证在任何情况下，列车都不会失控。

45 间距3km的应急疏散设施

大兴机场线的站间距较长，该线路在设置应急疏散通道和区间事故风机时，均做了非常务实的设计：全线区间疏散通道间距以间隔3km为标准，若着火列车停在区间隧道内，则开启火灾区间两端的区间事故风机并可做到“人烟分离”。

轨道交通大兴国际机场线一期工程设3座车站，隔成两段区间，具有两个特征：一是区间间距超长，一般的城市轨道交通站间距多在1km ~ 2km左右，而该线路的两段区间短的12.1km，长的25.9km；二是敷设类型多，北航站楼至磁各庄站以高架敷设方式为主，磁各庄站至草桥站以地下敷设方式为主。

传统的轨道交通线路行车密度高，最高运行速度低，当区间长度达到2.4km后才会出现两列车在同一区间运行的情况。大兴机场线地下区间长度尽管已经达到了12.1km，由于车速高，行车密度低，不存在两列车运行的情况；地上区间长度为25.9km，为4列车运行。此外，该线路服务的对象为航空乘客，对时效要求较高，一旦因故晚点，乘客纠纷处理难度大。

根据国家铁路设计规范《铁路隧道防灾救援疏散工程设计规范》(TB 10020—2012)、《铁路客运专线技术管理办法（试行）》(TG/04—2009)关于“长度10千米以上的单洞隧道，应在洞身段设置不少于1处紧急出口；

长度5～10千米之间的单洞隧道，应在隧道洞身段设置1处紧急出口或避难所”“桥长超过3千米时，每隔3千米（单侧6千米）左右应在线路两侧交错设置1处可上下桥的救援疏散通道”的要求，轨道交通大兴国际机场线全线区间疏散通道间距以间隔3km为标准(图1)。

在地下区间段，疏散通道分布位置如下：

当列车在区间隧道发生火灾时，若着火列车停在区间隧道内，则开启火灾区间两端的区间事故风机，根据列车火灾部位（车头、车尾）决定气流方向，气流方向与排烟方向相同，与人员疏散方向相反，使人烟分离，人员可以迎着新风方向撤离，保证人员疏散的隧道内的能见度。

在每处风井（图2）里设置2组逃生楼梯，当区间阻塞或无法进行疏散时，通过设置在风井中的疏散楼梯，让乘客顺利到达地面，完成应急疏散。

◀ 图1 疏散楼梯

▼ 图2 区间风井剖面示意图

46 能够抗强风压的防火门

区间联络通道的防火门起到了隔离事故的作用，是保证区间安全疏散的重要环节。如何保证轨道交通大兴国际机场线在速度160km/h的运行状态下，区间联络通道的防火门牢固、稳定？

常规来看，区间联络通道的防火门受到破坏与列车速度、隧道断面尺寸，隧道长度、防火门距列车的距离等因素有关。区间联络通道的防火门易被破坏的主要原因有两方面：一是密集的发车间隔以及高速运行引起的周期性隧道风压使得门体来回摆动频率快、幅度大，风压值与隧道阻塞比增大，会造成区间隧道内风压呈幂次方的增长。二是区间联络通道的防火门自重轻，只采用简单的螺栓安装，配件等材料抗疲劳强度不足。

大兴机场线的设计时速较高，区间隧道风压值较大，速度160km/h时单侧区间隧道风压值约3.5kPa。借鉴国内优质案例，与具备生产和制造此类防火门的生产厂家进行技术座谈，本线按照《城市轨道交通隧道抗风压防火门技术标准》中的相关要求，最终确定了《北京轨道交通新机场线一期工程区间联络通道及区间建筑临近轨行区防火门的设置和安装标准》，明确提出区间隧道防火门的性能、门体材料、配件性能、安装墙体强度以及与墙体的连接方式等要求，具体实施方案如下：

一是多功能。

大兴国际机场线一期工程区间联络通道防火门的抗风压强度为单侧抗风压能力不应低于3.5kPa，双侧抗风压能力不应低于6kPa。防火门的防火性能为甲级，耐火等级不小于3h，兼具防烟功能，且经过CCCF、CCC认证。防火门具有防腐、启闭灵活、无卡阻，门禁系统等功能。

二是标准化。

大兴机场线一期工程区间联络通道防火门的设置执行《城市轨道交通工程设计规范》(DB 11/995—2013)和《城市轨道交通工程设计规范》配套图集（建筑防火部分）PT-995以及《建筑设计防火规范》(GB 50016—2018)的相关规定。在区间联络通道内设置一道并列两樘且反向开启的甲级防火门，单扇防火门洞口尺寸为1000mm×2100mm（宽度×高度），门开启后净宽度不小于900mm，采用门扇无玻璃、无亮窗、有下框的平开式防火门。门扇开启后不得侵入限界，并不得阻挡隧道内人员疏散。

三是可靠的安装。

安装防火门的墙体采用钢筋混凝土结构，混凝土强度不应低于C35，厚度不应小于200mm，并与联络通道衬砌可靠连接；墙体的结构承压能力不低于防火门的抗风压等级；两樘防火门并列安装时，门洞之间的钢筋混凝土墙体宽度不小于200mm；门框与墙体间隙应采用刚性结构连接。

隧道抗风压防火门与墙体通过预埋件连接；预埋件与墙体结构应设置锚筋可靠连接；锚筋的设计应与防火门的抗风压等级相匹配，锚筋与预埋件之间采用塞焊；防火门与预埋件之间宜通过螺栓连接的复框预埋方式。防火门应采用下压式安全门锁（含天地插销）；未设预埋件的墙体应采用后锚固植筋技术，严禁采用膨胀螺栓、木塞连接。

四是牢固的配件。

所有门组件（易损件除外）整体使用年限不少于20年，易损件（使用年限少于20年）可在正常整体使用年限期间内更换，但必须注明易损件的正常使用年限。门产品及其五金配件（含闭门器、合页、插销、防尘筒、顺位器、门止和铰链等，）的产品质量保证期限至少应为五年。五金配件符合ANSI A156.13—2005一级标准，产品型号列入最近3年ANSI/BHMACPD认证产品名录，通过UL认证和《防火门》（GB 12955—2008）及国家固定灭火系统和耐火构件质量监督检验中心防火型式测试；防火门安装防火锁，并应经过国家认可授权的检测机构检验合格，其耐火性能应符合国家标准《防火门》（GB 12955—2008）的规定，且使用寿命不得小于30万次。

隧道抗风压防火门所用材料应满足国家标准《防火门》（GB 12955—2008）的相关要求；防火门的门框、门扇外观平整、光洁，无明显凹痕或机械损伤，涂层均匀、平整、光滑，没有堆漆、麻点、气泡、漏涂以及流淌等现象；表面无焊点外露，内部焊接牢固、焊点分布均匀，没有假焊、烧穿、漏焊、夹渣或疏松等现象，表面平整无焊点，焊缝为I级，表面处理采用静电粉末喷涂，涂层应均匀平整，门表面喷涂应符合《防火门》（GB 12955—2008）喷涂要求；门内防火材料应对钢板没有腐蚀性。

临轨行区的防火门的门框采用≥2.0mm厚镀锌钢板。门扇骨架采用≥1.5mm厚镀锌型钢，门扇面板采用≥1.2mm厚镀锌钢板。区间联络通道防火门的门框采用≥2.0mm厚镀锌钢板。门扇骨架采用≥1.5mm厚镀锌型钢。门扇面板采用≥1.5mm厚镀锌钢板。合页（铰链）板厚不应小于8mm，合页（铰链）单侧安装数量不应少于5个，门扇采用天地轴和水平插销。防火锁应采用3点或4点锁定的推闩机构，推闩下压开启力不应大于70N。

中咨监理

47 减轻砂土液化 应对“地震杀手”

砂土液化被称为“隐形的地震杀手”。对于Ⅷ度地震设防区的砂土液化，会带来轨道变形甚至移位等重大线路灾害，如何有效应对？需要预先设定科学合理的解决方案。

1964年6月16日，日本新泻县南方近海40km处发生7.5级地震，并引发严重的砂土液化现象，包括涌砂、喷水、地层下陷、建筑物沉陷与倾斜、人孔与地下室上浮、桥墩下沉，及港湾、机场损毁。这是日本与世界地震史上第一个以严重砂土液化灾害而闻名的地震。中国1966年邢台地震、1975年海城地震、1976年唐山大地震、2008年汶川地震，均出现了严重的砂土液化现象。汶川地震砂土液化现场考察

发现10余处液化地点有砂砾石喷出，其中4个不同地区的村庄均出现了液化喷水高度达10m以上的情况。工程界对预防砂土液化现象非常重视。

轨道交通北京大兴国际机场线区间位于砂土液化地层，对区间沿线地层采用标准贯入试验法判别地面下20m深度范围内地基土的液化情况，发现拟建场地沿线20m深度范围内的粉土层及砂层部分发生地震液化，液化等级为轻微。

液化震害主要是因地表喷水冒砂和液化而导致结构滑移。为了有效减轻砂土液化的影响，区间底板设计埋深较大，在地面下15m ~ 20m范围。区间设计结构断面采用箱形结构体系，无基础偏心，结构整体性较好，且整体刚度较大。这些设计要点对减轻砂土液化的影响均起到了一定的作用。另外，区间设计结合基坑围护桩+桩间旋喷的止水方案，采用了将永久围护结构嵌入非液化土层的全面消除地基液化沉陷措施。即将隔水帷幕底插入非液化地层，避免地震液化流失，达到封闭区间基底以下可液化土体的目的，可有效保证地震工况下的结构安全，见图1围护结构封闭基底土防止液化流失图。

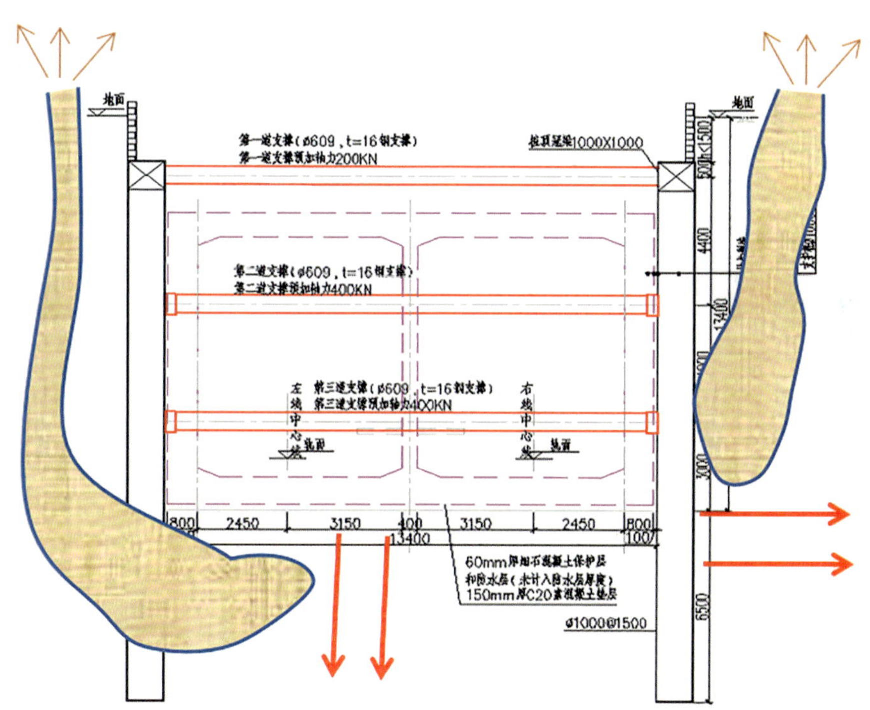

图1 围护结构封闭基底土防止液化流失图（尺寸单位：mm）

48 榫槽“铰接” 区域沉降无错台

大范围的区域沉降是轨道交通工程的重要地质灾害，如何减少和规避区域沉降对线路的损害？随着研究的一步一步深入，逐步拨开礼贤—榆垡地面沉降区的认知迷雾，逐步明确了区域沉降发展历史及现状、沉降原因并对沉降进行预测。

2012年之前，榆垡站为“浅部地层沉降型”，即压缩变形主要发生在埋深82m以上的地层。但近两年来，浅部地层沉降量大幅减小，深部地层（埋深82m ~ 205m）沉降量占比明显上升，区域沉降发生深度较大。由于采取打桩等方式完全控制区间结构随区域沉降发生沉降变形不可行，故提出区间结构能够适应区域沉降，且当沉降发生后能够通过调线调坡保证线路正常运营的方案，参见图1和图2。

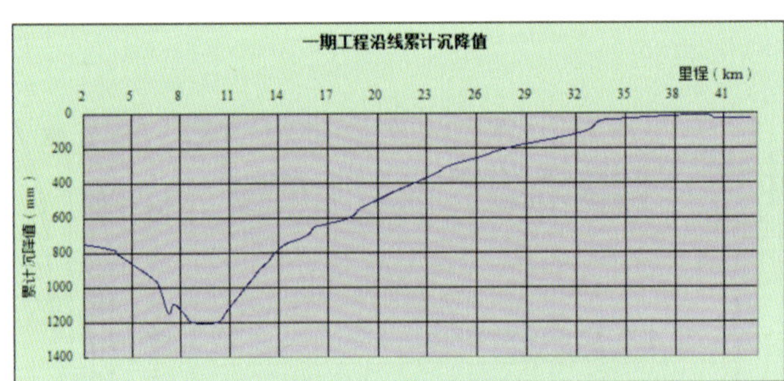

图1 工程沿线1955—2014年累计沉降曲线图

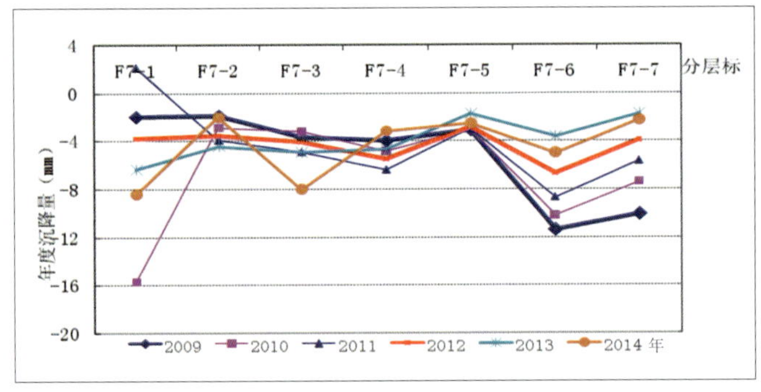

图2 榆垡站分层标历年沉降量变化曲线 （2009—2014年）

采取的工程措施主要有三方面：一是结合阻塞比要求，区间隧道选用窄、高的结构断面满足运营，方便后期在发生沉降的情况下，净空可满足轨道调整的要求；二是预留0.2m净空，在限界要求的基础上，断面高度提高0.2m作为预留净空，便于后期调整轨道时车辆不侵入限界；三是考虑到区域地面沉降平面分布不均匀，对区间结构可能造成内部附加应力，设计中适当加大了区间结构纵向钢筋配筋率，避免结构产生裂缝影响耐久性。

随着研究的一步一步深入，逐步拨开礼贤一榆垡地面沉降区的认知迷雾，逐步明确了区域沉降发展历史及现状、沉降原因并对沉降进行预测。

经过反复推敲研究认为，区间沿线存在较大的区域沉降，但这种沉降产生的不均匀沉降较小，能满足线路及今后运营的要求，对大兴国际机场线轨道交通结构可以不采取相应技术措施。针对变形缝两侧结构分离易产生错台的特点，设计中从古建筑榫卯结构得到启发，区间变形缝设置榫槽，使变形缝处形成“铰接”无错动变形，保证了结构无错台。

49 棉被+暖气 冬季施工抢时间

在大兴机场线南段，7.9km的共构桥蔚为壮观。共构桥墩共计244轴，预制简支梁220跨，钢混结合梁8联。高架段为桩基础接桥墩（“开”字形桥墩）接预制箱梁；节点部位采用钢混结合梁结构形式。高架共构区间桥梁相对于常规城市高架桥梁而言，施工风险高、难度大。此外共构段涉及轨道和高速两个项目的交叉作业，而下部结构的建设是其最基础的部分，为保障两项目均能在2019年9月建成，倒排工期对下部结构的完成时间提出了苛刻的要求。如何才能在规定工期时间内完成？

“棉被+暖气”创造条件冬季施工

倒排的工期显示墩台的施工时间恰巧放在了冬季，但北京地区冬季动辄零下的温度并不适宜混凝土养护。冬季施工的关键在于为墩台创造出一个个适宜温度下的微环境，使得其环境温度达到要求。

为此，施工单位在现场创造出了一个个小温室。桥墩结构外挂双层防火岩棉被，内设暖气片和橡胶软管，双层防火岩棉被具有保温、防火双重作用，有效保证了混凝土结构养护所需的温度（图1）。内挂暖气制作为2.0m×2.0m钢管暖气片，以围绕现浇模板满挂立面形式安装。每个桥墩以两套系统运行供暖，模板外侧挂橡胶软管提高温度。并每隔2小时测量棚内温度，以便及时调整棚内养护温度，保证棚内始终符合混凝土养护的最佳环境。

在保证混凝土结构在室温中养生达到设计强度的同时，为确保大气清洁，能源系统采用了清洁能源燃气锅炉。1吨燃气常压锅炉系统可以同时为两片桥墩提供热源。

钢管柱+贝雷梁+盘扣式脚手架支撑体系助力横梁施工

共构桥墩采用钢管柱+贝雷梁+盘扣式脚手架支撑体系，保证中横梁及上盖梁施工质量、安全性的同时，减小对施工进度的影响，加快施工进度。

高架共构区间桥梁相对于常规城市高架桥梁而言，盖梁为长条形实心混凝土悬挑式盖梁，位置高、自重大，自重达到960t，最高桥墩高28.5m，最大盖梁长58.5m，宽2.4m，施工风险高、难度大，其支撑结构为细长型，容易因应力集中现象而发生坍塌，为此，项目部与北京交通大学博士生合作，经过研讨，决定采用钢管柱+贝雷梁结合盘扣式脚手架形式作为上盖梁和中横梁施工的支撑体系。

施工前，对支撑体系进行有限元验算；施工过程中，全程严格把控支撑体系搭设拆除、模板制作安装、结构施工等环节，并对支撑体系加强监测，确保高架桥墩顺利完成施工。

图1 “棉被+暖气”

50 因地制宜 “穿巷”式架梁保桥通

轨道交通大兴国际机场线工程在架梁施工中，应用了预应力智能张拉系统、智能压浆系统、多种架梁方式相结合的工法，以及定制架桥机等，通过新技术、新工艺、新设备，实现了短工期内高质量施工。

在预制梁预应力张拉施工中，使用了预应力智能张拉系统进行张拉，张拉过程规范，预应力损失小，并且因实现了自动记录数据，操作人员可远离非安全区域，人身安全有了保障。

预应力智能张拉系统的张拉力精度为±1.5%，具有自动补张拉功能，能够自动测量伸长量，并及时校核，与张拉力同步控制，实现了真正的“双控”。并且同步精度达±2%，计算机控制实现多顶对称同步张拉，按程序设定速度加载，排除人为影响，按程序设定时间持荷，排除人为干预，可缓慢卸载，避免冲击损伤夹片，可准确测定实际回缩量。

预制梁使用的是智能压浆系统进行压浆。智能压浆系统能够排净管道内部空气，自动调整压力大小，以保证全管路按规范要求的大小和时间持压、稳压；实时监测水胶比，超限报警，切实控制浆液性能；实时测试得到管道压力损失，便于调整灌浆压力；实时监控流量，以发现管道是否畅通，复核压浆量；自动记录数据，再现整个压浆过程；可进行质量追溯，还原压浆全过程，提高管理水平。

预制梁架设施工采用履带吊、常规架桥机以及路轨共构专用架桥机三种架梁方式相结合的方法。为了能在规定期限为上部公路提供作业面，部分区间采用了先施工上盖梁再架设轨道梁的施工方案。

定制架桥机架梁。常规的架桥机难以满足有限空间架梁的技术要求，为按时完成工期任务，采取了如下措施：

中横梁顶到上盖梁底净距为10.5m，宽度为17m。因架桥机在共构空间内施工，高度和宽度受到极大限制，常规架桥机不能满足施工需求。针对该工况，项目部与厂家合作，专门设计了JQS33m-300t步履式双导梁低矮型架桥机，本桥机将走行轮箱与天车横梁进行了特殊设计，去除了平移座和旋转座，天车横梁端部截面向上收低，轮箱铰座安装在横梁内部，直接通过销轴连接走行轮箱和天车横梁，使轮箱底面到天车横梁上部轨道距离尽可能降低，达到架桥机“变矮”的目的，满足本次施工需要。

为研究本架桥机在落梁过程是否是安全稳定的，建设单位采用Midas Civil 2015建立有限元模型，对有限空间内施工全过程力学行为进行研究分析，采用传感器+高精度三维激光扫描仪+全站仪多种方式结合进行形变监测，得出架梁施工过程中各部位的形变位移均在计算数据范围内，此架桥机有可靠的安全性及较高的安装精度。

砥砺前
扬工匠精神
初心已定打造精品工程

51 90min 完美实施四桥同时转体

大兴机场线跨越京沪铁路时，采用了转体施工的技术。在铁路一侧平行于铁路方向，将梁体施工完毕，然后在短时间内利用转体装置将梁体转动到指定位置。值得一提的是，这次转体施工是三线四桥同时转体，可谓“扎堆跨”“扎堆转”。

四桥“扎堆”转体

大兴机场线在京沪铁路K39+943处上跨，后约100m下穿京沪高铁（K24+089处）。自西向东分别有规划团河路、新机场高速公路（分为左、右幅路两座桥）上跨京沪铁路、下穿京沪高铁。114m的宽度上布置了四座桥，相当紧凑。

“扎堆”跨越有两个原因：一是三线完成上跨、下穿后，需要尽快进入共构段，这样可以最大程度节约土地，提高土地的利用率。二是三线需要在线路方向100m内完成上跨和下穿，因为此范围内要同时满足被跨越铁路的限界要求、安全防护要求。

结合京沪高铁上跨京九铁路后竖曲线的影响，可采取的方案只有一个：四座桥只能从D516 ~ D520五个桥墩、四个桥孔内依次穿越，客观上造成了“扎堆”跨、穿铁路的现状。

四座桥需要在狭小、局促的空间里同期施工，设计阶段解决了以下三个问题：一是桥梁平面布置，重点是转体桥墩布置位置，以保证转体方案可行，并确定转体角度；二是转体跨度，跨度大小决定着转体难易程度，转体时相互干扰程度等；三是转体施工顺序，需确定谁先转，谁后转，什么时候转，转速多大等。最终确定方案见表1。

确定方案 表1

序号	项　目	转体长度(m)	转体角度	结构形式	转体墩位置
1	机场线	39+39	58°	混凝土T构	铁路北侧
2	团河路	66+66	69°	钢箱梁T构	铁路南侧
3	高速公路右幅	43+43	73.5°		铁路南侧
4	高速公路左幅	43+43	71.5°		铁路北侧

90min完成目标任务

经过充分的技术论证和准备，确定转体时间为90min。在正式转体前进行了试转和初转，并对设备、设施反复确认和检查。2018年12月2日零时30分，四桥正式启动转体施工。转体过程平稳、安全、有序，在90min内完成了目标转体。

四桥成功上跨京沪铁路，三线实现贯通。转体总重10000余吨，“天窗点”内同步转体为国内首次，开创了有限空间集群式转体的先河，为类似项目的实施积累了经验。

52 挑战29m门式框架 跨越大龙河

本框架墩的设计为类似结构设计积累了经验，但是也在此友情提醒，轨道交通大兴国际机场线可作为一个特例，考虑到框架墩本身的结构受力特点，以后在其他工程中还是应当尽量减少框架墩的横向跨度。

轨道交通北京大兴国际机场线有一项小角度跨越大龙河（夹角17°）的工程，上跨大龙河工程技术本身并不复杂，重难点在于桥跨布置如何兼顾远期进行规划。

解决这一难题曾有两套方案。第一套方案是桥墩布置于现有河道扶壁处，河道扶壁在施工完成后进行恢复；第二套方案是不破

坏现有河道扶壁，将桥墩基础布置于现有河道以外，不对现有河道产生任何影响，但是将导致框架墩跨度加大，同时，桥墩基础布置地段也非常狭小。

几经讨论，考虑到工期的制约、方案的协调难易程度、施工期间对汛期河道的影响等因素，最终决定采用第二套方案。

第二套方案对横跨大龙河的框架墩跨度要求为29m，这是对框架墩横向跨度的一个挑战。经过反复计算，确定了框架墩横梁采用钢结构，上部的梁体采用24m钢混结合梁，这样可以最大程度地减小对结构的不利影响。

53 两年、10段盾构、15km双线地下隧道

大兴机场线向北穿越京沪高铁和京山铁路后由高架转为地下，在广平大街与兴亦路交口南侧设置大兴新城站，后沿广平大街—范家庄西路—京开高速敷设，到达玉泉营桥东南侧草桥站。地下段全长约23.6km。除大兴新城站、入地段及草桥站两端采取明、暗挖工法外，其他区间均为盾构施工。盾构区间长度15km。用了10台盾构机。地下段的施工，是全线的重要节点工程。通过24个月的努力，成功实现10段盾构区间的贯通。

一、时间不等人

大兴机场线2016年12月土建开工，通车时间为2019年9月30日，工期非常紧张，留给15km盾构隧道施工的时间仅仅2年左右，如何在这两年的时间完成从征占地拆迁，到盾构始发及接收井施工，到盾构掘进，再到盾构接收吊出等一些列工序，是摆在所有工程师面前的巨大挑战。

如何对这15km的长大区间进行合理的工筹组织，考验了整个设计团队的智慧。如何安排盾构施工顺序，如何控制盾构机的数量、最大程度发挥盾构的潜力，对于整个工程的进度、造价，均起到关键性的控制作用。

盾构施工顺序安排涉及相关车站的开、竣工时间，是控制全线贯通最为重要的因素，其推进顺序安排的合理与否将直接影响到采用盾构机的数量、全线的进度和工程造价。综合考虑盾构机掘进的进度，盾构机掘进的最佳经济长度，盾构机的始发、接收的条件，过站与掉头的比较，使之转场次数最少、距离最小，最终满足工程总工期的安排。以上都是设计之初设计师需要考虑的事情。

设计师们结合大兴新城站、大兴新城站— 草桥站的长大区间风井设置了8处盾构始发及接收井，将整个盾构区间分成5段，每段3km左右的区间，在2年的工期内完成各段盾构区间，在保证区间按期洞通的同时也保证盾构机高效推进及满足盾构机掘进的最佳经济长度。

二、工欲善其事必先利其器

古人云：工欲善其事必先利其器。盾构机选型、设计和生产是决定工程能否按期完工的关键。首先从盾构机性能参数上提出更高的要求，满足区间可能遇到的所有水文地质条件，其次在生产及交付时间上也提出了严格的要求，必须在2017年9月前交付首台盾构机。经过充分比较、验证国产盾构机无

论从性能还是从交付时间上均能很好契合本工程。大兴机场线首台8.8m盾构机于2017年7月14日在长沙成功下线。盾构机均采用辐条式土压平衡盾构机，刀盘直径为9.04m，主机长11.9m，整机总长120m，总重达1400余吨。

三、各段盾构区间特点

1. 大兴(国际)机场站—大兴新城站区间——快、早

盾构段长2.78km，穿越地层为黏土、粉土、细砂—中砂层，区间最高日掘进56.0m，最高月掘进1136m，创造了北京8.8m盾构快速掘进的纪录。

2017年9月15日，本标段右线盾构实现全线第一个始发；2018年2月12日，实现新机场线全线第一个隧道顺利贯通：历时87天，累计完成2784m。

取得上述成绩与工程师们的悉心钻研密不可分。首先工程师对盾构机进行了前期研究与优化改造，刀盘和刀具的设计是成功的关键，工程师们解决了刀盘上土体流动的顺畅性，提高了土体土压平衡的可控制性，保证长距离刀具高寿命性，实现连续可靠掘进；其次采用新颖泡沫改良掘进土体，并

结合不同水文地质条件进行室内渣土改良实验，运用与实际推进过程。进而实现8.8m盾构在中间无检修井不换刀的情况下，一次长距离掘进2784m，且刀具只有轻微磨损的良好效果。

2. 大兴新城站分离盾构始发井—1号区间风井区间——分、难

盾构段长3km，盾构主要穿越地层前段800m为砂土层、后段2000m为卵石层，沿线风险工程众多。

设计师们在盾构始发和接收位置选择以及始发接收方式上做了大量比选工作。在设计阶段比选了大兴新城站车站端头始发和独立设置盾构始发井的优缺点，为不影响车站结构施工及后续装修及设备安装，设计师们最终选择在大兴新城站北侧单独设置分离车站的盾构始发井，实施站井分离方案，减少了相互制约和交叉影响，为盾构机早日始发打下基础。

3. 1号区间风井—2号南向盾构始发井区间——深、大

盾构区间长2.607km，隧道覆土12.2m ~ 26.9m，最大埋深约35m，为全线最深点。造成最深点的原因是本段区间下穿南水北调南干渠，现状干渠的底板埋深约16m，按环境设施重要性等级划分为“极重要”，设计团队为其设计下穿隧道埋深达到35m，这也是“国门地铁线”最深的下穿区间节点。

按北京水文地质条件，埋的深遇到的卵石就多而大，区间隧道大范围穿越卵石土层，局部卵石地层属于力学不稳定地层，对盾构机刀盘的损坏最为严重，也就影响了盾构机的连续掘进。面对工期紧、任务重，安全风险大，技术含量高。设计和施工团队齐心协力，仅用10个月就实现了从区间盾构始发到区间双线全面贯通。

4. 2号区间风井—3号区间风井区间——早、长

盾构段长3.847km是国内独头连续掘进最长、单线直径最大，风险源最多的地铁盾构隧道。采用直径8.8m土压平衡盾构机连续穿越无水砂卵石地层3.8km以上，在北京及国内尚属首例。在盾构机设计上，根据单区间掘进距离最长，卵石及砂层石英含量高的特点，施工过程中，创新采用了水平运输四轨三线方案，即隧道内水平运输采用四轨三线+跟随式浮动道岔与固定道岔相结合的有轨运输系统，提高了运输效率和线路系统运行安全性，降低了调度及运输编组的难度，确保洞内物料的运输供应，能够满足长距离盾构掘进的需求。

针对本段长距离连续穿越无水卵石地层的特点，在盾构机设计之初就加强了刀盘、刀具、螺旋机等耐磨性能，使其更加适应地层，在同等掘进距离下磨损量得到有效降低。

5. 3号区间风井一草桥区间——险、新

盾构段长度3.1km，由于地处全线最北段，最靠近北京主城区范围，盾构下穿南环铁路、高压燃气管、南四环主路、马家楼匝道桥、雨水泵站等多个特、一级风险源，风险源数量占全线总量的一半以上，盾构法施工有效地控制了地面沉降，最大程度上减小了对风险源的影响。施工创新性的采用皮带机出渣代替传统的渣土车出渣，皮带机将土体从开挖面直接传送到地面，施工效率提高了30%以上，同时避免了几万次吊装的危险作业。

54 “打破壁垒” 多工点同时作业

大兴机场线工程的大兴新城站北侧是盾构始发井，南侧是明开区间，且都处于相同的紧迫工期中，这两处工点只有一道围护桩相隔，现有条件下两处工点只能一处一处先后施工。施工单位是如何做到两处工点同时推进的？

大兴新城站北侧为盾构始发井，为保证按期开始盾构施工任务，必须先行施工，按照设计要求，由于不同施工单位间的施工组织及工期原因，车站大里程端单层明挖区间及盾构始发井围护结构及主体先施工，接口处车站后施工。车站利用明挖区间围护桩及冠梁，后期从洞内分段凿除两结构之间的围护桩，实现两结构之间的连接。在区间施工期间，接口处距离区间2*H*（*H*为区间基坑设计深度）范围内车站土体是不得开挖的。

为了保证大兴新城站主体结构能够按期完成，在与设计单位等各方协商下，决定取消南侧大兴新城站与明挖区间之间的围护桩，这样，两处工程的交接位置结构能形成流水同步施工，相互之间不影响进度。

北侧开挖时，由北侧区间桩位置的基坑底向南侧留出43.26m范围，按照自稳要求自然放坡方式暂时进行留置土方。暂不开挖范围顶部平面按照厂区重载车辆道路进行临时路施工，放坡面采用网喷护坡，做法同冠梁开挖支护形式。

待北侧盾构区间施工完成并回填后再开挖此部分预留土方。这样既保证了北侧盾构区间施工安全，同时通过调整大兴新城站主体结构施工顺序，又保证了大兴新城站主体结构尽可能多地施工，使得后期结构顺利提前2个月完成节点工期任务。

北 京 城 建
3#
畅越
100/30t
1#
欢迎您
刷卡通道

55 连续皮带机助力盾构又快又好

在大兴国际机场线工程施工中，提升长线盾构区间施工效率是保证工程按其完成的关键，故盾构区间施工首次采用了连续皮带机渣土运输系统，取代了传统的有轨运输、垂直提升的模式。

连续皮带机渣土运输系统具有故障率低、运输效率高、运输能力大等优势，消除了传统运输模式对盾构施工进度的制约；大幅度降低了洞内调度和垂直运输操作人员的工作强度，保证运输吊装作业安全；同时，配备专业的维保班组，负责皮带机日常维保工作。经测算，比传统有轨运输提高效率30%以上。

使用连续皮带机的效率到底如何？对比使用连续皮带机出土的2号风井至3号风井区间，和未使用皮带机出土的永兴河至大兴新城站区间的施工，应用效果一目了然，参见表1。

根据对施工数据的总结发现，在未使用皮带机的情况下，盾构施工长度约在1800m时，日掘进速度将发生下降；在使用连续皮带机情况下，日掘进进度发生下降的施工长度提升至3150m。连续皮带出土器的应用使得盾构高效率施工的距离提升了1350m，提升比例达到75%。

综上所述，在盾构隧道长度大于1800m时，使用连续皮带出土机，可明显提升长距离盾构施工效率。

应用效果对比　　表1

标　段	永磁区间		2号风井至3号风井区间	
	左线	右线	左线	右线
施工进度发生明显下降环时的掘进距离	1899.2m	1716.8m	3177.6m	3120m
下降时周平均日掘进进度	26.7环/天	29环/天	15.3环/天	15.9环/天

中
盾长隧不
中国铁建
中国铁建

56 装配式检修井 盾构机的“移动医院”

装配式检修井在大兴国际机场线砂卵石地层中的成功应用，进一步扩展了盾构检修手段，丰富了竖井开挖施工工艺。相较于传统施工方法，装配式检修井在工程技术上方便可控，在工程施工中进一步优化施工工法和施工空间，其安全可靠、经济合理、节省工期、技术可行等优点得到很好体现。

轨道交通大兴国际机场线2号风井至3号风井盾构区间位，总长度约3.8km，沿线穿越高压走廊、大兴机场线U形槽等重要风险源。

根据施工前期筹划及盾构实验段施工实际情况发现，地层对刀具磨损较大，需要在盾构掘进过程中进行刀具检查及更换工作。结合区间地表建（构）筑物及盾构施工实际情况，沿线共设置3处检修井。

大兴国际机场线在盾构工程施工中，采用了装配式盾构检修井，由腰梁、波纹板及钢支撑组成，腰梁及钢支撑作为受力构件，承受周边土体的侧向荷载。波纹板作为挡土及传力构件，将土体的侧向荷载传递到腰梁及钢支撑上。根据工程经验类比并结合现场工程地质环境，分别对断面工况进行施工阶段承载能力极限状态计算。

整个竖井分为常规段、加强段和盾构段。自竖井井口以下至14.3m部分为常规段，常规段为封闭合圆环，起支护土体稳定作用，整个施工过程中结构形式不发生变化；盾构中心线下方1m至盾构顶以上0.5m范围为盾构段，盾构段结构总深度为盾构半径+1.5m，在换撑回填时会拆除迎盾构侧的支护结构。常规段拼装方式方法与盾构段拼装方法不同，分别承担不同的受力体系。常规段与盾构段间设置加强环来加强整体结构刚度，减小盾构顶进时对上方检修井部分造成的影响，加强段深度为1.12m，腰梁与腰梁间使用波纹板作为挡土构件，波纹板与腰梁采用螺栓连接。常规段腰梁采用型号为120mm×120mm，厚度为6mm的拼装式空心方刚，盾构段腰梁采用型号为140mm×140mm，厚度为8mm的空心方钢，全断面钢支撑为H形钢，拼装过程中间隔0.5m布置1道腰梁及钢支撑。

装配式检修井分两次回填，为了满足盾构机推进到竖井过程中的安全，保证盾构顶进过程中结构的安全稳定，第1次回填为盾构段换撑回填，每拆除1榀支护结构，回填相同厚度的土体并分层夯实，压实系数不小于0.94，直至回填至盾构机顶3m处，确保

检修井结构稳定；第2次回填为维修井拆除及回填，盾构刀盘检修完成后，从下至上逐层回收所有支护结构，跟进回填，按1榀支护结构的厚度分层夯实土体，压实系数不小于0.94，确保竖井周围土体稳定，直至拆除所有钢结构。

大兴机场线2号风井至3号风井区间盾构工程检修施工中采用的装配式竖井施工效果良好。相较于传统式检修井，装配式检修井在工程技术、施工安全、工期、成本和环境等方面具有明显的优势。

一是在工程技术方面，盾构检修井常用

的喷锚施工方式存在着诸多不可控因素，如喷混质量依赖于工人的工艺水平，混凝土强度增长时间受配比及周围环境影响较大；装配式检修井的施工技术可控，竖井支护过程仅需进行预制构件安装，且为螺栓连接，对工人的施工专业性要求较低。

二是在施工安全方面，装配式检修井随挖随护，封闭支护时间短，降低了风险系数，同时支护结构采用工厂化制作，材料尺寸等加工精度高，支护结构全部回收，不会给盾构刀盘带来伤害。

三是在施工工期方面，传统式检修井每榀（50cm）施工时间约6h ~ 7h，装配式检修井每榀施工时间约3.5h ~ 4h，明显加快了施工进度。

四是在工程成本方面，装配式检修井施工减少了机械设备租赁费用及人工费用。同时传统式检修井的施工材料为一次性损耗，装配式检修井的施工材料回收后可以多次重复利用，极大地节约了工程成本。

五是在环境影响方面，装配式检修井对场地面积需求小，施工过程中无扬尘，钢结构拆除后可重复利用，不会产生建筑垃圾，检修结束后可进行原位原状土恢复。

由于优势突出，随着我国地铁建设的不断发展，装配式检修井在盾构检修中应用前景必将越来越广泛。

57 水下施作联络通道 冻结工法显神通

在大兴机场线隧道施工中，必须同时进行联络通道及废水泵房施工，形成了一些相互干扰的“掣肘”因素，如联络通道施工时的洞内钢环加固体系可能干扰正线隧道施工，废水泵房施工时地下水的影响问题等，施工单位都进行巧妙而妥当的处置，使工期未受影响。

长大区间需要满足消防疏散要求，不超过600m设置一处联络通道，以便在紧急情况下人员疏散。轨道交通大兴国际机场线区间长度大，附属设施联络通道众多。一般来说，区间正线隧道施工完成贯通后才能进行联络通道施工，但该线工期不允许这么做，需要边进行隧道正线施工，边进行联络通道施工，联络通道施工时的洞内钢环加固体系还不能干扰正线隧道施工(图1)。

该如何解决这一难题呢，工程师根据正线隧道施工的盾构机型号及配套设备，量身定制了一套门洞体系，对联络通道加固钢环进行改进，钢环内部形成一个门型钢架，尺寸满足盾构机各类运输设备的通行。另外，联络通道自身施工时的运料与出渣基本借用了盾构机的运输设备，两者既不干扰又相互补充，这的确是一个两全其美的好办法。

联络通道及废水泵房施工时的另一个

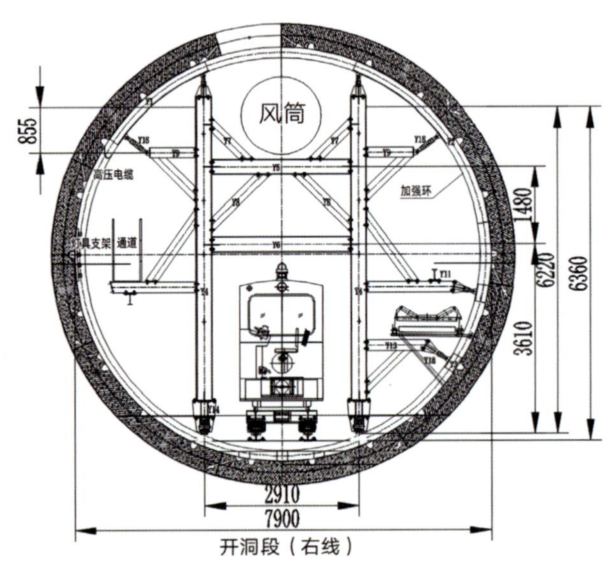

图1 联络通道开洞支撑台车（尺寸单位：mm）

“拦路虎”是地下水，全线最深的联络通道兼泵房埋深约35m，全部位于地下水中，所处地层为透水卵石层。地下水如何处理事关工程的成败，工程师比选了各类处理方法，最终选定了煤矿行业常用的处理方法——冷冻法，将水冻成冰，形成冰土冻结体，在它的保护下进行作业。实施过程中保持充足的电量及冷气，保证冻结体的强度即可实现安全作业，见图2。

区间联络通道和正线隧道的平行作业，大大缩短了工期，为后续工作的开展赢得了宝贵时间，减轻了通车压力。

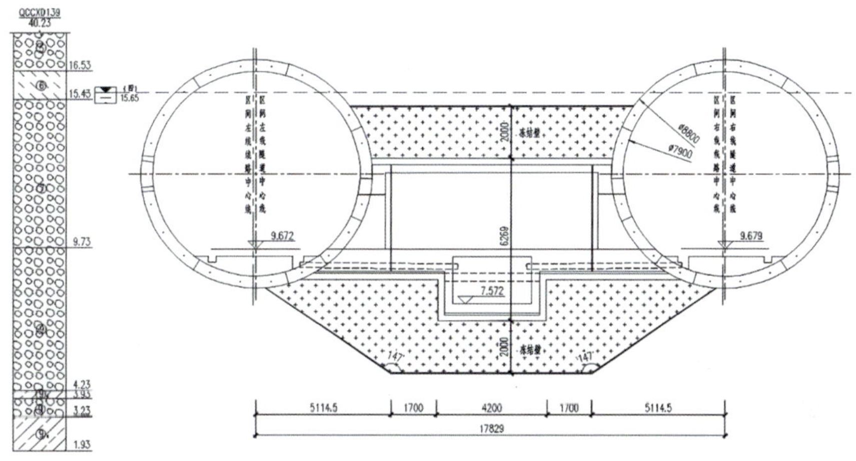

图2 联络通道及废水泵房冻结体（尺寸单位：mm）

58 螺蛳壳里做道场 一座风井吊出四台盾构

众所周知，城市用地紧张是交通基础设施建设的一道坎，这些设施的建设可谓在城市里见缝插针。轨道交通北京大兴国际机场线地下段区间多采用盾构法施工，选址盾构井是区间施工的第一步。由于用地条件苛刻，盾构机已经下井而盾构接收位置还没能确定。根据整体工筹安排，1号盾构井承担着4台盾构机的吊出任务，能否顺利实现关系到整条线路能否通车。为了保证1号盾构井的实施，我们创新的采用了管幕法施工，保证了施工安全，减少了施工时间。

草桥站至大兴新城站一号区间风井兼盾构接收井处涉及国防大学产权占地，征地拆迁难度大。同时，该结构坐落于已经通车的既有道路上方，道路下方管线众多，其中1400×1400mm雨水管、2700×1300mm雨水管都为城市排水主干路。

结合场地及拆迁情况，为了减少占地，施工单位在道路红线外使用明挖法施工，将风井结构由地下两层变为地下三层；在道路红线内采用暗挖法施工，同时采用动态设计，为了满足盾构接收条件，在东西两侧各增加一座施工竖井及横通道，提前进行道路下方暗挖段管幕和边桩的施工。

在两端的明挖结构施工的同时，进行暗挖结构初期支护的施工。明挖结构一旦完成，就可以进行大范围的出土进料，大大缩短了施工工期，从而保证了4台盾构机的顺利接收。打通了关键节点，解决了控制全线洞通的技术难题，为洞通铺轨创造了有利条件。

为满足1号区间风井兼盾构接收井使用需求，将暗挖段设计为大跨度平顶直墙结构。为满足盾构机的接收要求，内净空宽度设为14m，全国罕见。为控制地表沉降及管线变形，工程创造性地采用直径480mm、壁厚22mm、间距550mm的管幕棚盖方案，这属北京市首次采用的大直径棚盖支护结构体系。该方案可以有效地控制地表沉降，降低开挖风险。采用矿山法施工，常规工期也需要18个月，现场使用机械开挖，工期缩短了12个月，具有良好的时间效益和社会效益。

59 如何穿越南水北调工程

南水北调工程是我国的战略性工程。南水北调南干渠段沿北京南五环路南侧、凤河北侧敷设，呈东西走向，与轨道交通北京大兴国际机场线呈十字交叉状，是机场线施工的特级风险源之一，如何穿越南水北调南干渠段是工程施工的一道难题。

穿越南水北调南干渠是工程中的硬骨头。南水北调南干渠建成年份为2008年，为地下承压管道。大兴机场线隧道垂直下穿南水北调南干渠，结构距离南干渠顶部7.4m，穿越南水北调南干渠长度约为26.6m。

北京市南水北调办公室对穿越工程极为重视，多次召开设计方案研讨会，同时下发了《北京市南水北调工程保护办法》，办法规定南干渠输水涵洞保护范围划定为输水涵洞中心线两侧各20m。规划南水北调南干渠二期中心线位于南水北调南干渠一期工程中心线南侧30m。

在穿越过程中为了减少穿越段的沉降采用了下列措施。

一是规划出100m长的试验段总结穿越数据，试验段地层及地下水情况与穿越段较为接近，不断调整完善各项盾构机参数及径向注浆参数，根据试验段数据确定合理参数。

二是在穿越范围内采用克泥效工法，及时填充盾构施工过程中由于刀盘超挖造成的盾体与土体之间的空隙，同时起到隔离前部土仓掘进压力和盾尾同步注浆的压力的作用，更好地管控施工过程中的各处压力。

三是穿越过程中对两结构间土体进行洞内径向注浆加固。纵向注浆范围为南水北调南干渠一期工程保护范围内。

四是考虑到南水北调南干渠渗透水等特殊情况对地铁隧道造成不利影响，加强穿越段的结构防水及采取加强型管片，加大结构配筋，有效控制管片变形。

五是穿越南水北调南干渠段需在EPDM橡胶密封垫粘贴2mm厚遇水膨胀橡胶片，用以在管片张开时加强防泥、防水。范围为南水北调南干渠一期及二期隧洞及隧洞两侧十环。

六是进行全过程的监控量测，通过监测数据适时调整各项穿越参数。

参见图1大兴机场线与南水北调南干渠相对位置关系三维模型图。

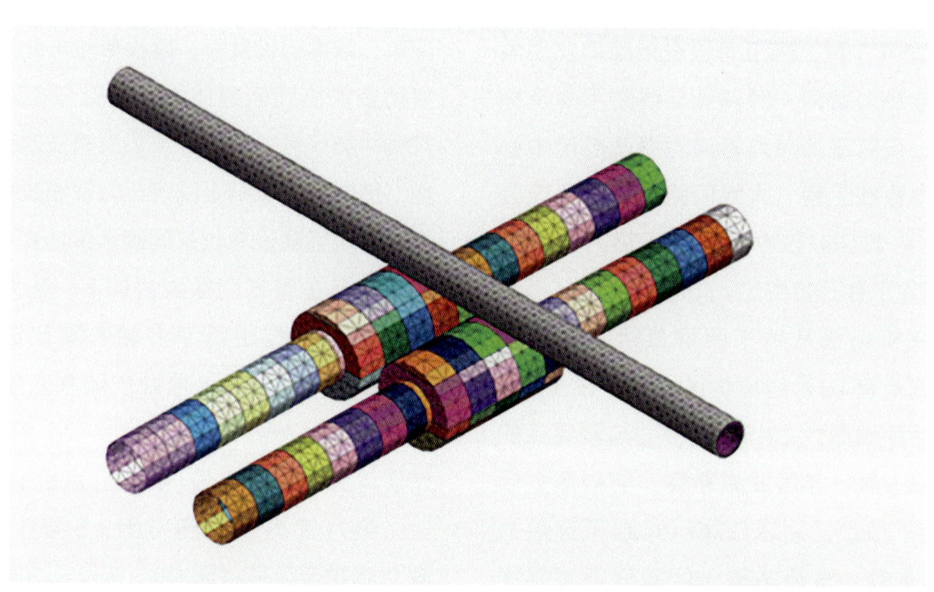

图1　大兴机场线与南水北调南干渠相对位置关系三维模型图

60 如何解决轨道隧道与热力管线冲突

2016年1月，大兴机场线工程施工单位进场踏勘时发现角门路在建热力管沟，土建部分已基本施工完毕，经调查，热力管线与轨道线路平面及标高冲突，2017年，热力管沟完工并开始供热。大兴国际机场线地下隧道与热力管线的冲突问题是如何解决的？

轨道交通北京大兴国际机场线磁各庄站至草桥站区间与北京地铁19号线一期工程大兴新城站至草桥站区间四线并行、同期建设，沿京开高速公路东侧绿地呈南北向敷设，轨道交通北京大兴国际机场线路位于西侧，北京地铁19号线位于东侧。

线位与热力管线发生冲突

2016年1月，施工单位进场踏勘发现角门路在建热力管沟，经调查与线路平面及标高冲突。该新建的热力管沟为西南热电中心配套热力管线工程（大红门路至京开高速公路段），内敷DN1200一供一回热力管，于2017年完工并开始供热。

大兴机场线从地下两层草桥站向南接出，上跨既有10号线盾构区间后，设3‰单渡线，后采用最大28.5‰坡度，与刚完工的热力管线5号～7号发生冲突，结构最多侵入深度约2.2m，后以0.76m间距下穿热力管线18号井。草桥站南侧区间受四线平面线位、纵向上跨10号线标高及最大坡度的限制，不具备调整躲避既有热力管线的条件。

根据空间关系碰撞分析，右线隧道与热力管线冲突长度52m，侵入深度1.9m～2.5m；左线隧道与热力管线冲突长度46m，侵入深度3.4m～3.9m。

热力管线的改移

2017年5月初，大兴机场线已通过初设评审、取得初设批复，建设单位与北京市热力集团多次协商轨道线地下隧道与在建的热力管线冲突问题，建议开展热力管线改移设计工作，热力集团原则上同意热力管线改移推荐方案，与轨道建设单位共同确认设计变更依据。

在各主管部门数次协调下，热力设计与地铁设计单位进行了多轮方案比选，最终研究确定了4号至8号井的改移方案：将现4号、5号-7号-8号（东-北-西）管道废弃，新建管道将4号-8号(南-北)直接相连。

热力管沟原实施方案：5号井下翻后，向北暗挖至7号（无井），7号～8号井之间采用顶管过河。经各方确认后的热力管沟改移实施方案：在5号井西侧新增4A号井，下翻后，向北暗挖17m（设固定支架）后，采用89m顶管段斜向（夹角52°）过河，通过新增8A号井与原8号井相接。改移方案的重难点是斜向下穿马草河、河道安全及沉降控制；近距离侧穿京开高速公路马草河东辅桥、京开高速公路马草河桥，桥墩沉降及倾斜控制。

盾构隧道穿越废弃管线处理措施

热力隧道与大兴国际机场线区间冲突段，存在已施工完成的初支、二衬钢筋混凝土结构，盾构机顶进过程中洞内形成障碍，影响掘进安全。计划在冲突段进行初支、二衬钢筋混凝土结构全人工拆除，以盾构可切削的砖墙、素混凝土进行回填，保证盾构正常顺利掘进。

热力暗挖隧道破除及回填工艺工序：

（1）在拆除起点位置设置封端墙：封端墙采用400mm厚的钢筋混凝土结构。

（2）隧道二衬结构破除：切割采用蝶式切割机，破碎采用遥控式破拆机器人。按照3m×5m完整的初支结构具有自身稳定性作为前提条件，环刀3m切割一刀为分段长度切除整环二衬钢筋混凝土，纵刀对顶底板侧墙按照1m切割一刀。

（3）隧道初衬结构破除：隧道二衬破除30m后，按0.5m步距破除初衬并回填，每步依次拱顶注浆、破除底板、架设竖撑、破除侧墙并砌砖至半高、破除两侧拱脚并砌砖、拆除竖撑、破除拱顶并砌砖。初衬切割方式用风镐剔凿混凝土槽后使用气割切割。

综上，通过项目组全力投入、重大办大力协调和热力集团的积极配合，稳定了改移方案路由和工法；通过严谨的空间碰撞分析和现场实地复测，确定了影响左、右线的101.6m热力隧道的破除范围；通过合理的破除工艺、破除风险控制和破除工序筹划，实现了安全高效的热力暗挖隧道全人工破除及可切削材料回填。最终盾构区间按预定工期成功穿越了废弃热力隧道回填区，实现了障碍物精准破除、节约投资的目的，参见图1。

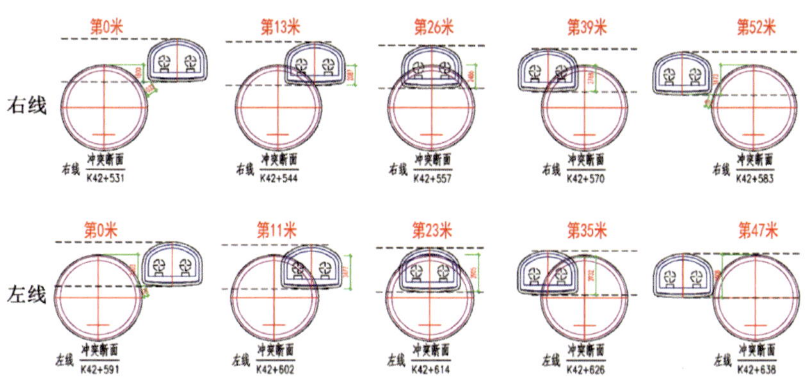

图1 大兴机场线左右线隧道与既有暗挖热力管线冲突横断面示意图

61 详解零距离跨越北京地铁10号线

大兴机场线在草桥站南端上跨地铁10号线，地铁10号线是北京第一环线，也是北京目前客流量最大的线路，如果受草桥站标高控制，大兴机场线必须零距离跨越10号线，如果保证10号线的运营安全是大兴机场线需要解决的一个重大工程难题。

大兴机场线与北京地铁10号线空间关系用“苛刻”这个词语形容，一点都不为过。该线区间上跨既有北京地铁10号线盾构区间段，新建区间开挖断面宽度11.8m、高度9.5m、顶覆土4.1m，与既有线盾构区间平面交角68°，区间二衬结构底板与既有管片结构净距约0.8m。

新建隧道开挖断面大、覆土薄，距离既有线隧道近，且地面无导改条件，故采用暗挖法开挖新建隧道。区间主体采用PBA暗挖法施工，底部设置超前钢管幕+预应力锚索主动抗隆起措施，降低浅覆土大跨断面暗挖自身施工风险、抑制既有线隧道隆起。

新建区间顶覆土约4.1m，需下穿DN600上水、下穿DN400污水管、DN400中压天然气管、DN600雨水管、60×40mm通信等市政管线。

上跨区间的核心问题有两个，一是小净距上跨既有地铁隧道，施工过程会造成既有隧道周边围岩应力重分布，并且施工卸载会造成既有隧道底部地基回弹。二是超浅埋隧道的自身风险问题(图1)。

针对第一个问题的解决办法：新建隧道开挖宽度11.8m，底埋深约13.2m。既有线为两条盾构隧道，线间距17m，底板埋深20m，既有线底板埋置于卵石层中。考虑到既有线上方12.4m土体完全卸载，最大卸荷比约0.85，根据计算，既有线隧道底板位置地基压缩再回弹量为1.7mm。工程中可认为地基回弹量与轨道上浮量相当。因此，该值可满足工务维修规则中对轨道静态几何尺寸容许偏差管理值的要求，并且根据近年来大量“穿越工程”经验，该值可保证结构及运营安全。

针对第二个问题的解决办法：可采用的暗挖工法主要为CRD法、PBA法、全管幕法、顶管法等。通过对这几种常用工法的分析，结合地基回弹量计算情况，综合认为本工程应在保证自身工程安全的情况下适当考虑隧道下部既有盾构区间的回弹问题进行设计施工。因此，采用PBA工法以保证自身工程安全，在底板下部打设钢管幕辅以向下张拉的预应力锚索作为辅助措施来保证既有线结构安全。

针对本工程拟采用的暗挖工法，有几类问题需特殊处理。

一是顶拱结构断面设计。顶拱按照三心圆进行设计，最大程度将顶拱的拱脚向下移动，二衬结构净宽10.35m，起拱高度2.45m，矢跨比约1:4。

二是隧道超前措施。隧道覆土4.1m，开挖跨度11.8m，覆跨比0.34，属超浅埋暗挖工程。本工程采用低压超前深孔注浆，加密注浆孔并控制注浆压力在0.3MPa以内，提高了传统深孔注浆工艺在浅覆土下的可操作性。

三是拆撑的处理。初支扣拱跨度8.7m，开挖跨度大。为减小开挖断面、降低受力转换引起的地面沉降，初支扣拱按照CD法进行设计，中隔壁采用工字钢支撑，在二衬回筑过程中保留工钢支顶，在工钢与顶拱二衬交叉的节点处做特殊防水设计。

四是冲切问题的处理。上跨既有盾构区间范围的PBA边桩，在二衬扣拱过程中存在向下传递集中力的问题。本工程需要克服该作用，避免边桩对既有盾构管片的冲切。

该上跨段长度为8.6m，桩顶设置1.2m宽×1.7m高的大梁，通过计算，在二衬扣拱过程中桩基竖向变形为7mm，该8.6m跨大梁的跨中挠度为1.0mm。为了避免该形变作

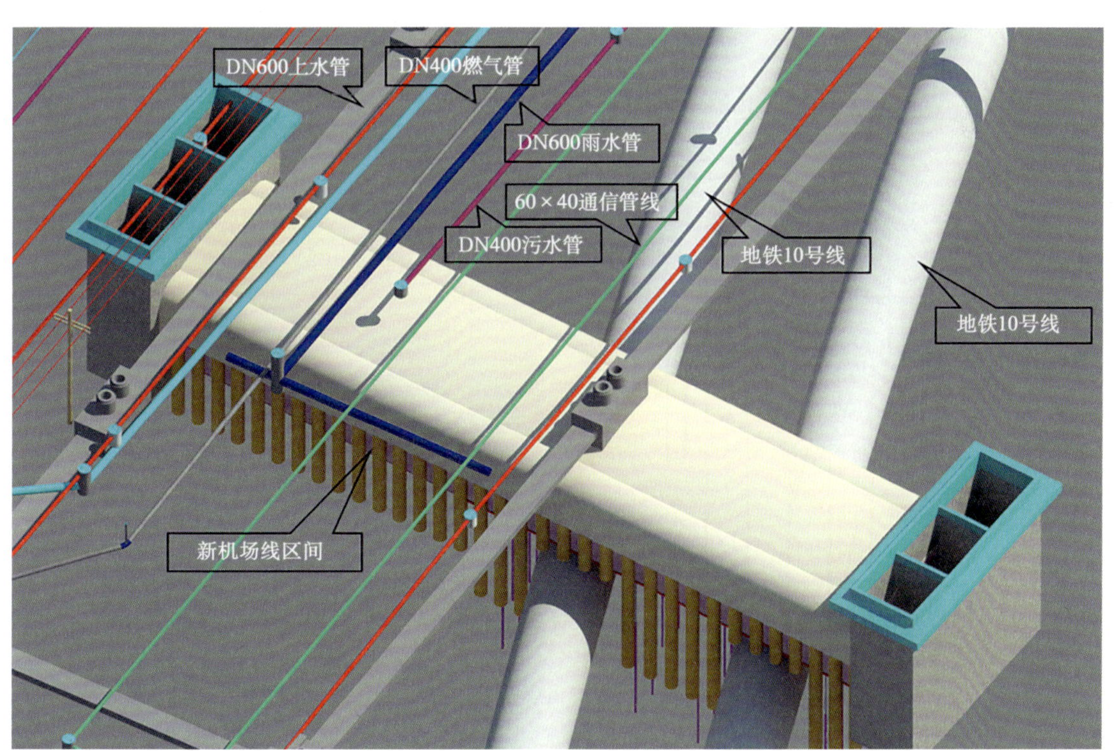

图1　区间穿越BIM模型图

用在底部的既有盾构管片上，在上跨段边桩底部设置1m的高压缩垫层。

五是钢管幕+锚索设计。为控制底板下方既有盾构区间在卸载工况下变形，在PBA底板位置设置管幕+预应力锚索结构主动控制既有盾构区间变形。锚索设置在盾构区间两侧1.5m范围以外，相邻锚索距离13.6m。

锚索横向按照2.25m布置，每根锚索预应力900kN。锚索预应力按照400kN/m施加，盾构隧道地基基础竖向应力释放量为66kPa。施加管幕及预应力锚索，可对隧道下方地应力场进行预补偿，使得上方卸载对隧道基底地层竖向应力削弱得到缓解。

设计采用的关键技术，解决了覆跨比不足0.35、最大卸荷比超过0.8的条件下，暗挖工程上跨既有盾构隧道的难题。轨道交通大兴国际机场线的成功实践为后续轨道交通的规划、设计创造了更多的可能性，可通过克服节点工程风险大幅度提升轨道埋深，提升轨道交通服务水平，降低工程运营维护难度。

图2是该项目隧道结构横断面图。

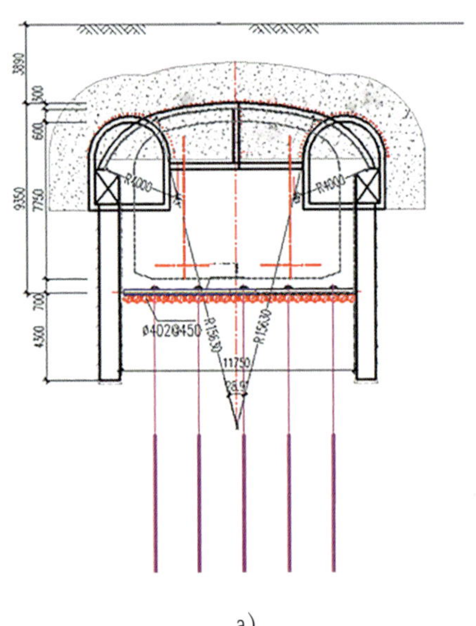

a)

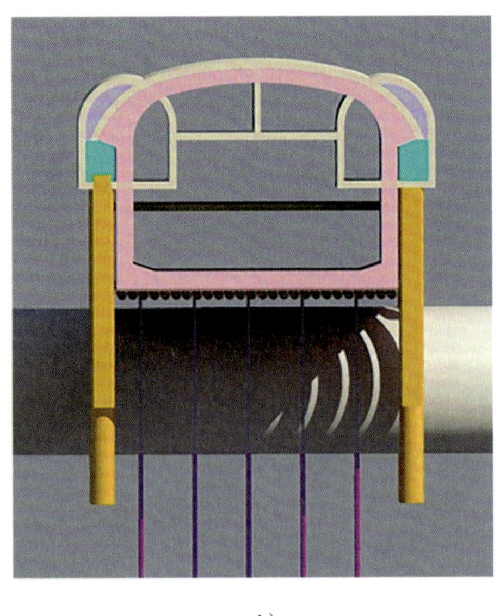

b)

图2　隧道结构横断面图（尺寸单位：mm）

62 为穿越马草河“瘦身”

马草河是北京市丰台区南部极为重要的行洪河。大兴机场线区间需下穿马草河继续向北敷设。在城市建设已告别“尘土飞扬、杂乱无章”的时代，地铁施工要求与环境“友好相处”。相关施工单位严格遵守绿色环保要求，克服各种困难成功穿越了马草河。

下穿马草河的三个难题

草桥站后区间需考虑近、远期不同功能需求，在大兴机场线工程运营阶段提供折返线功能，远期二期工程实施并贯通至丽泽商务区后恢复正线区间功能。草桥站埋深15m，车站距离马草河约70m，区间出站后向北需下穿马草河继续向北敷设，参见图1区间与马草河平面关系图。

下穿马草河区段设计方案主要面临三方面难题：

一是草桥站后区间埋深较浅，近期作为折返线功能，线路坡度不大于0.3%，区间下穿位置河底深度5.3m，河道两侧挡墙深度达6.5m，在设计最高速度160km/h的限界条件下，隧道顶板与河道挡墙冲突，且距离河道规划河底标高距离不满足洪评要求，如何不影响河底规划设计标高和河道流量，不

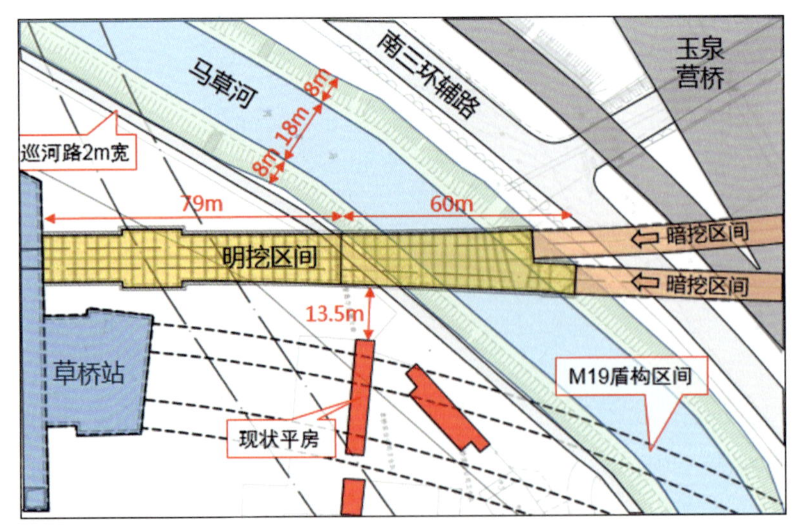

图1 区间与马草河平面关系图

破坏既有挡墙结构是本工程的一大难题。

二是需要选取安全、合理、可行的施工方法和河道保护方案，在确保穿越期间轨道交通工程自身和周边环境安全的前提下，保证河道、护岸等城市防汛防捞设施的安全。

三是马草河是丰台区南部极为重要的行洪河道，也是北京南部重要绿色廊带，如何在轨道交通建设过程中既满足马草河的泄洪排水功能同时又不破坏下游的生态系统成为设计人员必须攻克的难题。

化解难题的办法

为解决马草河河底较深、折返线区间埋深较浅、高程受限的问题，空间上采取合理瘦身、压缩“身高”的超浅埋箱形平顶结构穿越马草河。受限于草桥站埋深，在下穿马草河前，折返线区间必须降低顶板高度，才能避开河道挡墙基础并满足防洪评价对结构与河底净空的要求。

区间隧道综合线路、限界、轨道、行车、接触网等多专业深度挖潜，综合考虑列车在草桥站后实际行车速度、接触网设置形式和隧道内设备管线敷设方式等，在满足限界、运营的条件下，将穿越段箱形断面净空高度由7.4m减少为6.9m，为超浅埋区间穿越河道创造了条件。

为保证区间建设阶段马草河及护岸等周边环境的安全，避免对马草河行洪河道影响，同时解决施工期的泄洪排水功能需求，施工方法采用明挖法分幅施工，河道防治措施采取引流疏导方式，既满足泄洪排水功能又保持水清河畅岸绿的景观需求。

结合线路埋深、周边环境、区间结构形式等基础条件，施工工法选择安全、便捷的明挖法。由于区间线路与马草河斜交，河道河岸坡度变化大，明挖基坑开挖过程中会出现偏压情况，为确保基坑安全，采用回填开挖方式，有效地消除了基坑偏压的不利影响。

经过反复踏勘调研，掌握周边环境和河道各项资料，并与河道管理单位紧密结合，结合分幅明挖施工采取引流疏导方案，在折返线基坑施工前首先修建导流明渠，将河道导流至一期基坑外侧，区间基坑分两期进行，一期将河道围堰、导流，施工河道范围内的主体结构，施工完成后恢复河道后进行导流明渠范围内主体结构施工，实现了河道泄洪功能不受影响，减少对既有河道挡墙和两侧绿化的破坏，维护了下游河道的生态环境。

63 穿越风险的“高地”燃气站

穿越燃气调压站，似乎是令人“不寒而栗”的事，但工程施工必须依靠科学和精细的“工匠精神”去克服困难。轨道交通大兴国际机场线采取多种保护措施，最终成功穿越燃气调压站，达到对敏感建筑微干扰的效果。

玉泉营燃气调压站位于北京玉泉营桥东北象限地块内，为敏感建筑，大兴机场线工程在此区段施工，各种安全风险较为集中。折返线区间左线位于燃气调压站正下方，竖向净距不足10m，能否有效控制燃气调压站内调压阀设备的变形沉降成为穿越工程成败的关键。

为了确定燃气调压站的变形承受能力，对燃气调压站内管路阀门等结构均建立数字模拟模型，开展精细化模拟，进行耐变形能力数值分析，最终确定变形指标为阀门接口间错动量控制值为3mm，相当于穿越重要既有地铁线路的控制标准，且阀门设备基础较简单，结构整体性差。区间下穿段为杂填土、粉土、粉细砂、卵石-圆砾、卵石层，隧道拱顶位于粉细砂层及卵石层中，开挖时极易失稳。

不同于一般城市地铁隧道，轨道交通北京大兴国际机场线区间隧道开挖断面达到了8.9m×9.09m，是普通地铁隧道开挖量的2倍，而穿越上部敏感管路的错动限值3mm，工程难度可想而知。依靠精细化设计，多种保护措施并举，最终达到对敏感建筑微干扰的效果，这正是工程建设者们迎难而上、面对困难一丝不苟的一个缩影。

通过风险工程预测、分析，常规隧道施工难以满足变形沉降要求，经方案优选，最终采用洞外管棚支护、洞内超前深孔注浆、多导洞开挖三重保障，多措并举，确保燃气调压站的安全。洞外支护采用28根长度35m的Φ108mm超前管棚均匀分布于燃气调压站基础以下5.5m，距离隧道拱顶5m，将之“托起”，同时切断地应力损失路径，避免土体沉降传递至基础；开挖前超前注浆加固周边土体，改良上部土体松散特性；区间采用CRD工法，四导洞开挖，减小开挖断面尺寸，初支早封闭成环。

多重保护措施对风险工程起到了决定性的控制效果，阀门接口间错动量控制在3mm以内，燃气调压站周边地面沉降控制在-5mm ~ +5mm范围之内，沉降控制远小于常规带压管线10mm的要求，确保建设阶段燃气调压站正常运营，避免了施工对群众生活生产影响，参见图1和图2。

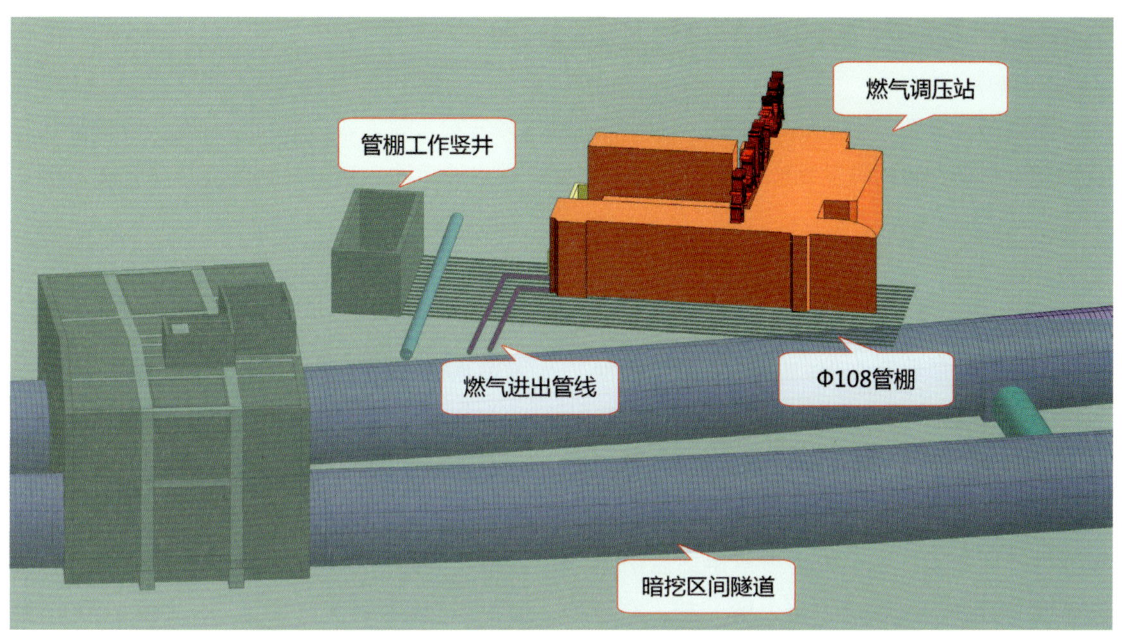

图1　区间穿越燃气调压站保护措施

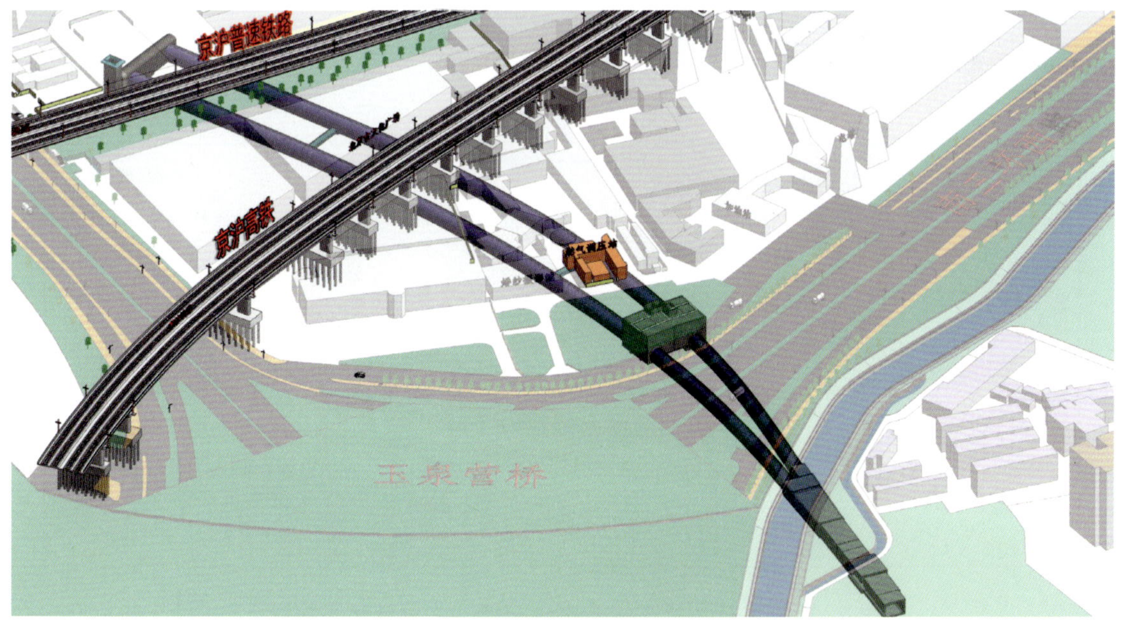

图2　大兴机场线折返线区间全景

64 穿越京沪高铁的守护

地上高铁飞驰，地下地铁穿梭，空间的交错气势恢宏，令人叹为观止，这是大兴机场线与京沪高铁空间穿越的真实写照，也是罕见的连续穿越京沪高铁、京沪铁路的高难度节点工程。

京沪高铁是我国“四纵四横”客运专线网的其中“一纵”，也是中国《中长期铁路网规划》中投资规模大、技术水平高的一项工程，两端连接京津冀和长三角两个经济区域，其重要性不言而喻。大兴机场线草桥站后折返线区间下穿京沪高铁北京特大桥，左、右线均为马蹄形断面，采用CRD法开挖，断面尺寸达8.9m×9.09m，开挖土方量是一般地铁隧道的近2倍，隧道与高铁基础桩平面最小距离8.41m，小于一倍开挖洞径。下穿京沪普速处与路基竖向净距约10.3m（图1）。

众所周知，高速铁路运行要求的线路沉降异常严格，用“失之毫厘、谬以千里”来形容并不为过，而作为线路中的桥梁部分，桩基稳定性又起着关键作用。本工程在150m范围内连续穿越铁路重要骨干线，近距离侧穿京沪高铁桥桩、浅覆土下穿京沪普速，需要可靠的技术方案和详尽稳妥的措施作为保证。

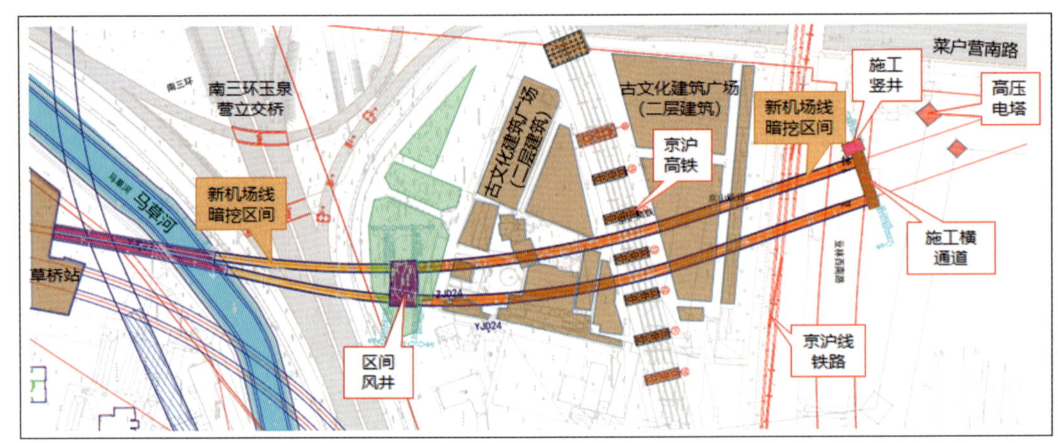

图1 区间穿越京沪高铁北京特大桥、京沪铁路平面图

抓住问题根本，加之行之有效的措施，问题就有了解决的思路。为减少区间隧道施工对既有铁路桥梁基础造成的附加影响，提出了阻断应力损失路径的思路，第一，防护设计采用排桩隔离的形式，减小隧道施工对京沪高铁桥墩桩基的影响。防护桩采用钢筋混凝土灌注桩，桩径1.25m，间距1.5m，桩顶设置1m厚冠梁。第二，排桩顶部设置6.09m，钢管横撑，以减小变形及工后沉降对高铁桥墩的影响。第三，折返线区间开挖前注浆加固周边土体，采用CRD工法，尽可能减小对周边土体的扰动。

为确保措施的可行性、安全性，穿越京沪高铁特大桥前对穿越段结构，进行大型有限元三维数值模拟（图2），通过理论计算预测暗挖区间隧道侧穿高铁桥桩的影响。按照《高速铁路设计规范》（TB 10621—2014）对于沉降量及差异沉降量限值要求，控制的墩台均匀沉降为20mm，相邻墩台的沉降差为5mm。经过核算，桥墩的竖向位移最大沉降值为10.85mm ~ 10.89mm，桥墩纵向水平位移为1.47mm ~ 1.54mm，均未超过规范规定的限制，说明采取的防护措施行之有效，同时为穿越防护方案的实施提供了理论支撑。

在穿过京沪高铁后，北侧的京沪普速铁路工程也需要严格保护。该铁路为客货混行线路，设置京沪铁路上下行线及一条安全线，行车密度大，且穿越位置为道岔区，接触网

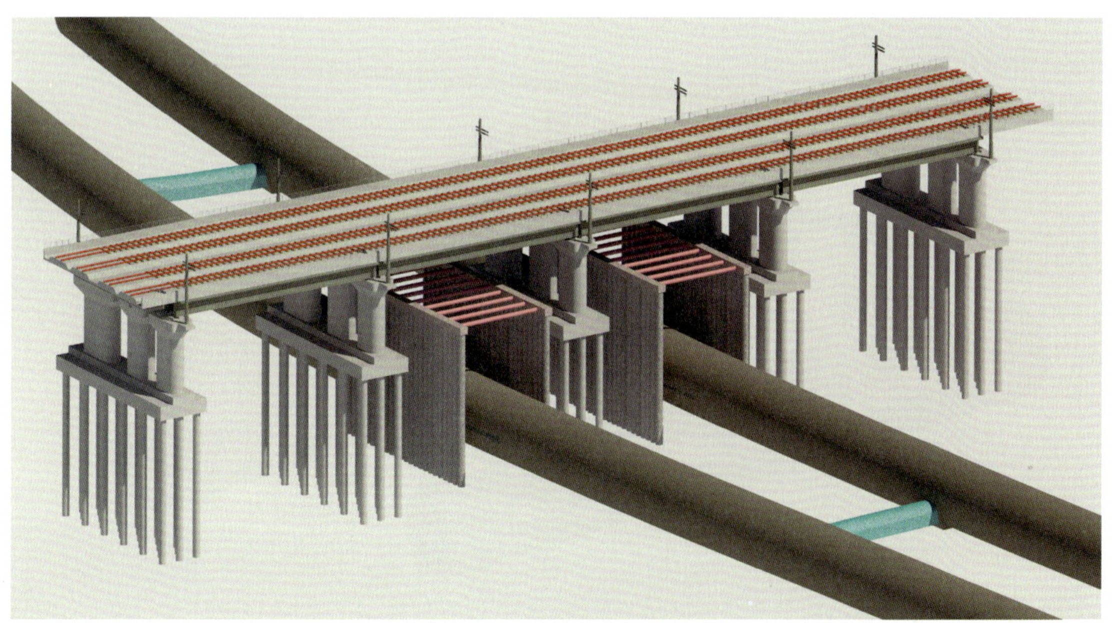

图2 区间穿越京沪高铁模型

杆密集，道岔控制装置、电气柜、转辙机、地上地下线缆分布四周，如果在地面采取保护措施，涉及的铁路设施迁改量巨大，且对货运产生影响、运营损失费高昂。因此，保护措施设计思路就要转到地下方式，规避对地面设施的影响。

经过分析，反复权衡各种措施的实施性及保护效果，最终确定了管幕保护方案(图3)。第一，在铁路与地铁隧道之间的粉细砂层设置Φ402管幕，减少下部施工对地面产生过多扰动，而管幕工作井选在铁路保护区外设置，进一步控制对铁路的影响。第二，在地铁隧道内部增设一层加强初支结构，在隧道二衬结构浇筑前，即达到足够的强度与刚度，最大程度地缩短铁路影响周期，降低运营影响。第三，对地面接触网杆、设备箱采取加固措施，将地下线缆由线槽挑出至地面进行保护。在做好充分防护措施情况下，地铁平稳穿越既有铁路，最终沉降值为7.6mm ~ 7.8mm，满足路基沉降控制20mm限值的要求。

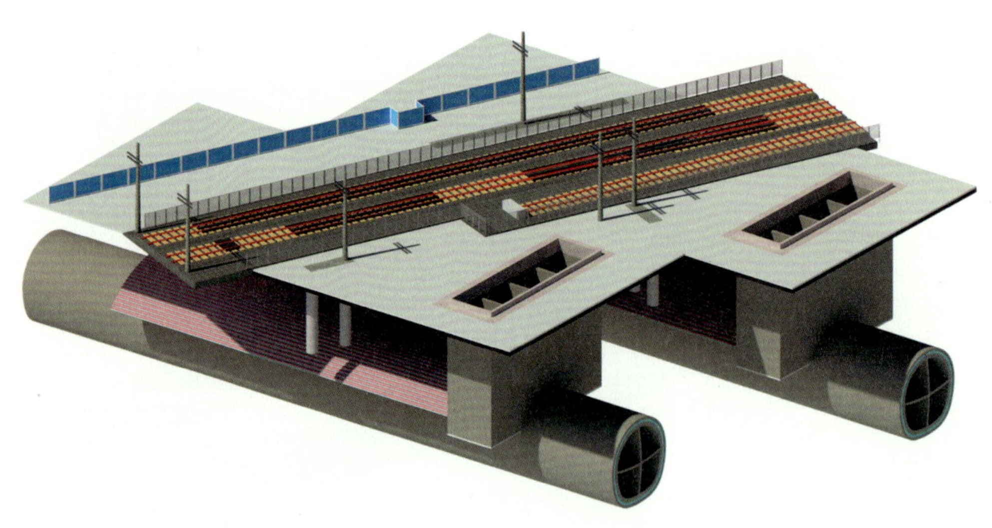

图3 区间穿越京沪普速铁路模型

北京
JC001
高压危险
请勿靠近

65 磁各庄车辆段 “白鲸号”的老家

大兴国际机场线磁各庄车辆段"白鲸号"列车的家，它功能定位为架修段，主要承担一期工程配属列车的架修、临修、月检及停车列检功能。

轨道交通北京大兴国际机场线磁各庄车辆段位于大兴新城站的西南侧。车辆段用地被西侧新凤河、北侧规划双河南路及东侧的规划东环路所围合，用地南侧紧贴规划的城际铁路S6线车辆基地用地。车辆段用地大致呈长方形，东西长约1080m，南北宽约270m，总占地面积约30.3hm²。该用地属团河农场，现状以家具、保温材料厂房、绿地以及荒地为主。车辆段地势呈西高东低，地面高程36.32m ~ 38.32m，最大高差约2m，总体地势较为平坦，参见图1磁各庄车辆段总平面布置图。

磁各庄车辆段功能定位为架修段，主要承担一期工程配属列车的架修、临修、月检及停车列检功能，车辆选型为市域型车8辆编组，采用25kV架空接触网供电。

磁各庄车辆段为本线架修车辆综合基地，具备车辆段、综合维修中心及物资总库的功能，具体功能如下：

一是车辆停放及日常保养功能。停车线负责列车的停放和管理，司乘人员每日出、退勤前的技术交接；列检线负责运用车辆的日常维修保养及一般性临时故障的处理，车辆内部的清扫、洗刷及定期消毒等。

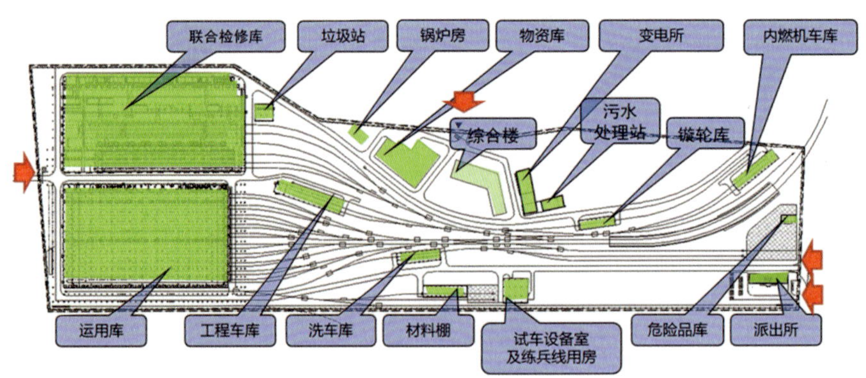

图1 磁各庄车辆段总平面布置图

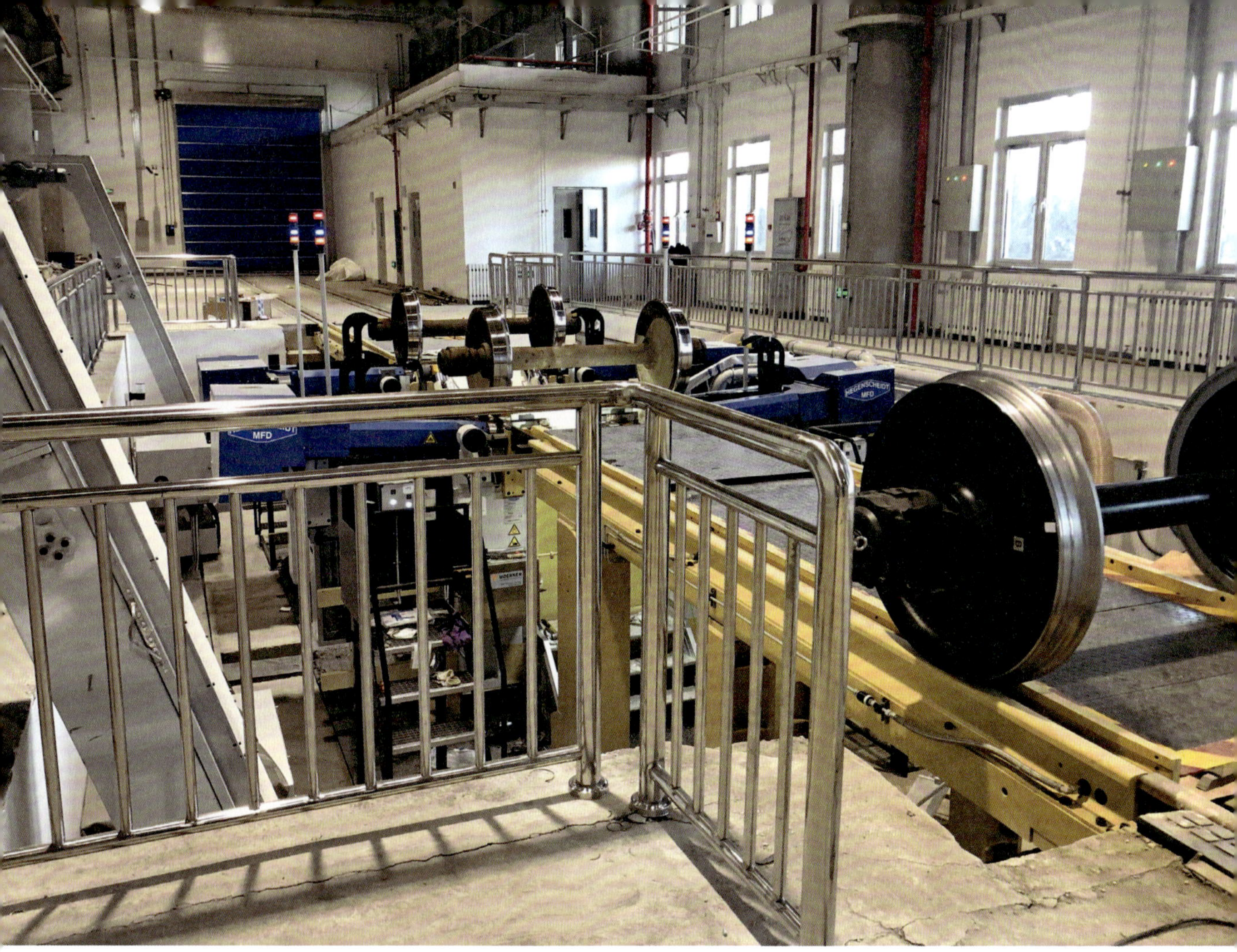

二是车辆的检修功能。依据市域车型的检修周期，定期完成对地铁列车的计划性修理，包括月检、A修、B修。

三是列车救援功能。列车发生事故（如脱轨、颠覆）或接触网中断供电时，能迅速出动救援设备起复车辆，或将列车迅速牵引至临近车站或车辆段，并排除线路故障，恢复行车秩序。

四是设备维修功能。磁各庄车辆段整合厂前区建筑单体，厂前区主要单体有综合楼、物质总库、变电所、污水处理站等。综合楼配备了综合维修中心，OCC备用中心、接触网、轨道、安检、FAS、通信、信号等各专业监控中心，司乘公寓，食堂，浴池等设施。

综合维修中心对各系统，包括供电、环控、通信、信号、防灾报警、自动售检票、给排水、自动扶梯等机电设备和房屋、轨道、隧道、桥梁、车站等建筑物进行维护、保养等。

五是材料供应功能。负责系统在运营过程短期所需各种材料、设备器材、备品备件、老保用品以及其他非生产性固定资产的采购、储存、保管和供应工作。

66 “急先锋”8个月建临时停车场

确保大兴机场线能正式投入使用，车辆段是必要的前提，但是磁各庄车辆段由于征地拆迁以及一体化开发方案迟迟未确定等因素影响，在2018年1月尚未看到全面实施的希望，为了保证2018年10月能给大兴机场线的列车安个家，我们启动了临时停车场的建设工作。建临时停车场，从项目提出到方案决策，仅用时18天，从开工到建成，仅用时8个月，大兴机场线临时停车场的建设开创了轨道交通建设史上的一项新纪录。

临时停车场的选址必须具备三个条件：一是建设用地最好在建设临时征地范围内，避免再次征地占用不必要的时间。二是接轨必须便捷，减少临时工程退出时的废弃工程量。三是配合通车调试需求，临时停车场需能到达工程样板段，为早日实现动车调试提供条件。

临时停车场有三个选址方案，一是磁各庄南侧利用S6预留车辆段用地的方案，二是启动机场北预留停车场的方案；三是路基段接轨建设临时停车场方案。

经分析对比，利用磁各庄车辆段南侧S6预留用地方案，具有用地条件好，征地难度小的优势，但该方案需要利用磁各庄车辆段出入线到达正线，且与动调段中间有高压线形成的桥梁断点，因而无法选用。

启动机场北预留停车场的方案，可以直接接入样板段，但是临时停车场用地条件复杂，既有军事设施也有周边居民墓地，征拆难度极大，因此也无法选用。

路基段接轨建设临时停车场方案，临时停车场利用里程K8+500附近的路基段，从路基段接轨建设临时停车场，该方案一是该场地为新机场线与机场高速公路合围的用地，东西两侧为新机场高速和大兴机场线施工用地，当时作为新机场线的临时施工用地已经跟区里谈完用地条件，征地不存在困难。二是该段接轨于路基段，便于将来的永临转换，减少废弃工程量。三是该段正处于样板段区域，便于车辆上下线试运行。满足临时停车场所需要的三个功能需求。

方案选定是指挥部高效决策的开始。2017年12月31日，指挥部向规划设计总部、设备总部提出方案。2018年1月2日指挥部调度会通过。2018年1月17日，建设管理公司总经理办公会通过。从项目提出到方案决策，仅用时18天，开创了轨道交通建设史上的新纪录。从2018年1月17日至2018年9月中旬，仅用时8个月，完成建设临时停车场，为轨道交通北京大兴国际机场线的顺利通车清除了障碍。临时停车场的建设完成，也意味着全线进入保通车的状态。

67 内置式泵房解决施工难题

面对工期紧张、节点工程施工难度大、工程投资必须严格控制在预算范围内的压力，大兴机场线在地下线区间隧道最低点处废水泵房的设计与施工中采用了内置式泵房，解决了上述问题。

大兴国际机场线作为“新国门第一线”，任何导致工期延误的因素都将引起工程建设者的极高关注。城市轨道交通地下线区间隧道，通常将联络通道与废水泵房合并建设，由于废水泵房位于线路外侧，一般称为“外挂式泵房”。“外挂式泵房”的施工通常采用“冷冻法”，施工工期长，工程造价高，已经成为地铁工程建设中的控制性因素之一。

大兴国际机场线有6处联络通道处由于土建工期、降水、冻结施工风险等诸多原因，成为工程的控制节点。针对城市轨道交通传统区间采用“外挂式泵房”存在的土建施工风险系数高、工期长、工程造价高问题，建设单位系统研究了城市轨道交通用内置式泵房轨道技术方案，通过技术攻关，形成了一套适合大兴国际机场线的内置式泵房板式道床技术，通过对轨道结构进行特殊设计，在道床中心设置集水坑并内设排水泵进行排水，以取代传统区间废水泵房，大大降低了土建施工风险，为保证全线施工顺利并如期开通做出了重要贡献。

将预制轨道板整体道床应用在内置式泵房地段，在国内城市轨道交通建设中尚属首次。预制板式道床具有铺设精度高、轨道平顺性好、轨道稳定性及耐久性高、可维修性好等优点，而内置式泵房地段恰恰要求轨道结构应具有良好的稳定性、耐久性以及设备损坏后的可维修性，将预制轨道板整体道床技术引入内置式泵房采用，可以说物尽所值。内置式泵房预制轨道板整体道床，由上而下由钢轨、扣件、轨道板、盖板、自密实混凝土、混凝土底座、防水钢槽等组成，具有如下结构特点：

其一，设计研发了用于内置式泵房的框架式轨道板，基于新机场线既有轨道板板型，在轨道板中部开4个孔，用于安装水泵，技术经济性好。一处内置式泵房需铺设4块轨道板，轨道板之间设150mm宽的板缝，以供水泵附带管线过轨需要。

其二，内置式泵房轨道结构设计充分考虑了防水设计。在中心水沟两侧及底部设置不锈钢防水钢槽，彻底将积水与轨道结构隔离开。在轨道板下部、底座与盾构管片接缝处等部位均采用PTN（石油沥青聚氨酯）防水

材料进行嵌缝处理。完善的防水设计大大提高了轨道结构的耐久性能。

其三，为了加强轨道结构与盾构管片的连接，防止积水进入道床与盾构管片之间，在盾构管片上进行植筋。植筋在浇筑轨道混凝土之前进行，如发现不满足设计要求，应及时补植、修整。

内置式泵房轨道技术，是大兴国际机场线建设过程中涌现出来的新思路、新方法、新理念，不仅解决了新机场线建设过程中遇到的难题，更因其可以降低施工风险、缩短工期、降低造价等优点而具备广泛的推广应用前景。

68 工程测量精准到“毫米级”

轨道交通北京大兴国际机场线是一条高速城市轨道交通，为保证工程建设精度，以及接触网精确安装，轨道系统精调整正等需求，大兴机场线相较于传统轨道交通项目对测量方法和手段，测量精度和数据采集进行了一系列的革新性创新变化，为大兴机场线实现速度160km/h提供了测量数据支持。

控制网测量

《城市轨道交通工程测量规范》(GB/T 50308—2017)中的控制网分三级布设，即GPS控制网、精密导线网、精密水准网。北京大兴机场线南段处于5线共构区域，控制网布设之初，考虑到该区域工程条件复杂，对平面控制网进行了调整：一是取消了精密导线网，整网均以GPS网指导施工作业。二是线路贯通后，高架区段贯通测量导线均需起闭于GPS控制点上。隧道区段贯通测量基线边也用GPS进行观测。三是在共构区段，需要联测与轨道交通北京大兴国际机场线产生结构衔接工程的控制点。

技术路线确定后，按照其要求进行了本工程施工控制网的测量，在随后的土建施工、轨道铺设、设备安装和竣工测量工作实践中，在满足施工区域性进场有点可用的同时，降低了控制点的加密层级，减少了误差累计，隧道贯通后，在隧道内导线边普遍较短的前提下，贯通测量控制导线的精度均优于《高速铁路工程测量规范》(TB 10601—2009)中洞内CP Ⅱ导线的要求。

特长大盾构区间的控制测量及联系测量

轨道交通北京大兴国际机场线5段盾构区间长度均在2km以上。在控制网布设之初，为了减少导线传递产生的误差，地面上将GPS点直接布设在了施工竖井周围，作为近井点使用。

盾构始发井两端有100m左右长度，可以选择精度较高的两井定向联系测量方法进行作业。但是，轨道交通曲线半径普遍较短，导致地下导线边长较短，加上区间较长，地下导线的站数在10站～20站之间，对贯通影响较大，也对后续贯通测量导线精度有不小的影响。

经过讨论，在施工工艺可行的基础上，确定了盾构检修井位置进行投点测量，并加测陀螺边的方法，提高联系测量精度。盾构检修井位置的地上控制，也采用GPS方法，以始发接收两井位置的GPS基线边为起算，直接测量。

通过此方法，5条盾构区间均顺利贯通，最大贯通误差为±15mm，并且在长区间进行投点测量后，相当于把地下分成了多段符合导线，提高了洞内导线的精度。

沉降区对施工的影响

在最初控制网布设的时候，发现轨道交通大兴国际机场线南侧区段穿越榆垡—礼贤沉降区，施工半年后，通过对水准网的复测，发现线路南段的地面高程控制点有较明显的区域性沉降变化，自京山铁路起由北向南，水准点高程原测和复测结果相差逐渐变大。测量工作者根据水准点发生区域性沉降的特点，专门组织编写了有针对性的《北京轨道交通新机场线一期工程穿越沉降区高程控制测量专项方案》，明确了各单位在沉降区作业中的职责，并制定了详细的防控措施，保证了工程的高程测量成果满足结构施工、轨道铺设及设备安装等各阶段工作的需要，保障了工程的顺利通车。

沉降评估

轨道交通北京大兴国际机场线全线均为无砟轨道，并且线路工期紧张，除了共构影响，交叉作业施工严重，周边还有深井取水、沉降区等因素影响，这均对线下结构的稳定性提出了较大的难题，为了确保轨道平顺性满足设计速度160km/h的要求，对全线线下基础结构进行了沉降观测及评估。

通过沉降观测及评估，在线下结构施工完成之后铺轨之前，发现了3处沉降异常区段，及时采取了加载等手段提前释放沉降量，由周边施工导致的，改变施工方法，提高隧道保护等级。

CPⅢ控制网评估

大兴机场线铺轨采用高铁标准，采用常规的铺轨基标虽然能满足轨道平顺性的要求，但是对后期轨道形态数据采集、运营调轨有较多的不便。

CPⅢ网，是沿轨道线路布设的三维控制网，平面及高程都应起算于线路控制网，一般在线下工程施工完成后施测，为无砟轨道铺设和运营维护的基准。虽然CPⅢ网在高铁已经广泛应用，但城市轨道交通与高速铁路施工有较多的不同。

在大量的专家咨询及模拟数据验证下，制定CPⅢ网的实施手册，最终通过各参建单位的通力合作，CPⅢ网布设成功，为后续的“5个2毫米”轨道静态平顺度奠定了基础。

69 动车调试——冲击速度160km/h的杀手锏

大兴机场线的动调组织管理是以建设方为主导，动调服务商为抓手有序开展的，适时开放动调区段，有效协调工程建设和动调之间的工期矛盾，使工期、质量与行车需求达到高度统一。

新机场线的动车调试是围绕开通初期功能目标开展的，其功能应满足列车在自动超速防护系统监控下以160km/h高速平稳运行，并为多车上线、跑图试运行等测试奠定基础。按以往的工程经验，自联锁功能开通后，至少需要2个月的动调周期，才能平稳过渡到多车跑图试运行阶段。

为实现2019年9月25日的开通目标，势必最迟于2019年6月上旬完成设备系统安装与动车调试（见图1），以满足至少3个月的试运行要求。实际上，大兴机场线自2018年6月始才陆续完成结构施工，逐步具备设备进场条件，包含动调工作在内的设备工程整体工期不足一年。

考虑到至小营控制中心的通信线缆将于工程晚期才能接通，以及备用中心缓建等不利因素，建设方在2018年年初做出了在K8路基段停车场搭建临时控制中心的总体方案部署，临时控制中心于2018年年底完成建设，使得动调工作一开始就具备了统筹调度、

图1 动车调试

集中指挥的功能和场所。

为挤出更多动调时间，采取动调与施工平行推进的方式，将全线划分为5个扩展区间，由南向北逐段实现轨通、电通、信通、联锁通等基本动调条件：分别于2019年1月25日完成K8路基段停车场的热滑试验，次日展开场内动调，为车辆进京驻场、静调整备、车辆调度提供场所；2019年3月16日实现样板段［线路起点K3+961至K10+000，含大兴（国际）机场站］的动调，为车辆的低速动态测试提供条件；2019年5月15日扩展至K25+741，将全部高架区间纳入动调，为点式/CBTC-ATP等功能测试、列车逐级提速提供条件；2019年6月3日，将动调区段扩展至大兴新城站北端（K30+730），利用站南交叉渡线实现折返，进一步提高车辆运行效率，实现多车上线联调；最终于2019年6月13日实现全线动调，随即转入全线试运行阶段，为接下来的跑图测试、开通初期安全评估相关的检测、测试及考核工作提供条件。

动调的组织管理是以建设方为主导，动调服务商为抓手，有序开展封闭区段内的行车调度、电力调度、计划调度、车辆调度、安保调度等工作，适时开放动调区段，有效调和尾工与动调之间的工期矛盾，使工期、质量与行车需求达到高度统一，最终实现行车相关各子系统的功能预期，为新机场线的试运行、试运营及验收打下坚实基础。

第五篇 CHAPTER 5

科技支撑 绿色发展

一个国家的国民生产总值和能源生产、消费量大致是成正比的。能源是经济和社会发展的重要物质基础，也是实现现代化、提高人民生活水平的先决条件之一。我国虽然近十几年来能源生产总量已名列世界前茅，但人均占有能源消费量只有各发达国家的5%～10%。但在另一方面，我国能源的设备效率偏低，又造成能源的浪费，能源利用效率不高。

轨道交通相对于其他城市交通工具而言，具有安全舒适、快速环保、运力大和能源消耗少的特点，因此得到快速推广和发展。按照同等运力比较，轨道交通的能耗只相当于小汽车的1/9，公交车的1/2，而且占地小，成本低。因此，选用轨道交通方式作为未来城市公共交通的主要形式，本身就具有重要的节能意义，有利于建设资源节约型、环境友好型社会。虽然按同等运力比较，轨道交通能耗比其他形式交通方式小，但由于其大运量的特点，使得总耗电量相当大，是耗能大户，在一定程度上，仍有节能潜力。

将“金山银山”还给大兴人民

党的十九大报告指出，坚持人与自然和谐共生，必须树立和践行绿水青山就是金山银山的理念，坚持节约资源和保护环境的基本国策。最大限度节约土地资源，将沿线的绿水青山留给大兴人民，是轨道交通大兴国际机场线所有建设者坚定守持的一份初心。

轨道交通在人均能耗上是节能产品，但是轨道交通的建设需要大规模的土地资源，尤其是高架线路。大兴国际机场线共有16.2km的高架线，以及一座占地30.3 hm^2的停车场。

大兴机场距离中心城较远，与中心城直接有多条生命廊道相衔接。其中，并行的廊道就包括补给大兴机场的燃气、热力、电力的综合管廊、大兴机场高速、团河路和京雄城际。大兴国际机场线在建设过程中，采取多廊道整合共建的创新方案，将机场高速公路与大兴机场线形成7.9km的“开”字形共构桥，桥下敷设团河路，地下敷设综合管廊，此举最大程度地集约利用了沿线的土地资源，并采取一系列切实有力的措施使工程与环境友好相理融，将“金山银山”还给当地百姓。

先进技术支撑降耗节能

城市轨道交通运行后，钢轨的磨耗和接触网的更换是最大的养护维修工作量，为了从源头构建起低耗高效的运营线路，大兴国际机场线建设者坚持“提高建设精度，减少维护成本”的理念，为了避免轨道不平顺，强化了铺轨的精度控制，施工精度达到了“毫米级”。

为了改善弓网关系，减少刚性接触网的养护更换工作量，建设者像调制精密手表一样进行接触网的安装。通过以上努力，大兴机场线在速度160km/h的运行状态下，依然如手表一样高效精确，高水准地实现了既定的施工目标和节能减排目标。

大兴机场线按照全自动运行标准进行建设，这一标准的目标不是为了真正实现无人驾驶，而是为了达到设备系统的全自动、全周期的动态跟踪维护，在设备尚未发生问题时得到及时的解决和更换，避免造成更大的浪费。因此大兴机场线成为国内首条速度160km/h以下的全自动运行线路，并在全线开展了RAMS评估工作，智能化、高精确度的运行，也最大程度地令全线能耗得以减少。

轨道交通的节能降噪设计涵盖所有参建专业。为了使大兴机场线成为节能降噪项目，各个专业也付出了大量的精心努力。通风专业为风机安装上了智能大脑，实现风水联动，降低设备的能耗。为了降低噪声，避免扰民，建设者在环境敏感地区设置了减振垫轨道系统，降低轨道噪声，设置声屏障系统，改变噪声的传播路径。让大兴机场线能“悄无声息”地运行于花海绿廊之中。

大兴机场线在建设过程中，全方位贯彻“绿色”发展理念，通过技术创新、工艺创新、设备创新，使这条“对标航空”的全新轨道线充分展示出北京交通在“资源节约、环境友好”的可持续发展之路上的追求，为交通运输行业提供了又一个值得借鉴的“绿色”发展优秀范本。

70 桥梁为什么比八层楼都高

许多乘客都有个明显的感受，轨道交通大兴国际机场线的桥梁比较高，大兴机场线的桥梁高度是如何确定的？

桥梁高度的确定

一般桥梁的高度由以下因素确定：被跨越道路（铁路）净空、桥梁结构高度。对于一条交通线路来说，高架段要连续跨越多条道路，是桥梁高度的决定因素之一。梁体高度取决于跨越道路时采用的跨度大小和结构体系，这条道路的桥梁高度在7m ~ 10.5m左右。专业上是按共构段和非共构段两部分来考虑的。

大兴机场线高架段总长为16.2km，占比48.7%。共构段全长7.9km。共构体系是一个“开”字形的结构，为三层立交交通结构。第一层是位于地面的一级公路，第二层是位于中间层的本条线路，最上层是双向六车道的新机场高速公路，整个结构体系比较宏伟，也是北京市首次应用共构体系。

要实现三层共构，结构的高度必须综合考虑。共构段桥梁高25m，相当于8层楼的高度。南侧共构段出口的高度更是高达28.5m。

确定非共构段桥梁的高度相对比较简单，遵循了一般轨道交通桥梁高度的确定原则。

桥梁的视觉效果

本条线路地处平原地区，共构段桥梁较高，整条线路看起来比较宏伟。桥高25m，高速公路双向六车道，宽度36.5m，上横梁悬臂近8m，两桥墩横向间距17m，整体结构呈“开”字形。整体感觉非常稳重。近8层楼高的结构布置于空旷的平原上，带来了一定的视觉冲击效果。

非共构段，桥墩采用独柱式花瓶墩。线间距达到5m，支座的横向间距较大。独柱墩结构比较简洁，较高的墩高减轻了墩帽产生的压抑感，整个结构挺拔、轻巧。

71 全自动运行系统就是“无人驾驶”吗

大兴机场线实现了全自动运行，以其技术的可靠性、安全性、可维护性领跑轨道交通未来的技术发展方向。但是，全自动运行系统虽然具备了不需要配置司机也能运行的条件，却不等于“无人驾驶”。

城市轨道交通全自动运行系统(Fully Automatic Operation，简称FAO)利用现代信息、通信、自动控制、计算机技术全面提升轨道交通的运行效率及整体自动化水平。

全自动运行系统由线路、土建、轨道、行车及运营组织模式、车辆系统、信号与综合监控系统、通信系统以及车辆段系统构成(图1)。

全自动运行系统的优点包括可减少人为误操作，提升系统安全性；提升运营组织的灵活性，摆脱传统系统司机配置和周转的制约，有利于实现24小时不间断的运输服务；提升系统可靠性和运营能力；更好地实现节能减排；可优化人力资源配置，降低运营人员的劳动强度。

大兴机场线全自动运行系统方案如表1～表5所示。

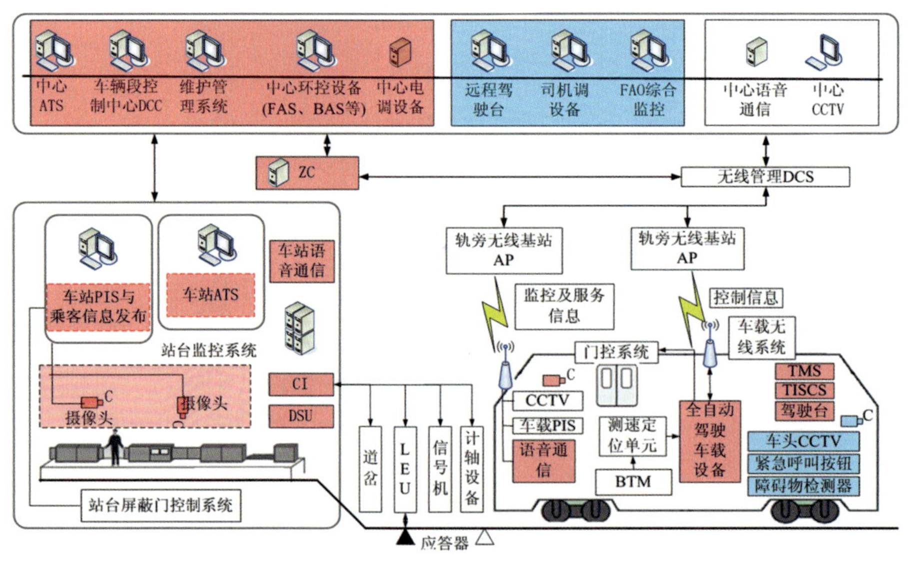

图1 全自动运行系统构成示意图

车辆

全自动运行车辆新增和增强功能汇总表　　表1

车辆	新增功能	1 增加车辆自动唤醒、自检、自动休眠的功能
		2 增加列车状态、故障报警信息上传功能
		3 增加障碍物检测和列车脱轨检测功能
		4 增加低压系统恢复供电功能
	增强功能	1 车辆关键系统具有热备份能力，各子系统需要冗余
		2 增强火灾报警功能
		3 增强车门系统功能
		4 增强电磁兼容性
		5 头车车钩联挂后具有指令传输功能
		6 增强列车空转滑行控制与信号系统联动
		7 增强广播系统自动报站、声音采集、故障检测记录的功能
		8 司机室操作台增加保护罩，后门、间壁增强为可拆卸方式，客室照明增加为具有感应光照强度功能照明

信号

全自动运行信号系统新增与增强功能汇总表　　表2

信号系统	新增功能	1 车辆段/停车场全自动驾驶系统与正线一致
		2 静止情况下列车位置确定
		3 具有自动洗车模式，配合车辆段/停车场工艺专业实现
	增强功能	1 信号系统采用完整的ATC，各子系统均需要冗余
		2 具有自诊断及中央远程监督控制功能
		3 增强列车自动折返
		4 增强列车驾驶模式：无人驾驶模式、蠕动模式及常规地铁运行模式
		5 停车对位自动调整
		6 停车倒退防护功能
		7 站台门、车门对位隔离
		8 增强应急运行模式
		9 增强列车工况管理：唤醒、调车、正线服务、待命、清洁、洗车、休眠等

全自动运行系统与速度等级没有直接关系，但速度等级对信号系统的设备和系统控制原理等方面是有要求的。

通信

全自动运行通信系统新增与增强功能汇总表　　表3

通信系统	新增功能	1 增加车载应急电话功能
		2 增加列车前后方视频监控功能
		3 增加区间广播功能
		4 增加对行车沿线的视频监视功能
	增强功能	1 增强车内视频监视联动功能
		2 增强车地通信传输带宽和质量
		3 增强通信设备安全、稳定性

综合监控

全自动运行综合监控系统新增及增强汇总表　　表4

综合监控	新增功能	1 新增以行车为核心的轨道交通智能运营自动化系统建设
		2 基于云计算的软件部署模式
		3 设置车站级的业务接入模式
	增强功能	设置集中的网络安全管理方案

行车综合自动化系统

全自动运行综合自动化系统新增及增强汇总表　　表5

TIAS	新增功能	1 集成ATS功能
		2 中心级新增服务器
		3 车站级新增接入设备
	增强功能	1 中心TIAS系统的联动功能
		2 车站TIAS系统的联动功能
		3 正常运营联动模式

车辆段与停车场

车辆段为全自动驾驶车辆段，整个厂区分为全自动运行区、非全自动运行区、厂前区三部分，见图2。

运用库与洗车库布置在全自动运行区。列车入库及洗车均实现自动操作。

联合检修库、试车线、镟轮库、工程车库、内燃调机库及平板车线、材料棚布置在非全自动驾驶区。

两区之间设置铁路防护围栏隔开。非全自动运行和非全自动运行的转换轨设置在牵出线。

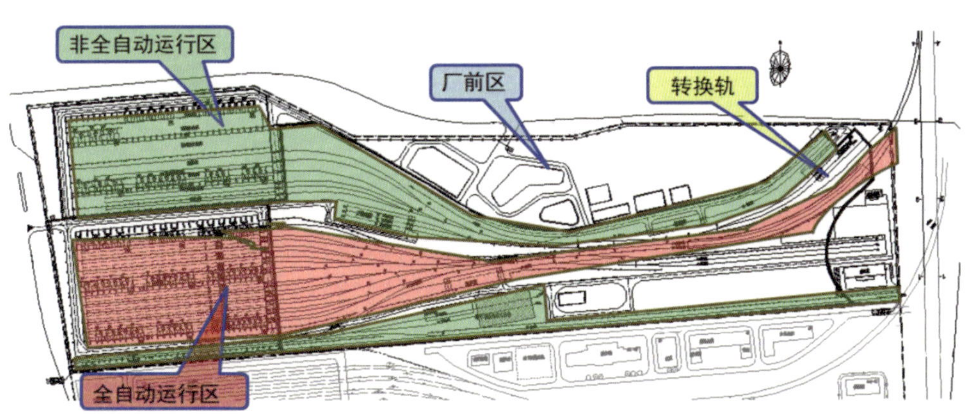

图2　磁各庄车辆段全自动运行总图布置

72 利用大数据、智能化检修车辆

大兴机场线车辆选型为市域D型电动客车，应用大数据、多模型的分析方法创建备件需求模型、维修决策模型、保养模型、健康评价模型、故障诊断模型等，实现车辆关键部件全生命周期管理。

大兴机场线车辆选型为市域D型电动客车，最高运行速度160km/h，采用GOA4级全自动驾驶运行模式。由于车辆速度快，年走行约30万km，是地铁车辆年走行里程的3倍，车辆的运营、维护、检修较传统速度等级地铁车辆均存在差异，车辆检修工艺设计从检修修程到工艺设备选型均有一定的创新。

根据工程特点，结合地铁、城际铁路检修标准，在架修修程增加转向架专项修程内容，检修工艺及设备参考国铁相对成熟的CRH2型动车组的检修规程。其修程及定检周期如表1所示。

车辆基于北京市科技计划课题《基于大数据的智能化车辆基地管控系统关键技术研究与应用》，在日常维护及检修方面：

一是应用大数据、多模型的分析方法创建维修决策模型、保养模型、健康评价模型、故障诊断模型、备件需求模型等，实现车辆关键部件全生命周期管理。

二是应用传感器、空间定位等物联网技术，在车辆基地部署一套适用于车辆基地的窄带物联网系统，实现机电设备检修过程精益管理。

三是初步打通车辆状态修核心主线，实现流程规范化和信息化；固化公司智能化车辆检修业务管理标准化落地主线，辅助企业

车辆检修周期表 表1

序号	检修种类		检修周期		停修/库停时间(d)
			走行里程（万km）	时间间隔	
1	列检		0.4	2d	-
2	月检		3	30d	1
3	架修	A修	40~60	1.25~2年	25/20
4		B修	120	4年	45/40
5	大修		240	8年	70/60

建立标准化作业的管控体系和机制（图1）；对检修计划进行自动化辅助排程，并根据设备状态对检修规程和计划进行指导和优化。

四是通过导入SOP、看板等精益管理工具方法，在确保检修质量的基础上，进一步提高检修体系的精细化和规范化管理水平。

五是通过大数据、智能化技术手段的广泛应用，强调数据收集、处理、辅助决策的重要指导作用，实现基地设备设施的状态监测与预警，为智能化车辆基地的成功搭建提供强有力的技术保障和系统保障。

另外，根据线路特点，重点对车辆运行状态监测配备了轮对在线检测系统、受电弓在线检测系统、车底在线监测系统等。转向架、配件探伤设备有：移动式轮对探伤机、移动式车轴探伤设备、轮对磁粉探伤机牵引拉杆探伤机、部件数字式超声波探伤仪、部件环形马蹄两用探伤仪、部件电磁探伤机等。

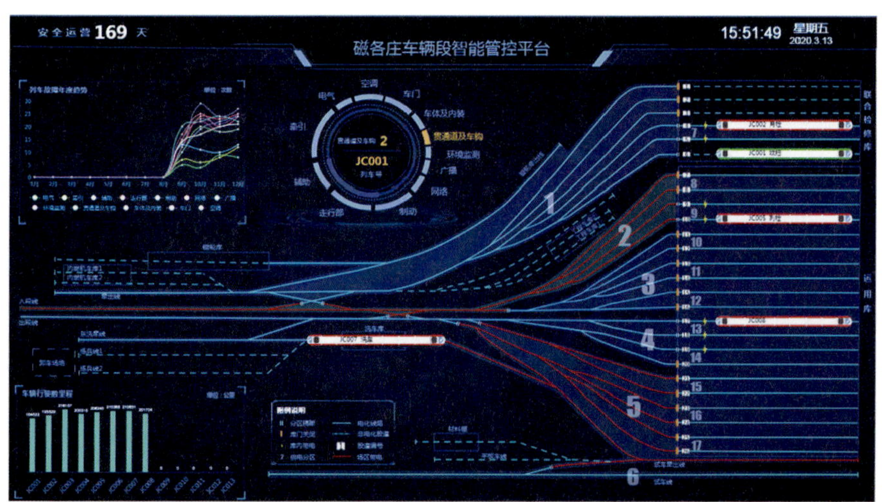

图1 磁各庄车辆段智能管控平台

73 创新减振扣件 静轨设备性价比高

一项创新研发的车辆段高等级轨道减振设备，不仅为工程节约3000万元投资，还因其良好的“静轨”效果，有利于车辆段上盖的物业开发。

随着城市的发展，城市轨道交通车辆段由于占用面积大、土地利用效率低等原因与日益紧张的城市土地资源之间产生了难以调和的矛盾，因此车辆段上盖开发关系着城市功能布局、交通规划诸多方面。目前国内北京、上海、广州、南京等十几个城市均开展了车辆段上盖物业开发项目。

目前，车辆段建设标准较低，列车在运行和维修中产生的振动和噪声较大，直接影响上盖开发品质。因此为提高上盖开发品质，各城市车辆段上盖开发项目均提出较高的减振需求。但目前车辆段尤其是库内线，减振产品短缺，对高等级减振措施的需求更加迫切，减振降噪环保投资高达数亿元。

根据《北京新机场线磁各庄车辆段上盖物业开发环境影响咨询报告》要求，库内线采用高等减振措施，减振效果不低于8dB。车辆段库内线特点：一是空车、低速，库内一般为5km/h，列车出库时速度可达10km/h ~ 20km/h；二是道床结构形式较多，包括检查坑道床、平过道以及各类检修设备道床等。空车低速情况下各类型减振产品的减振效果不如正线明显，道床类型众多使减振道床设计、施工和维修均有一定难度。

目前，现有车辆段库内线高等减振措施尚有不足之处，例如，浮轨式扣件需采用专用工具安装和维护，且所用零部件与其他扣件不统一，工程适应性差，养护维修不便；减振道床如减振垫、钢弹簧浮置板道床，道床结构形式较多，减振道床设计、施工和维修难度大，且造价是高等减振扣件投资的4倍以上。

大兴机场线根据磁各庄车辆段上盖物业减振、降噪需求，创新性地研发出一种库内高等级减振扣件（简称“库高扣件”）。库高扣件采用可分离式三层减振结构，形成串联结构，以获得低刚度，扣件节点垂向静刚度可达为6kN/mm ~ 9kN/mm，进而实现高减振性能。通过研究橡胶垫板超低刚度对轨道稳定性和安全性的影响，调整橡胶垫板的配方参数和结构形式，提高轨道安全、稳定性和橡胶垫板使用寿命。扣件轨距调整量为+8mm ~ -12mm，高低调整量为20mm，可满足车辆段库内线无砟轨道施工误差等的调整要求。经现场实测，库高扣件减振效果≥8dB，达到研究预期目标；轨道安

全性指标（脱轨系数、轮重减载率）和列车运行平稳性指标（竖向、横向）均满足规范要求。库高扣件解决了既有库内减振扣件存在的问题，扣件结构方案可适用于有缝线路、无缝线路、库内各类型道床。

用于磁各庄车辆段的库高扣件减振效果明显、结构成熟可靠、工程适应性强、安全可靠、便于施工及养护维修，相对于高等减振浮置板道床，降低减振投资约3000万元(图1和图2)。

图1　库高扣件示意图

图2　库高扣件现场铺设图

74 节能环保的隔离式减振垫浮置板轨道

具有350km/h使用经验的减振轨道——隔离式减振垫浮置板，以其强度高、稳定性好、整洁美观，解决了160km/h运营条件下的减振环保需求。

在设计速度为80km/h ~ 120km/h的传统城市轨道交通工程中，一般依据环评报告把全线分为三个级别的减振地段：中等减振、高等减振、特殊减振。大兴国际机场线是我国第一条设计速度160km/h的城市轨道交通线路，设计速度已突破传统城市轨道交通范畴，对轨道的平顺性要求更高，尤其对于减振地段轨道结构，如何在保证线路平顺性的前提下保证轨道结构的减振效果，是大兴国际机场线减振设计的关键。

依据《北京轨道交通新机场线工程环境影响报告书》，本工程减振分级按照高等减振和特殊减振两级来设置。在进行轨道减振结构的设计和比选时，应将能够满足160km/h设计速度下轨道平顺性和安全性放在首位，优先选择具有速度160km/h使用经验的轨道减振结构，确保结构选型的成熟性和可靠性。

减振垫浮置板轨道结构主要由现浇或预制的道床板和板下减振垫层组成，减振垫于道床板下满铺。这种结构是将整体道床与基础分离，做成具有足够刚度和质量的道床板，道床板与基础间满铺减振垫层，即构成了浮置板道床，其减振原理是在轨道上部建筑和基础之间插入一个固有频率很低的线性谐振器，防止由钢轨传来的振动透入基础。减振垫浮置板结构在地铁、国铁均有采用，例如成灌铁路（设计速度200km/h），兰新高铁（设计速度250km/h），大西高铁（设计速度250km/h），广深港铁路（设计速度350km/h）等均已通车。根据不同的减振要求，可设计调整减振垫层的刚度，实现减振效果约10dB ~ 18dB，能够满足大兴国际机场线环境影响报告书高等减振和特殊减振的要求。因此，大兴国际机场线在首座御园二期、玫瑰花园小区等环境敏感点地段采用减振垫浮置板轨道。

减振垫浮置板采用预制轨道板，将减振垫浮置板技术和预制轨道板技术结合起来，提高轨道铺设精度和轨道平顺性，有利于进一步提高轨道减振效果。结构组成由上而下依次由钢轨、扣件、轨道板、自密实混凝土、限位凹槽与隔振垫、混凝土底座等组成，设计使用寿命100年。

预制轨道板采用了双向先张预应力体系，强度更高、受力更合理，有效防止道床面开裂，尺寸为5300mm(长)×2500mm(宽)×200mm(厚)。

轨道板下铺设自密实混凝土，设计厚度为90mm，长度和宽度与轨道板对齐，采用单层钢筋网配筋，钢筋网片需与轨道板预留门型钢筋进行连接。自密实混凝土和混凝土底座采用限位凹槽的方式进行限位和纵横向力的传递，每块轨道板下设置两个限位凹槽，凹槽尺寸为700mm×1000mm，限位凹槽处加设配筋。限位凹槽周围（侧面）设置弹性垫层，在自密实混凝土和底座之间设置中间隔离层（土工布）。

在底座板顶面及限位凹槽底面铺设橡胶隔振垫，厚度为27mm，减振效果可达8dB。

隔离式减振垫浮置板使用专用架铺机械及高精度测量控制网，大大提高了施工效率，提高了线路的安全性、稳定性和舒适性，具有高效节能、绿色环保、环境友好等特点。

75 特殊的“隔音外套”

大兴机场线160km/h的设计速度在带来便利的同时也产生了噪声。根据环评要求，为了最大限度降低噪声对线路两侧敏感点的影响，需要在相应的位置给线路穿上特殊的“隔音外套”——声屏障（图1）。

图1 “隔音外套”——声屏障

大兴机场线声屏障总长1084m，均为高架桥声屏障，分为直立式声屏障和半封闭声屏障两种。直立式声屏障高度为3m，直立式声屏障组成由下到上依次为：金属声屏障板、透视隔声窗（亚克力）、金属声屏障板，理论降噪5分贝；半封闭式声屏障采用门型钢框架结构，总高度8.5m，跨度10.8m，除车窗范围以下设置金属声屏障吸声板之外，其余部分均采用亚克力通透材料，理论降噪可达10分贝。两种形式声屏障均外形美观，透光性好，强度高，满足降低噪声的要求又不影响列车内乘客的观景需求。

在声屏障结构设计的计算过程中，必须考虑列车通过引起的气动力对结构本身的影响。如此高的设计时速应用于轨道交通还是第一次，设计人员参照高速铁路设计的计算方法，通过软件建模，分析了多种工况进行受力计算，充分保证了声屏障特别是半封闭式声屏障的安全稳定性。

76 风井——散落在“金凤”身边的珍珠

大兴机场站的附属设施的设计均与大兴国际机场航站楼外观形态相匹配。那一系列外观别致的风井，像是散落在“金凤”身边的一颗颗美丽的珍珠。

因为要与大兴国际机场航站楼形成整体设计，大兴机场站作为一座地下车站，对于风亭、冷却塔、紧急疏散口这类功能设施，最初的设计是采用敞口设置，并将这些设施下沉，在地面上形成一个个“地坑”，通过这种方式以最大程度进行景观消隐。但这样处理不仅会增加排水难度，也给景观设计增添困扰——地面形成黑色大坑不是“一剂良方”，因此，设计者对这些附属设施进行了独立设计。

为了方便施工，这些单体构筑物整体设计采用了模块化的方式。在单个风亭设计上采取了平面单轴对称的曲面设计，6个活塞风亭完全一致。风亭的屋面盖板层层堆叠，并留出间隙，配合着穿孔围护结构既能防雨又能实现通风排烟功能。

排风井与活塞风井的造型关系是一个等比三轴缩放的形式，而新风井则在基本形态的基础上将活塞风亭的平面单轴对称改为平面双轴对称。这样设计的优势在于单个造型非对称性，既可以在不同角度营造丰富的观感，又因为构造实施方法的一致性保证最终效果的完成度。

冷凝通风口以单个形态出现，通过变形的弧面坡顶做法形成风亭的造型背景。两个疏散口用了曲面金属屋面形成一个“软盖”覆盖在玻璃出入口上，整片的铝板防水屋面最大可能地维持了形态的简洁特性。

建成后的区间单体，与整个航站楼的景观融为一体。如果说城市航站楼是“金凤凰”，这些单体就是洒在金凤身边的颗颗珍珠。

77 精密手表般精准的刚性接触网

未来，大兴机场线每一趟列车都经由刚性接触网体系支撑而全速奔驰，每一次迎来送往都将在1mm的安全承诺中通行无阻。所有的设备皆如精密手表的部件一般发挥出最优潜能，为全线高速平稳运行保驾护航。

自主研发刚性接触网

俗话说“火车跑得快，全靠车头带”，但电力机车自身并不带能源，它连续、可靠、稳定的电能来源是沿着铁路线架设的接触网提供的。机车通过受电弓与接触网导线高速滑动接触而获取能源。

大兴机场线的接触网与此前常见的地铁“趴”地式接触网、高铁输电线式接触网、高铁“柔性接触网”都不一样，它的接触网更像是变电所内的铜排，被称作“刚性接触网”。

但是，在选定刚性接触网时，国内最快地铁的刚性接触网速度才是120km/h，速度160km/h的轨道刚性接触网的技术标准，在国内外都是一片空白。

在速度160km/h的条件下，如何攻克受电弓受流可靠、列车运行平稳、小断面盾构隧道内刚性接触网安装可靠等诸多问题，成为线路能否顺利开通的关键。为此，设计方立即成立课题攻关组远赴欧洲考察交流。

设计方自主研发了刚性接触网动态仿真平台，实现了刚性接触网弓网系统理论创新突破，按照速度160km/h ~ 200km/h仿真优化系统结构模型，量化了弓网指标，先后完成了相关课题研究并通过北京市科学技术委员会和北京市交通委员会的验收，为本线确定刚性接触网方案奠定了坚实的理论依据。

零部件全面革新

刚性接触网架设于隧道上方，与钢轨平行贯穿，每种零件发挥着各自的功能，而最高时速意味着最高标准，零部件必须革新。起到固定和调节作用的一个零部件是旋转底座，以该零件为例，它的革新体现在三个方面：结构优化、材料优化、工艺优化。

随着昼夜、冬夏的冷热交替，刚性接触网沿轨道方向发生着长度变化，固定点需要能够自由水平移动，具备竖直调节的功能。大兴机场线的旋转底座在结构上进行了优化，使其具备水平和竖直双向调节的功能（图1）。

在零部件材料上，大兴机场线选用的是高强度铝合金材料，比常规采用镀锌防

腐的钢材，大大降低了污染和能耗，且相同体积下，高强度铝合金材料的重量只有钢材的三分之一。铝合金零部件很好地满足了强度的要求，且不易生锈，重量也轻，更方便施工（图2）。

零部件的制造工艺也是最优的。安装于大兴机场线隧道内的6200多套结构巧妙的旋转底座，没有一条焊缝，完全是一个个整体构件。零部件的制造采用的是挤压工艺，像做月饼一样，以4500吨的压力将型材从模子里挤出来，再通过数控车床的切削处理成型，这样的零部件在材料强度上比焊接工艺提高了30%（图3）。

正是对每一种零部件都从结构、材质、工艺上进行了改进，众多零部件才能像一块块强壮的骨骼构成了整个接触网的骨架。

“钟表师”般的精度控制

大兴机场线选择了刚性接触网，全新的产品、复杂的隧道环境，对施工操作要求非常高。接触网系统每一处都需要绝对精准地对接，如同一块精致的机械手表，走针必须分毫不差，极度考验工匠的手艺。

施工者从研制专门的汇流排架设平台、采用小张力导线架设新技术以及改进刚柔过渡安装技术等方面着手，突破传统施工工艺，确保了本线的稳定运营。

汇流排安装是刚性接触网施工的重要组成部分之一，安装质量直接影响接触线的平顺度。为减少汇流排安装过程中受外力产生的形变，确保对汇流排对接缝隙的控制，技术人员改造出可以控制升降的安装架，将其加装在平板车上作为操作平台，作业人员可站在上面和作业车上，通过调整汇流排调整器两端同时安装汇流排，有效地将汇流排对接缝控制到1mm以内(图4、图5)。

开工前，作业人员在为本线1:1打造的刚性接触网系统试验基地模拟施工环境、产品零部件规格、安装结构，通过亲手操练和面对面沟通，每一位工人都对刚性接触网的施工工艺了然于心。开工后，施工人员利用高精度激光接触网测量仪，实现了将普通悬挂点导线高度误差保证在2mm以内，将锚段关节处悬挂点两导线高度差控制在1mm以内，满足了速度为160km/h的弓网受流连续可靠。

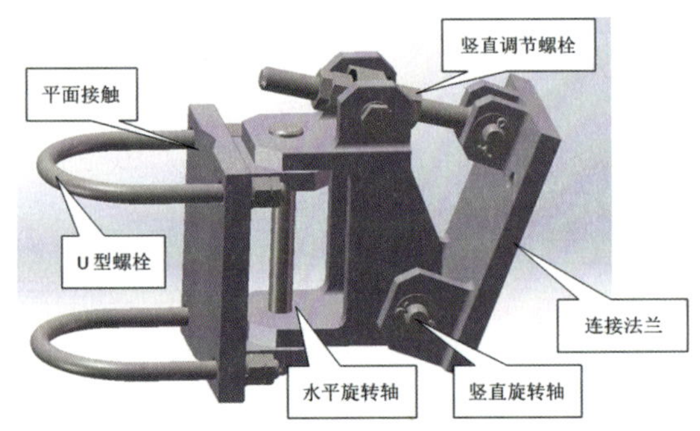

图1　旋转底座结构优化

图2　铝合金零部件和力学试验

a)

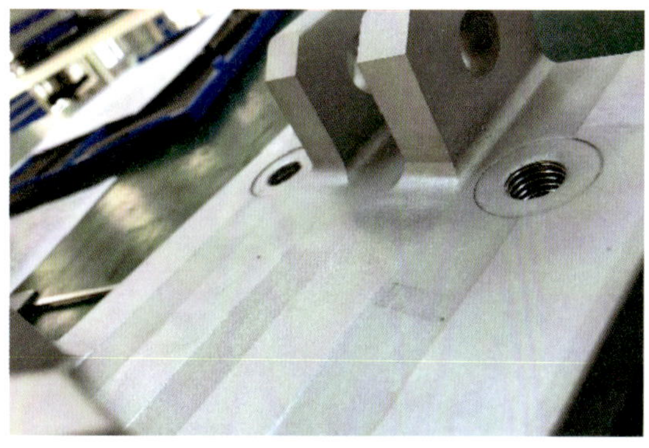

b)

图3 挤压加工的零部件

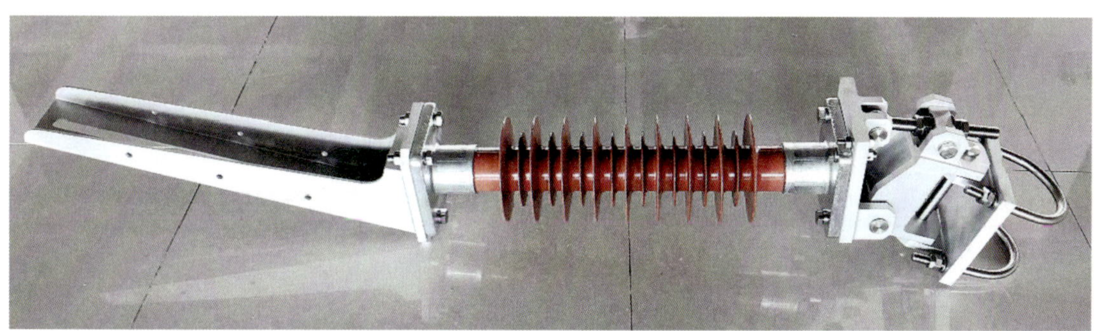

图4 装配好的成品

a)

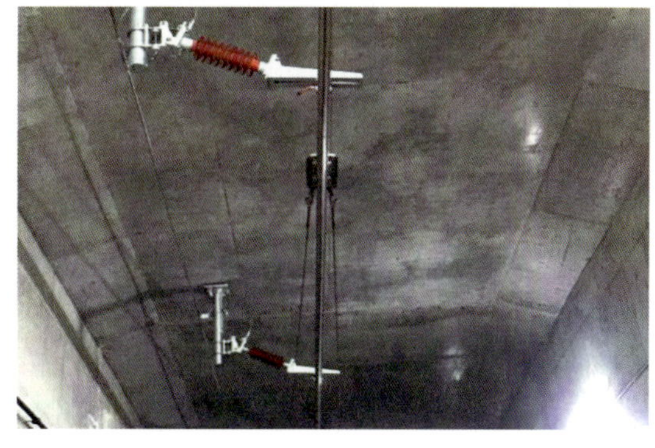

b)

图5 速度为160km/h刚性接触网施工图

78 高速刚性接触网有了技术“范本”

大兴机场线工程160km/h刚性接触网的顺利建成及按期投运，相关成果填补了国内空白，提升了我国在该领域的整体技术水平，完善了我国轨道交通接触网供电设备统一规范和行业标准，对于市域（市郊）铁路的建设具有示范和促进作用。

大兴机场线从建设管理合同签订到工程开通仅33个月，工期紧、困难多，对供电系统的可靠性提出了很高的要求。

为满足大兴机场线牵引供电系统按期送电的工期目标，经过工程调研、技术论证和综合比较，最终确定大兴机场线地下段为架空刚性接触网，在节约工程建设总成本、满足工期要求的同时，可提高接触网系统的安全可靠性，也减少了后期运营维护的工作量。

大兴机场线地下隧道的长大区间全部采用速度160km/h的架空刚性接触网，这在国内外还没有工程先例，为了实现这一目标，从设计方面搭建速度160km/h的刚性接触网弓网动态耦合仿真平台，开展弓网动态仿真计算并确定系统技术方案；在施工方面开展施工不平顺技术研究，制定相应的工艺工法和施工作业指导书；在产品选型方面，刚性接触网的关键部件选用进口部件，进一步提高产品制造精度，并研究制定了关键零部件的检测方案和检测标准；在工程实施环节，引入了施工安装督导服务，在施工安装和调整过程中对技术和工艺进行全过程监督和指导；在工程验收环节，聘请第三方检测机构对接触网实体工程进行综合测试。

建设中，同期开展了《轨道交通架空刚性接触网技术规范》的编制和研究，在北京市科委立项课题《时速160公里/小时快速轨道交通架空刚性接触网关键技术研究与应用》，形成了涵盖设计、施工、产品、检测等全方位的速度160km/h架空刚性接触网技术成果和系统性解决方案。

这些科研成果直接应用于大兴机场线的建设中。经参建各方共同努力，实现了2019年3月14日样板段送电，2019年6月12日正线送电，2019年8月16日综合检测完成，保质量、保安全、如期完成了供电系统一次送电成功的目标。

79 智能感知 接触网“体检”的“VIP”待遇

“体检”车在为接触网“体检”的同时，可实时将接触网的“生病”信息，通过车载LTE专用网络，发送至地面数据服务中心，进行更深层次的病理分析，并通知相关检测人员，发出下一步工作指示。

每天，伴随着JC008号电客车从磁各庄车辆段发出“嘟-嘟-嘟”蜂鸣声启动、驶出，轨道交通北京大兴国际机场线刚性接触网的“体检”工作也正式拉开序幕。

JC008号电客车上的高速弓网综合检测装置（1C）、车载弓网运行状态检测装置（3C）（图1）和接触网悬挂状态检测监测装置（4C）（图2）、车顶的各种相机探头，可采集、监控及反馈本线接触网的状态信息，做到精准监测、科学分析。

安装在JC008号电客车第6节车厢的高速弓网综合检测装置（1C），采用了“面阵相机+线阵相机”相结合的方式，保证了白天、夜晚及隧道内外全天候、全工况接触网几何参数高精度检测需求。受电弓上安装的称重传感器及加速度传感器，能对弓网动态接触力及接触网硬点进行实时检测，并结合高清数字相机拍摄的弓网工况视频，实现接触网几何参数及动力学参数“同屏”“同步”“可视化”在线检测、监测。

安装在JC008号电客车第3节车厢的车载弓网运行状态检测装置（3C），车顶上设计

a)

b)

图1 车顶1C、3C检测装置

a)

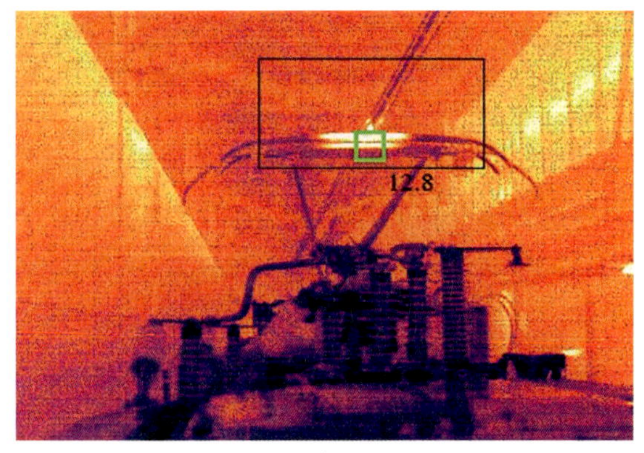

b)

图2 车顶4C检测装置

了“体温计”——安装有红外温度检测相机，能实时监测接触网是否“发烧”。同时安装有紫外光检测专用的紫外光电传感器，能实时检测接触网与受电弓离线时造成的拉弧。

安装在JC008号电客车第8节车厢的接触网悬挂状态检测监测装置（4C），由29组高清数字相机及其配套的高亮度LED光源组成，能够对本线隧道内外接触网的支撑装置、接触悬挂、附加悬挂、绝缘部件等关键零部件状态进行实时监测，并通过强大的计算机处理能力实现对采集图像的智能分析和处理，可以及时发现接触网零部件松、脱、卡、磨、裂、断等缺陷，并准确定位，形成故障报表。

“体检”车在一边为接触网“体检”的同时，可实时将接触网的“生病”信息，通过车载LTE专用网络，发送至地面数据服务中心，进行更深层次的病理分析，并通知相关检测人员，做出下一步工作指示。

“体检”车每天除了例行“体检”外，还设计了更加人性化的“计划检”，就像“家庭医生”根据病人健康状态制定的定期检测计划一样，检测人员可以根据接触网健康状态，自定义“体检”周期，如按天、周、月、季度进行检测计划编制，车载检测装置一上电，就会自动识别“体检”计划，如果满足“体检”计划，则自动启动对应的相机探头，对接触网进行“体检”。

大兴机场线的“体检”车“6C”，犹如供电线路上的“CT医生”，能够对本线隧道内外接触网零部件状态、接触网温度、接触网几何悬挂状态等进行实时监测，并通过强大的计算机处理能力实现对采集图像的智能分析和处理，可以及时发现接触网故障并准确定位，形成故障报表，为接触网现场作业人员维修提供依据，为本线接触网安全运营保驾护航，也使得更多的“巡线人员”从繁琐、枯燥、不断重复的日常巡视工作中得以解脱出来，将接触网日常管理从传统的“人工作业”模式向“科学化、信息化”模式转变。

80 如何实现“五个2毫米”的高精度轨道

轨道作为城市轨道交通的行车基础，其坚固的稳定性和良好的平顺性是安全运行的保障。大兴机场线以轨道的轨距、轨向、高低、水平及扭曲的容许偏差五项指标均控制在正负2mm以内，确保了列车以速度160km/h安全平稳运行。

实现“五个2毫米”的精度

轨道作为城市轨道交通的行车基础，其稳定性、平顺性是安全运行的保障。轨道交通大兴国际机场线为确保列车以速度160km/h安全平稳运行，正线无砟轨道线路静态平顺度设计标准严格参照《城际铁路设计规范》执行，即正线无砟轨道的轨距、轨向、高低、水平(不包含超高值)及扭曲(包含超高顺坡率）的容许偏差五项指标均控制在均2mm以内(其中轨距为正负2mm)。

大兴机场线是参照高速铁路及城际铁路的标准及方法进行的无砟轨道精调作业，这是确保按期开展静态验收与联调联试的基础与关键，提高轨道精调质量对于线路顺利开通及运营维护至关重要。

无砟轨道精调作业基于轨道精密精测，制定精细调整方案，模拟计算轨道几何调整量；最后通过更换扣件零部件或线形优化，使轨道状态达到设计及验收标准。

轨道精测按照“先整体、后局部，先轨向、后轨距，先高低、后水平”的原则进行，在无砟轨道长轨铺设且线路锁定后至开通运营间，利用轨道几何状态测量仪对线路进行局部、微小的轨道几何状态的调整，保证列车高速平稳运行。

轨道基础控制网提升平顺度

轨道基础控制网以其相邻点极高的相对精度，对提高轨道的平顺性起到重要作用，应用先进的轨道几何状态测量仪进行轨道精确调整和精密检测提供了基础和依据，带动轨道的整体技术质量水平提升，为运营后长期的平顺状态和减少维修工作量打下了坚实的基础。

相比既有技术体系，轨道基础控制网采用了更合理的分级布设方式，保证了各阶段控制精度的统一性与整体性，CP Ⅲ轨道测量技术避免了多个测量环节导致测量误差的积累，轨道基础控制网以高精度与稳定性，精确保证了轨道的设计位置、线路参数及行车的限界要求。

基于轨道基础控制网的长轨精调，从而降低了列车运行中引起的振动和噪声，提高了乘客乘坐的舒适度、延长了设备的使用寿命，降低了养护费用。

轨道基础控制网实现了一网多用，为调线调坡、轨道的铺设与运营维护服务，同时还为施工放样、建设期间变形监测以及运营后的结构变形监测服务。

150mm最大曲线超高值

曲线超高值的设置不仅要考虑乘客的舒适性，同时要考虑车辆运行的安全性。曲线超高的设置一般根据线路的最高运行速度、车辆性能、线路条件、轨道稳定性和乘客舒适性综合考虑。

大兴国际机场线为确保"19分钟"运行目标，全面考虑列车安全和舒适等因素条件，最终将工程部分地段的曲线最大超高值设为150mm，创国内地铁轨道设置最大曲线超高值纪录。同时，为充分保证旅客乘坐本线的舒适性，未被平衡超高允许值（欠超高）仍取61mm。最大曲线超高值和未被平衡超高允许值的选取充分体现了轨道系统采用"城际+地铁"标准的设计理念。

1/40轨底坡提升稳定性

钢轨设置轨底坡，可使其轮轨接触集中于轨顶中部，提高钢轨的横向稳定性，避免或减小钢轨偏载，减小轨腰的弯曲应力，减轻轨头不均匀磨耗，延长钢轨使用寿命。

《地铁设计规范》规定"钢轨轨底坡宜为1/40至1/30。在无轨底坡的两道岔间不足50米地段，不宜设置轨底坡"，《铁路轨道设计规范》规定"轨底坡应采用1/40"。但是，我国目前各城市地铁线路设计绝大部分沿用国铁标准，仅有个别线路采用1/30轨底坡。而大兴机场线采用的车型为CRH6市域车。

最终，大兴机场线采用了1/40轨底坡，与常规地铁不同的是为进一步提高列车过岔时的平稳性，减少过渡段设置，正线用12号道岔也设置了1/40轨底坡。

在建设中，为保证工程无砟轨道实现"五个2毫米"平衡度目标，参照国铁高速及城际铁路开展沉降变形观测与评估工作，这也是在高速及城际铁路无砟轨道铺设中广泛采用的技术手段，目的是确保无砟轨道铺设基础的稳定性（图1），避免工程病害，保障运行安全。

图1 优良的轨道稳定性

81 “生物钟”般的场站照明系统

智能照明是行业发展的趋势，大兴机场站率先使用了智能化照明系统。

节律照明

大兴机场站公共区域照明就像人体“生物钟”一样，24小时调节自身多个内部系统，会根据室外阳光强弱自调节市内色温和强度，模拟室外光线。

节能照明

节能照明能有效地节约能耗。大兴机场站公共区现有灯具8400套，以每套灯具平均15W计算，每天节约能耗近300kW。

节日照明

利用智能灯光变化，可以展现早晚的时间更替，春秋的季节交替，在重大节日还可以感受到灯光烘托出来的喜庆氛围。

Security Check
安全检查
农夫山泉
NONGFU SPRING

82 智能诊断 给风机装上“大脑”

排热风机（见图1）主要应用于地铁隧道及站台的排风及火灾排烟，是保证地铁安全运行的重要手段，是实现地铁环境控制的重要保证，必须具有高可靠性。大兴机场线引入了智能设计理念，设置了“风机智能诊断系统”。

图1 排热风机

“风机智能诊断系统”是一套适用于地铁风机群组的在线系统，系统通过对排热风机机组的振动信号、温度、电流、电压、风量、风压及相关状态参数进行实时采样分析，及时识别机组的状态、发现故障早期征兆，对故障原因、故障严重程度、故障发展趋势作出判断，并提供针对性的解决方案，从而及时排除故障隐患，避免破坏性事故的发生，提高风机的运行效率，也为风机机组实现状态检修提供了可靠的理论依据。

安装于车站内排热风机上的温度传感器、振动传感器及压力传感器是“风机智能诊断系统”的“耳目”，系统通过这些“耳目”采集的数据，实现了两个主要功能：实时监控风机的运行工况、设备运行隐患，具有自动巡检、维修保养提醒、阈值报警、预警故障及故障原因分析等功能；实时监控风机运行功效，提高了风机的运行效率。

当监测点出现报警时，在报警确认的界面，系统会自动给出故障原因和诊断建议。

在给出故障结论及解决方案的同时，针对振动信号，系统提供的多种图谱分析手段。可以随时对某些异常数据进行具体分析，并总结故障机理。

系统还对设备综合运行状态、特征值、设备信息、历史故障及设备操作记录提供了列表展示的功能。可实现集控制、管理、信息、调度、网络于一体的企业综合自动化。可以方便地用于对现场进行数据采集和监视控制。在实现与综合数据平台通信的基础上也方便用户随时随地远程查看设备运行状态。

通过应用“智能诊断系统”这样的智能化设计措施，更好地实现了地铁环境控制，对地铁安全运营起到了更好的保障作用。

83 智能监测电网 令共构交汇区更安全

从地图线路上看，大兴机场线与大兴机场高速公路有交汇点，为避免此处发生高速公路坠物影响轨道交通运营安全，必须要未雨绸缪。

大兴机场线与多个交通设施共构，特别是万一在与大兴机场线交汇处的高速公路发生了交通事故，恰巧事故车辆冲出了高速护栏而跌落在列车轨道区域，后果不堪设想。

为预防上述情况的发生，参照《铁路自然灾害及异物侵限检测系统工程技术规范》中的相关条款要求，在高速公路与地铁线路并入、并出的共构高架区段始末处（即两条线路逐步重叠、逐步分开的区域）安装异物侵限报警系统。即在始末区段内上跨地铁线路范围的高速公路护栏外侧，使用“L”形支架（图1）安装2m高的异物侵限监测电网，它可以自动侦测到异物的侵入并实时进行报警，联动信号系统会强迫接近的列车紧急制动，以保证本线内外的乘客的生命安全。

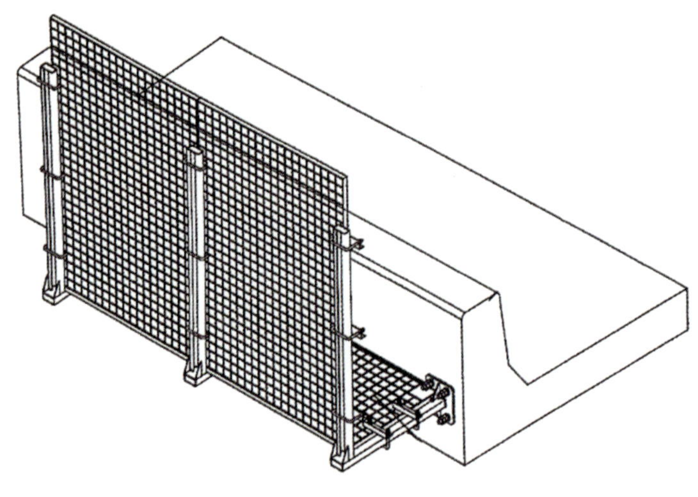

图1 “L”形支架

Y874

84 长大区间设备用房的水从哪里来

大兴机场线周边有许多待开发地带，没有配套市政给水管网，为解决建成后长大区间上分布的区间设备用房及沿线车站生活及消防用水问题，工程采用了自建输水管线（图1）的方式予以解决。

图1 输水管线

大兴机场线地处城市外围，周边市政配套设施基础薄弱。草桥站有两路水源，大兴新城站暂无水源，1号风井可接入一路水源，大兴机场站有一路水源，其他区间用房、临时停车场、磁各庄车辆段均不具备市政水源接入条件。为了解决区间用房的生活及消防用水问题，根据车站与区间用房的距离，提出了自建给水管网的用水解决方案，由大兴机场站负责地上区间设备用房供水由1号风井和草桥联合负责磁草地下区间设备用房及大兴新城站、磁各庄车辆段的供水。

大兴机场站负责的地上区间设备用房共计6处，分散在约23km的地上区间，显著特点是用水点间距大、用水量小。供水系统在大兴机场站大里程端通风机房内设置一处给水转输泵房，设置了生活级不锈钢水箱、变频水泵及消毒设备。供水管线经地下区间从洞口处雨水泵站出户至室外，然后沿路基旁边及高架区间下方敷设，直至最远端的K23的区间降压所。

由于管线长、用水量小，为了避免管道内水的停留时间过长影响水质，同时还要尽量减小管道压力，管道选用DN100的球墨铸铁管，水量控制在4L/s，在该条件下，水泵扬程84m，超压的用水点采取了减压措施。为了保证用水卫生，每个用水点加设过滤器和管道式紫外线消毒器，用水点的饮用水采用饮水机桶装水的形式。

大兴新城站本身是没有市政水源的，与之临近的1号风井能够就近引入一路DN150的给水管。由于磁各庄车辆段的用水要通过大兴新城站转输，水量较大。因此，在1号风井内设置了一处中转水箱，通过变频水泵为大兴新城车站和磁各庄车辆段供水。考虑到仅靠转输水箱供水一旦出现问题影响面比较大，为了提高安全性，在草桥站设置了一处中转水箱和变频水泵，通过磁草区间为大兴新城站和车辆段供水。同时，也可以为地下区级三处风井兼区间变电所提供用水。

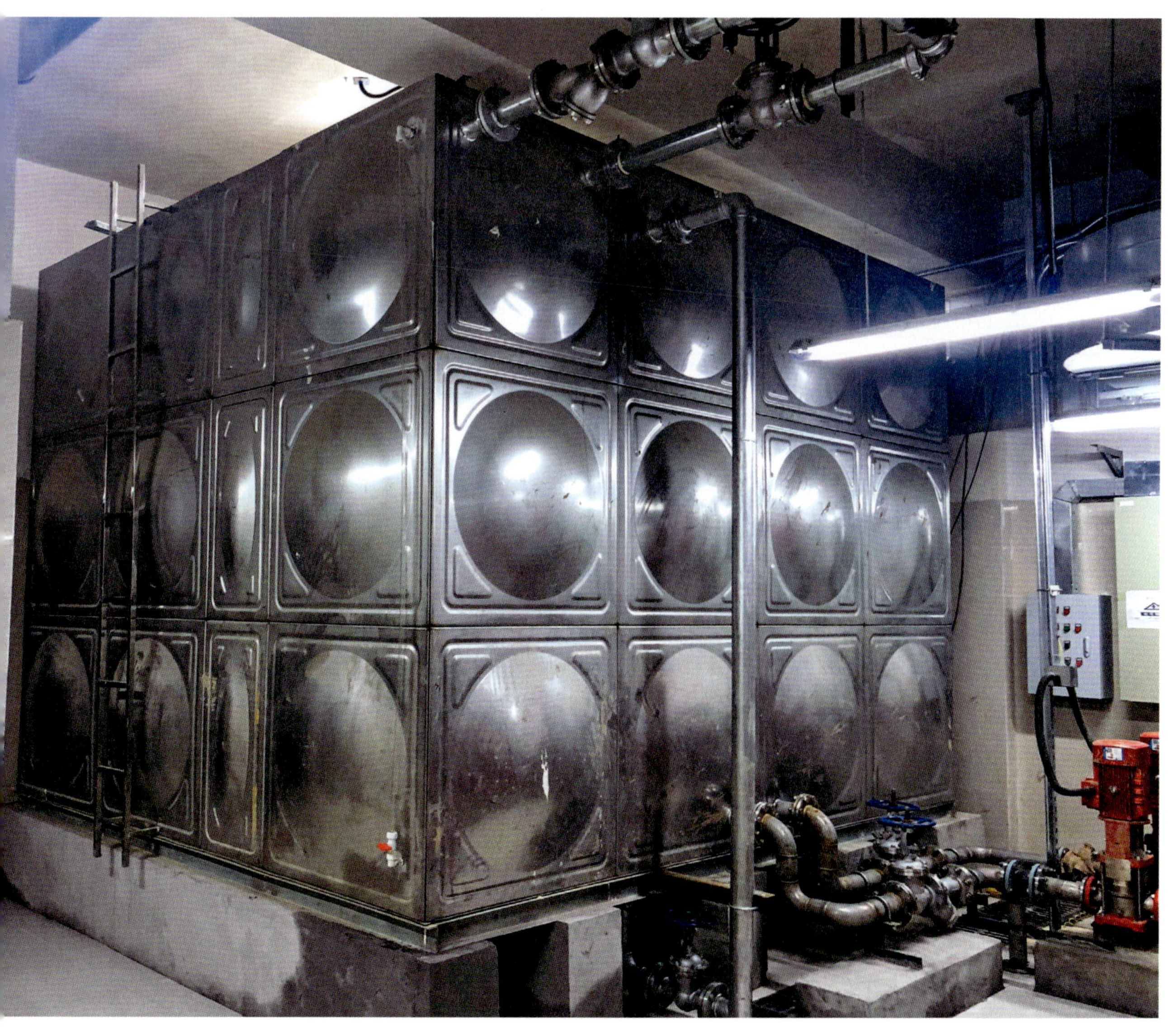

85 国际水平的装备 更高标准的RAMS

大兴机场线工程作为市域快速轨道交通线路，是第一条将160km/h速度等级、不同列车共线运营互联互通及全自动运行技术结合的线路，实现了装备技术水平国际领先。对于设备系统RAMS（可靠性、安全性、可维护性、可用性）提出了更高的要求。

为了更好地开展设备系统RAMS管理工作，除了要求全自动运行系统核心设备按照CENELEC铁路标准EN50126, EN50128以及EN50129开展安全保障工作，同时引入了信号等设备系统独立第三方安全评估单位，对车辆、信号（含综合监控）、站台门、LTE、轨道、接触网系统开展第三方安全评估工作。

评估工作主要遵循五个方面的评估原则：伴随全生命周期的评估原则；交互认可的评估原则；全方位系统化的评估原则；基于风险的危害管理原则；基于证据的评估原则。评估工作覆盖所评估系统范围的全生命周期，涵盖风险分析，系统需求识别、分配，系统/子系统设计、生产、安装集成、测试调试，直至系统验收交付，并在载客运营期间仍对系统性能和变更进行关注，直至通过最终验收。上述安全评估活动包括文件检查、现场审核和测试见证，涵盖工程实现、验证与确认活动、安全质量管理等方面的内容。

在工程实现方面，主要评估系统的设计原则和规范符合性、设计文件和图纸、参数测试报告、现场测试报告等内容。以车辆系统为例，主要检查了车辆17个整车子系统的系统技术方案、原理图、参数测试报告等文件。

在验证和确认方面，主要评估系统在全生命周期内的人员管理，设备材料管理，施工方法和施工环境等内容。以轨道系统为例，在无缝线路钢轨焊接过程中，主要检查了焊接人员和探伤人员的培训证，轨道零部件和焊缝生产报告/型式试验报告，无缝线路钢轨焊接专项施工方案和由于冬季低温执行的冬季施工方案等文件。

在安全质量管理方面，主要评估系统危害分析执行过程的正确性和完整性、危险源安全需求的管理、安全应用条件的管理和量化风险分析的执行等内容。以信号系统为例，主要检查了初步危害分析报告、系统危害分析报告、接口危害分析报告、操作与支持危害分析报告和危害日志等文件。

通过上述评估工作，评估方共审核600余个文档，完成47次审计，发布43个证书。最终评估方认为大兴机场线信号等设备系统的安全风险已降低到可以接受的程度，具备可以投入载客运营的条件，于2019年9月8日发布了允许投入载客运营的安全授权。

附录 APPENDIX
大事记

2016年

2016年11月11日	轨道交通新机场线社会化引资项目（PPP项目）中标。
2016年12月26日	北段2号区间风井（中铁建）、中段1号盾构始发井（市政路桥）、南段路基段（城建集团）同时召开施工进场动员大会。

2017年

2017年1月23日	土建04标明挖段围护结构开工。
2017年2月24日	土建02标北京城建预制梁场进场。
2017年3月15日	土建07标中国铁建2号区间风井开工。
2017年3月29日	土建07标南段2号南向盾构始发井开工。
2017年5月27日	土建03标市政路桥第一片预制梁开始预制。
2017年6月12日	土建01标北京城建明挖区间围护桩开工。
2017年6月26日	北京城建大兴新城站正式开工。
2017年6月28日	土建02标第一片预制梁开始预制。
2017年7月14日	草桥站第一块场地实现进场。
2017年7月20日	土建02标北京城建第一棵桩施工。
2017年8月2日	土建03标第一颗桩施工。
2017年8月2日	草桥站第一根桩施工。
2017年9月15日	土建04标市政路桥盾构右线始发。
2017年10月4日	土建07标中国铁建北段2#区间风井主体结构完成；2017年11月19日，土建07标中国铁建南段2号南向盾构始发井明挖主体结构施工完成。
2017年10月8日	土建02标北京城建首棵墩柱（S12#）正式开始混凝土浇筑作业。
2017年10月17日	土建07标中国铁建盾构始发。
2017年11月6日	土建02标北京城建完成首片预制梁架设。
2017年11月10日	土建07标中国铁建北段右线盾构始发，2017年12月6日，左线盾构始发。

2018年

2018年1月10日	磁各庄车辆段北京城建首桩施工。
2018年2月5日	3#区间风井一草桥站区间右线盾构机始发，2018年03月27日3#区间风井一草桥站区间左线盾构机始发。
2018年2月12日	土建04标市政路桥盾构右线贯通。
2018年4月3日	新机场线筹备工作启动会召开。
2018年4月25日	草桥站实现全面开工。
2018年5月2日	土建01标北京城建路基段移交铺轨。
2018年5月24日	高架区间共构段工作面开始移交机场高速。
2018年6月10日	土建01标北京城建永新河段主体结构封顶。
2018年6月10日	2号风井区间一2号南向盾构始发井暗挖区间贯通。
2018年6月15日	1号区间风井兼盾构接收井开工。
2018年6月29日	大兴新城站主体结构封顶。
2018年6月30日	10处35kV以上高压输电线路全部迁改完成。
2018年8月6日	土建04标市政路桥盾构区间双线顺利贯通。
2018年8月10日	28处10kV电力改移完成。
2018年8月20日	磁各庄车辆段实现全面进场。
2018年8月28日	2号风井区间一3号区间风井盾构双线贯通。
2018年8月30日	土建06标北京城建1号区间风井实现进场。
2018年10月20日	土建02标北京城建完成预制箱梁架设。
2018年11月26日	土建03标北京城建架梁全部完成，共构段实现桥通。
2018年12月2日	京山京沪节点桥转体施工完成。
2018年12月12日	大兴机场线全面开始铺轨。
2018年12月22日	草桥站实现主体结构封顶。
2018年12月25日	路基段停车场联锁开通。
2018年12月27日	路基段停车场冷滑完成。

2019年

2019年1月13日	箱梁架设完成，高架区间实现桥通。
2019年1月16日	首列车到京。
2019年1月17日	北磁牵引总配外电源实现发电。
2019年1月20日	北磁总配、K8路基段停车场变电所、K10区间2#变电所内400V低压配电系统带电。
2019年1月25日	路基段停车场完成热滑，开始动调。
2019年1月27日	磁各庄车辆段综合楼结构封顶。
2019年2月08日	1号区间风井兼盾构接收井结构施工完成。
2019年2月16日	土建06标北京城建右线实现贯通。
2019年2月23日	土建08标中国铁建3号风井至草桥站盾构区间双线贯通。
2019年2月28日	磁各庄车辆段运用库、联合检修库结构封顶。
2019年3月3日	样板段（K3+961—K10+000）短轨通。
2019年3月8日	样板段（K3+961—K10+000）长轨通。
2019年3月11日	样板段（K3+961—K10+000）传输开通。
2019年3月12日	样板段（K3+961—K10+000）冷滑完成。
2019年3月14日	样板段（K3+961—K10+000）接触网上电。
2019年3月15日	样板段（K3+961—K10+000）热滑完成。
2019年3月16日	样板段（K3+961—K10+000,含北航站楼站）开始动调。
2019年3月25日	设备设施人员进驻路基段停车场。
2019年4月10日	草桥站主体结构实现封顶。
2019年4月14日	高架段长轨贯通。
2019年4月28日	大兴机场线工程验收启动会召开。
2019年4月29日	站务人员进驻北航站楼站。
2019年5月6日	站务人员进驻大兴新城站。
2019年5月8日	大兴机场线高架段（K10+000—K25+740）冷滑试验完成。

2019年5月9日	土建02标北京城建单位工程验收。
2019年5月13日	站务人员进驻草桥站。
2019年5月13日	土建01标北京城建北航站楼站单位工程竣工验收。
2019年5月14日	大兴机场线高架段（K10+000—K25+740）热滑试验完成。
2019年5月15日	动调区段延展至K25+740。
2019年5月18日	全线实现短轨贯通。
2019年5月20日	土建01标北京城建机场红线内大兴机场站轨行区单位工程竣工验收。
2019年5月23日	全线实现长轨贯通。
2019年5月27日	土建04标单位工程验收。
2019年5月28日	土建03标市政路桥单位工程验收。
2019年5月30日	土建07标中国铁建单位工程验收。
2019年6月1日	完成大兴机场线K25+740—K30+155冷滑试验。
2019年6月1日	动调区段延至K31磁各庄站。
2019年6月2日	完成大兴机场线K25+740—K30+155热滑试验。
2019年6月3日	土建06标北京城建大兴新城站 — 1号风井区间单位工程验收。
2019年6月4日	土建05标市政路桥磁各庄站单位工程验收。
2019年6月5日	土建09标大兴机场站单位工程验收。
2019年6月5日	全线400V电通。
2019年6月5日	草桥集中室内外一致性联锁预验收。
2019年6月5—11日	轨道和疏散平台预验收。
2019年6月6日	站台门系统单位工程预验收。
2019年6月6日	土建08标中国铁建磁各庄站 — 草桥站区间单位工程验收。
2019年6月7日	全线联锁系统开通。
2019年6月9日	全线传输系统、无线系统开通。
2019年6月10日	草桥站轨行区验收完成。

2019年6月10日	路基段停车场实行临时管理。
2019年6月10—11日	综合监控专业全线预验收。
2019年6月10—11日	供电系统预验收。
2019年6月11日	全线冷滑完成。
2019年6月12日	完成磁各庄站至草桥站区段热滑，全线热滑完成。
2019年6月13日	大兴机场线一期项目工程验收。
2019年6月15日	开始空载试运行。
2019年6月25日	磁草区间牵引变电所结构完成。
2019年8月12日	开始按图试运行。
2019年9月1日	草桥站附属工程完成。
2019年9月5日	草桥站单位工程验收。
2019年9月6日	完成正线工程档案验收。
2019年9月9日	全线竣工验收。
2019年9月12日	大兴机场线试运营（初期运营）前评估评审完成。
2019年9月23日	草桥站地下接驳区验收完成。
2019年9月25日	中共中央总书记、国家主席、中央军委主席习近平来到大兴机场线草桥站，考察北京市轨道交通建设发展情况和大兴机场线运营准备情况。随后，乘坐大兴机场线前往北京大兴国际机场，在途中详细询问轨道列车的设计制造和票价、行李托运、同其他交通线路衔接等情况。
2019年9月26日	大兴机场线正式投运。
2019年10月21日	完成磁各庄车辆段一路电源发电工作。
2019年11月1日	完成磁各庄车辆段冷滑。
2019年11月4日	完成磁各庄车辆段热滑。
2019年11月15日	完成磁各庄车辆段进驻。
2019年11月18日	土建09标北京城建段磁各庄车辆段工程竣工验收完成。
2019年11月30日	列车从路基段停车场一次性转场到磁各庄车辆段。

参建单位人员名录

北京市基础设施投资有限公司

基础设施业务发展部：祝 坤

轨道交通事业总部：赵惊华 李志佳 项 征

土地事业部：田晓雨

北京城市铁建轨道交通投资发展有限公司

历届董事会成员：宋自强 潘秀明 陈 曦 史育斌 李卫华 李 军 尹志国 张鹏超 孙 静 刘青林 彭冬东

监事：周京波 李 铭 张 兵

董事长：宋自强

副董事长 总经理：潘秀明 陈 曦

副总经理：王广银 金 奕 贺宝志 戴克平 汪子美

党支部书记 财务总监：王广银（兼）

总工程师：金 奕（兼）

总经理助理：孙 静

副总经济师：陈南凤

综合办公室：宋继伟 肖辰斐 欧纯旭 孔德昕 王 鹏

发展经营部：李 琦 李 琳 张潇允 沈 頔

财务管理部：赵 鹏 李芸霞 宋佩佩 高嘉慧 陈海云

合约管理部：陈南凤（兼） 樊雅丽 邢丹芳 肖晓琳

综合技术管理部：赵永康 支海虹 马立秋

工程部：丁前进 司风光 董心曲

设备及运营管理部：孙 静（兼） 赵 安 李 娜 胡向科 丁方兴 王苏里

对外联络部：张 兵 史 辰 刘士珣

北京市轨道交通建设管理有限公司

党委书记、董事长：吴宏建

党委副书记、总经理：丁树奎

党委副书记、副董事长：张 宇

纪委书记：张树森

董事：赵彦明

公司副总经理：潘秀明 寅燕燕 罗富荣 苏 斌 罗 平 韩志伟 陈 曦 刘天正

总会计师：卢桂菊

总法律顾问：李　毅

办公室：程　炜　匡翠华　柳国栋　张　静　孙　斌　吴青林　尹文竹　杨　珊　樊　帅　陈燕双　王　哲

党委组织部 机关党委：严志和　刘莉　高晋芳　高建廷　李冬梅　王淼　徐玉蕊　陈志强

审计部：李振辉　邓仁宏　李　丽　吴作晖　闫　昱　李　楠

财务总部：陈继忠　邓　晖　孙九玲　俞　俊　王万成　张　寅　苗欣亚　许　凯

监察专员办公室：张　波　黄国钧　王冠宇　庆　硕　王辰驎　章明俐　邢江浩

群团工作部：康悦颖　吴　雷　陈　雪　程姗姗　肖嘉艺　王丹静　王普健　陈颢川　林　青

新机场线指挥部办公室：任雪峰　郑立钢　刘永旗　唐　汐　杨爱超　张　昊　刘宏涛　杨福永　贾庆箭
许景昭　谭远振　姜少平　赵浩辰　张乃文　刘　阳　赵玉儒　王海涛　胡　浩

企发总部：王毅宏　白　静　李　东　王秀华　徐　萌　周　雁　王小强　刘映池　王海波　郑宝魁　刘蔚萌
李　波　庆晓华　赵　霞　鲁　林　赵墨竹　熊晓琳　季晓安　胡嘉桐

计划调度总部：崔海涛　郎一兵　王　帅　郭丽娜　尹　超　张素英　王　斌　石司然　范方磊　吴　为

规划设计总部：路宗存　李振东　李宏安　李　祥　李亚铁　吴　彬　于　卿　高银鹰　李泽慧　赵荣琴
张春英　任钰玮　贺　艳　孙志浩　任巧玉　李宜芳　陈　敏

前期工作协调总部：陆　群　武润利　李凤豹　刘　刚　戴玉超　张　宇　肖　俊

合同管理总部：杨俊玲　李　靖　李培军　代军峰　张爱平　薛冬华　李洪波　刘邓军　闫朝霞　贾艳娥　于咏雪
王有珩　师　伟　李　健

总工程师办公室：徐　凌　孙　琦　陈明昊　朱胜利　黄齐武　李元凯　翁雪飞

安全质量监察总部：吴精义　朱厚喜　张　瑜　骆　磊　杨　颖　李　琳　赵　斌　王　霆　高亚彬　韩少光　邓仁宏
宫本福　田行宇　童　松　林　麟　王连友　李汉青　宋　宇　周　丹　李倩倩　张　盼　付继彭
李泽宇　吴久林　李建军　袁振国　朱宝泉　赵　霞　刘　鑫　杨志峰　韩艳蓉　肖志韬　吴　丹
晴　然　邸文君　宋　旭

安全监控中心：孙长军　李振东　赵智涛　杨开武　张豫湘　叶新丰

设备管理总部：王道敏　张艳兵　张世勇　王　征　王　颖　王　进　李晓刚　沈　强　蔡京军　李寒松　张　强
白君岩　赵　鹏　胡禹曦　高　臻　李新慧　宋　洁　张　宝　庞　颖　姚　楠　赵立峰　陈洪茹
王　栋　杜智恒　未义兵　李克飞　石　熠　陈　卓　李永政　郑　然　王　萌　刘世钊　翟宇昕
张　毅　王玉珏　张传琪　吕文龙　张　赛　杜　薇

运营管理总部：虞　蕹　赵　杰　马振超　金佳敏　郭本刚

第三项目管理中心：何庆奎　曹伍富　程贵锋　代永双　苏立勇　孙　建　缴志刚　宗庆才　马笑松　寇鼎涛
高　超　车路军　薛　松　代维达　姚　欣　张　默　耿佳旭　黎小辉　李峻峰　宋志勇
路清泉　樊　湘　罗　龙　张　君　刘国庆　倪守睿　范永盛　许亚斋　张志伟　王　伟
王子文　田　超　白　波　韩卫国　邹文慧

精准帮扶工作领导小组办公室：张晓岩　秦朝晖　通　明　苏志杰　苑雅娟

资产管理中心：郑　骐

北京城市快轨建设管理有限公司

公司总经理：何孝贵

公司总经理助理：张春旺

前期部：曲 钢 王 铎 李 伟 刘建辉 朱 琳 尹 岳 何 涛 杨 旭 徐浩琨 陈海龙

设计管理部：覃铭然 腾忻利 李子傲

设备部：王雪松 魏晓东 闫东东 周守义

安全质量监察室：田建华 张振营 周喜强 李 轩

财务部：肖 钢 李 宏 肖 帅 陈 峥

策划部：黄 静 冯 娟 韩 洁

综合部：姜 峰 谢平华

北京市轨道交通运营管理有限公司

新机场线试运营筹备工作指挥部：

指挥长：韩志伟 贾敬东

常务副指挥长：鲁玉桐

副指挥长：王宏生 王承刚 杨 横 李晓争 田 宇 阿拉法特

新线业务部：徐 娜

运营支持部：孙继营 站务部：韩星玉 乘务部：杜新东 票务部：刑艺华

运营控制中心：李 鹏

设备设施保障组：

车辆部：杨 峰

土建线路部：刘 敏

供电机电部：王 亮

通信信号部：张 强

技术支持部：王朝阳

设计01标全线总体总包设计：北京城建设计发展集团股份有限公司

项目总体负责人：姜传治

项目总包负责人：沈小洵

综合副总体：谢彤彤

建筑副总体：赵 芫

结构副总体：夏瑞萌

机电副总体：张良焊

强电副总体：周 菁

装修副总体：曾亚奴

弱电副总体：李道全

前期副总体：刘 志

车辆段副总体：郭泽阔

桥梁副总体：白唐瀛

经济副总体：李 元

主要专业负责人：鞠 昕 李 猛 王 锋 刘玲玉 李晨曦 郑 杰 贺晓彤 张 翀 廖 唱 李文英 刘文璐 李 晶 杨浩如 杨保东 张若檀 高莉萍 付义龙 张丽君 董长明 郭云涓 张俊明 张宇明

项目助理：张一元 刘征明

设计02标大兴机场站土建设计：北京建筑设计研究院有限公司

项目负责人：李 晖 王英侠

建筑专业负责人：张 博 方 荣

结构专业负责人：周 钢 孙 鹏 石启明 赵一博

设计02标机场段区间土建设计：中铁第六勘察设计院集团有限公司

项目负责人：张金伟

项目总工：徐 骞

专业负责人：杨斌斌

设计03标永兴河—大兴新城区间土建设计：中铁工程设计咨询集团有限公司

项目负责人：李 辉

高架专业负责人：张付宾 李圣强

地下区间专业负责人：宋月光 陈 明

路基专业负责人：吴荣艳

建筑专业负责人：蒋洁菲 李 响 侯雁秋

设计04标大兴新站—新发地区间土建设计：中铁第五勘察设计院集团有限公司

项目负责人：李长安

建筑专业负责人：刘培龙 徐志森 窦 瑶 李平定 高 煌 杨媛媛

结构专业设计人：刘雪斌 单 伟 郎 瑶 周丁恒 贾世涛 罗章波

工经专业设计人：刘余红 朱 晨

设计06标新发地—草桥站土建设计：北京城建设计发展集团股份有限公司

项目负责人：房 明

地下建筑专业负责人：李英杰 许淑君 王洪硕 贺 旭 袁 尊 潘瑞瑛

地上建筑专业负责人：李 荻 尹 杰 刘丹华 徐 宁

地下结构专业负责人：黄 赫 何 岳 娄海成 刘海舰 张俏楚

地上结构专业负责人：金云飞 李 明 马 长

防水专业负责人：孟 禹 李红旺

设计07标草桥站后折返线土建设计：天津市市政工程设计研究院

项目总负责人：赵丽君

项目负责人：李爱民

结构专业负责人：李 斌

建筑专业负责人：王文军

工经专业负责人：邢 岩

结构专业现场代表：陈万成

建筑专业现场代表：张锦鹏

设计11标磁各庄车辆段设计：北京市轨道交通设计研究院有限公司

项目负责人：阮 巍

工艺专业负责人：曹向静 李森林 周广浩 董剑锋

站场专业负责人：徐 彪 杨 珂 田 琪

建筑专业：郭蕊莲 张 红 于海霞 王 盛 陈俊天

结构专业负责人：吴 举 马 衡 陈 敏 张小雁 管晓东 张玉芳

给排水及消防专业：李嘉俊 周 炜 梅 棋

采暖及通风专业：刘 欣 胡家鹏 张 东 李诚智

动照专业：陈慧姗 靖 娜 李晓宁 周 杰 温晨龙

设计12标段全线轨道及声屏障系统设计：中铁工程设计咨询集团有限公司

项目负责人：张东风

轨道专业负责人：裴爱华

车辆段专业负责人：刘 玮

道岔专业负责人：何雪峰

疏散平台专业负责人：禹 雷

无缝线路专业负责人：乔神路

声屏障专业负责人：刘登峰

主要设计人员：杨 松 陈 文 李 楠 叶 军 骆 焱 朱 梅 刘婷林 马佳骏 曹 亮 冯 健 冉 蕾 刘郑琦 石玮荃

设计13标段全线供电系统设计：中铁第六勘察设计院集团有限公司

项目总负责人：苏光辉

项目负责人：皋金龙

供电专业负责人：康克农 陈怀鑫

接触网专业负责人：吴云飞 吴永明

变电专业负责人：樊春雷　伍维瑾

设计14标全线机电设备系统设计：北京城建设计发展集团股份有限公司

项目负责人：张良焊

暖通专业负责人：褚海容

暖通专业设计人：唐世娟　张　领　徐虹玲　郭温芳　曹　旸　罗　婷　高玉婷　邓文飞　肖　璇　郭光玲　祝　岚　孟　鑫

给排水及消防专业负责人：杨卉菊

给排水及消防专业设计人：江　琴　梁春圃　赵　辰　黄云峰　杨晓娟　许京华　周明月

动力照明及配电系统专业负责人：刘晓波

动力照明及配电系统专业设计人：汪　烨　李晓君　刘坤林　刘雨微　毛建平　赵亚丽　杨　杨　王　玉　李宝贤

电梯　扶梯　站台门专业负责人：牛淑霞

电梯　扶梯　站台门专业设计人：边克军　康　艺　施炳娴　闫雪燕

设计15标全线通信信号　综合监控　乘客导向　自动售检票等系统设计：北京全路通信信号研究设计院集团有限公司

项目总负责人：张鹏雄

项目负责人：杨艳艳　王珊珊　鲜力岩　周慧茹

信号专业负责人：李金峰

通信专业负责人：楼建军　陈鹏宇　肖潇

综合监控专业负责人：李一波

BAS/门禁专业负责人：马申瑞

FAS专业负责人：林天一

PIS专业负责人：王立婷

AFC专业负责人：张东辉

导向专业负责人：张　帆

办公自动化专业负责人：荣　壮

主要设计人员：郑　伟　魏凡超　刘予漫　袁　松　段瑞琼　姜博文　丰　磊　关　悦　杨浩荻　李赛男　张辰熙

磁各庄车站及全线区间地面附属建筑物及一体化设计：北京城建设计发展集团股份有限公司

项目负责人：耿　沛

设计人：王海韵　杨　果　朱晓冬　李红妍　陈　帅　毛建平

全线行李托运系统设计：中国中元国际工程有限公司

项目负责人：王　捷

设计负责人：涂聃娜

设计人员：赵小玲　梁玉馨

全线相关民航专业系统(含信息系统)设计：中国电子工程设计院有限公司

项目负责人：苏建利

设计人员：苏建利　陈少成　潘　萌　周宝昌

装修01标全线装修概念设计、草桥站工点设计：深圳广田集团股份有限公司

项目负责人：段庆年

专业负责人：郑如新

技术负责人：曹　凤　曲殿巍

方案负责人：韩再宇

施工图负责人：侯丽妍

装修02标大兴机场、大兴新城工点设计：深圳市利德行投资建设顾问有限公司

项目总负责人：王　红

项目负责人：叶志田　赖华举

方案设计负责人：唐　旭

施工图负责人：冯利园　赵善宁

设计参与人员：赵　鼎　王　森　王高平　谭　政

勘察01标：北京市地质工程勘察院

项目负责人：江贤锋

技术负责人：杜红旺

项目工程师：黄　骁　徐兴全　李春荣　何　欣　刘永刚　王鹏飞

勘察02标：北京市地质工程勘察院

项目负责人：陈　刚

技术负责人：李文贤

项目工程师：王维献　王伟骏　宋亚泽　王学全

勘察03标：北京市勘察设计研究院有限公司

项目负责人：王维理

项目工程师：孙毅力　姚宾科　陆永浩　胡嘉益

参与人员：彭有宝　盖怀涛

勘察04标：中航勘察设计研究院有限公司

项目负责人：郑伟龙

技术领导：王笃礼　王瑞永　韩　非

项目工程师：刘　陶　龙晓丽　王　睿　李森

参与人员：周永胜　郝京云　余海军

勘察06标：北京航天勘察设计研究院有限公司

项目负责人：陈德军

技术负责人：谢　剑

项目工程师：张　辉　邵　磊　丁颖颖　鞠炳乾

工程测量标：北京城建勘测设计研究院有限责任公司

项目负责人：解春旭

技术负责人：熊琦智

项目工程师：徐　勇　张　旭　马文武　王　慧　曹淑敏　田宗正　宋　杨　于　龙　李亦鸣

第一总监办：中咨工程建设监理公司

总监理工程师：王俊超

总监理工程师代表：党嘉东

安全总监：伊建峰

驻地监理工程师：张晓宇　张志江　谭　震

监理：段秋龙　吕宝华　王　帅　付道银　卢金培　贺亚坤　张玉欣　冯耕琨　孙晓光　李　峰　刘　阳　谢博宇　董震永　何家豪　陈　帅

第二总监办：北京双圆工程咨询监理有限公司

总监理工程师：刘建伟

总监理工程师代表：刘若宏

总工程师：程　峰

监理：孙英葵　韩立波　曹军锋　王　皓　曹忠民　刘革亮　尉志杰　李岩丽　时　寅　史志猛　王　伟　唐兴金　于银伟　黄遵伟　魏中云　李　杰　张　伟　卢书栋　赵爱国　邹燕龙　高东航　杨汉列　鲜永斌　刘　帆　肖永启　王肖寒　李合新　李培坤　张　超　刘　鹏　武　凯　史铁荣　郭鸿禄　刘道德　朱启洋　朱瑞贺　张亚林　王双磊　李永庆　金福祥　王大力　孙晓友　孙　超　李登科　张苏民　曹　钢

第三总监办：北京逸群工程咨询有限公司

总监理工程师：王　涛

总监理工程师代表：张燕军

驻地监理工程师：白殿涛　赵国铭　陈　伟　王浩进

监理：李洪雷　贾玲霞　王俊英　张　平　马　健　彭新立　张恒庆　周健斌　郝学宾　杨　威　佟　浩　杨玉国
陈智平　李俊萱　吴伟东　门新哲　魏金江　秦大平　闫文辉　任东亮　赵子文

草桥站总监办：四川铁科建设监理有限公司

总监理工程师：李文军

总监代表：刘振松

驻地监理工程师：李磊磊

副驻地：赵新亮

合约工程师：李　霞

安全工程师：张浩寒

监理：吴元勋　肖国庆　郝向婷　陈诗洋　王云龙　李　轩　宋少秋　石庆丰　任明阳　陈小雪　王　鹤　李安杰
孟祥英　常建平　金继新　赵　耀　胡巧霞　王柏清　石俊杰　朱文龙　秦玉轩　胡飞飞　王　军

轨道安装工程总监办：铁科院（北京）工程咨询有限公司

总监理工程师：刘　力

总监代表：姜延丹

监理：刘长锁　国爱勤　李照星　张宝诚　崔　琪　白建超　卢雪玲　孙国庆　林子健　张海龙　王婉晨　牛瑞达
毕博文　赵梦拴　张胜龙

供电及综合监控总监办：中铁华铁工程设计集团有限公司

总监：仵占海

总监代表：沈晓宇　江志忠　李举华

监理工程师：王　翠　朱雅颂　李彦东　孙世礼　段俊义　杜新安　赵双一

信号等安装工程综合监理项目部：铁科院（北京）工程咨询有限公司

总监理工程师：夏德春

总监理工程师代表：蔡晓蕾　王建文　郑　军　马钊琦　李佳宁　田　浩

监理：李　红　董亚乐　王邦彦　孙广伟　易彦成　苏　越　陈子同　李甲玑　袁　明　冯志强　肖　彬

机电安装总监办：天津路安工程咨询有限公司

总监理工程师：曹　伟

总监理工程师代表：杨永慧　张　伟

总工程师：左　锋

计量工程师：陈庆元

合约工程师：宁昭玮

通风空调监理人员：解德生　刘焕跃　张纯杰

给排水及消防监理人员：欧学东　宋玉申　姜竹平

低压动照及配电监理人员：谭本林　毛亚平　王凤瑞

弱电监理人员：朱大木　段文平

门梯监理人员：王春秀　张　君　曹玉坤　申珂

二次砌筑及装修监理人员：郑继月　马志强

资料员：董光耀　段振飞

全线人防监理单位：上海天佑工程咨询有限公司

总监理工程师：赵正文

总监代表：秦晓光

北京城建集团指挥部

总指挥：郭延红

常务副指挥：彭成均

副指挥：王汉军　王　良　廖秋林

副指挥/现场指挥长：张玉华

总工程师：武福美

总工办主任：孙宪春

综合办公室主任/前期部部长：寇春雷

综合办公室：孙延博

工程部部长：李　福

党支部书记/现场指挥部工程部副部长：向以俊

安全文明施工部部长：郑向红

北京市政路桥指挥部

指挥：李　军

副指挥：徐　霖　宗淑蓉　耿贵虎　李　会

经营部：佟　兵　时玉树　刘　宇　张　曼

工程部：张东旭 朱鸿章 李 潇 高永强 文 国 孟 建

财务部：张 静 王晓珍

综合办公室：高 岩 于凌娜

中铁建指挥部

指挥长：孙公新

常务副指挥：娄德兰

副指挥：李卫华 鞠小华 刘青林 戴保民

其他管理人员：马南飞 郭立华 丁海峰 高洪吉

土建施工01标：北京城建集团有限责任公司

项目经理：史小诗

项目书记：何立明

项目总工：裴立安

安全总监：苑宝玉 魏有意

生产副经理：王金龙 王玉龙

经营副经理：葛达杰

行政主管：董 硕

财务主管：董旭东

工程部部长：宋忠洲

安全部部长：白鹤松

材料部部长：相咸武

技术部部长：李瑞祥 史 可

试验部部长：张有礼

办公室主任：杨志超

质量部部长：曹明强 赵 聪

测量主管：宋东亮

机械主管：陈玉芳

土建施工02标：北京城建集团有限责任公司

项目经理：夏天山

项目总工：苏 靖 王海军

生产副经理：向 波

经营副经理：郭浩志

财务总会计师：李忠兴

前期副经理：李志永

技术质量部部长：安景义

安全部部长：毕殿雷

材料部部长：时金斌

试验室主任：张光静

测量主管：沈学林

资料主管：崔合平

办公室主任：赖勋卿

其他管理人员：于啊辉 赵 伟 彭加福 王 凯 褚志鑫 吴广甫 黄 宇 崔立新 程守亮 吴康正 殷守文 任明慧 李秀英 贺少韩 任文博 李 铄 邓礼鹏 刘景英 王 璐 赵加荣 林 牧 董雨泽 吴春霖 岑进仓 王瑞晓 黄俭锐 朱从东

土建施工03标：北京市政路桥股份有限公司

项目经理：郭玉良

项目常务副经理：张 鹏

项目书记：谭彬杰

项目总工：张东旭

安全总监：方 扶

项目副经理：李彬伟 冯 力 李亚利 宁 伟

项目总经：白 成

项目一工区总工：曹伟光

项目二工区总工：李博森

项目三工区总工：车青森

其他管理人员：绳启元 李广有 梁 胜 尹占伟 李 慧 石 坚 赵腾跃 周芷欣 李 航 王 月 邓 浩 王 颖 贾湘旭 李换超 李向娟 杜广敏 王 怡 汪静一 周俊杰 戴志胜 张宝强 侯 磊 张德金 孔维旭 郑世元 戴 斌 戴瑞泽 董 畅 张海蛟 王嘉诚 宋有天 王雨琪 孟英杰 李 响 胡云博 张 聪 李浩然 李春筱 李云鹤 席正平 沈 阳 侯 捷 马林杰 赵武军 王艳红 秦 丹 李丽华 袁伟强 徐瑞棠 王 振 安红卫 冯思琪 张建伟 王 胜 裴九超 刘新源 丁彩霞 穆景春 降玉庆 刘思远 赵 迪 纪 伟 武建英 靳江萍 刘玲玲 龚德江 刘晓会 刘常亮 王子安 朱金萍 周丽平 白文奎 王玉勇 刘 浩 佟 虎 孙一雄 彭 鹏 王素雨 田豪杰 胡一凡 顾晓乐 耿锦茜 王冬媛

土建施工04标：北京市政路桥股份有限公司

项目经理：张新全

项目书记：张国良

项目总工：赵新生

生产经理：赵东华

项目副经理：张志刚

质控部部长：王文英

技术部部长：王晓婵

安全部部长：巴建文

经营部部长：景秋莲

测量部部长：朱水鹏

设备部部长：宁爱国

物资部部长：冉 玲

办公室主任：胡光杰

电工班长：徐雪飞

其他管理人员：赵立华 孙文智 郭 慧 孙俊杰 王 波 刘 杰 张永青 赵智勇 杨 彬 武震宇 刘 梦 曹 颖 杜博然 范晓霞 田 野 何国铜 王 泰 胡 朋 陈忠忠 王久鹏 张 睿 夏瑞君

土建施工05标：北京市政建设集团有限责任公司

项目经理：夏宝坤

项目书记：赵 瑾

项目总工：李水平

项目生产经理：王 壮

项目总经济师：侯 征

项目安全总监：宋贺臣

项目副总工：张 兴

项目质控科科长：唐成龙

项目测量科科长：王 欢

项目材料科科长：李雨晨

项目经营科科长：黄转江

项目安保科科长：宋 帅

项目工程科科长：高百安

办公室主任：刘钊瑞

其他管理人员：商秋生 卢增林 王 强 姜长帅 吴美荣 刘先清 王兴成 于海永 黄玉建 王 婷 黄少华 乔 峰 贾铖成 郭智城 李培轩 姜广生 白志江 吕雪莹 孙志磊 高 杰 吴棒棒 苗子臻

土建施工06标：北京城建集团有限责任公司

项目经理：杨 凯

项目生产副经理：刘双全

项目总工程师：周刘刚

项目总经济师：肖燕方

项目前期副经理：刘 义

项目安全总监：郭建文

项目生产副经理：宋大勇

项目生产副经理：卫保国

项目总会计师：王 华

其他主要管理人员：龙长喜 黄京健 刘 伟 胡 强 樊 杰 宋祥林 汝海龙 杨仕宇 高 颖 桂程浩 蒙世宇 王忠华 谭全胜 姚银年 孙金龙 孙英超 李彦飞 李 强 高树海 刘 琦 李鹏飞 孟 伟 韩 圆 张哲峰

土建施工07标：中铁十四局集团有限公司

项目经理：高洪吉

项目书记：张 民 牛广军

项目总工：赵树才

生产副经理：张存斌 仪松青

盾构副经理：孙 伟

安全副经理：张国伟

商务副经理：隋晓燕

工区经理：刘青修 胡少华 王北北

计划部部长：马秋丽

物资部部长：杨学超

财务部部长：刘洪坤

工程部部长：李文颢

盾构部部长：张 曦

安全部部长：苗春平

质检部部长：席昭钰

前期部部长：黄 鑫

测量队队长：姚 震

试验室主任：李 菲

办公室主任：何茂东

其他管理人员：邵仕功 王 浩 王瑞颖 张 伟 王玉娜 叶敏鹃 任鹏鹏 袁英贵 曾祥浩 何中勋
孙莹莹 戴娜琦 谷恒阳 王 霆 汤嘉伟 郝 方 赵炳超 韩聪聪 刘 迪 沈照言
姜 波 景晓东 徐博文 魏宪凯 于彬彬 姜 山 毛 创 荆忠诚 田 贾 赵法强
李 庚 侯典峰 杨丽乐 闫 帆

（现场工区）

工区经理：邹建洲

工区技术负责人：杨兴昆

工区生产负责人：姜永彪 贾建彬

工区安全负责人：张 君

工区商务负责人：唐英杰

工区前期负责人：王学林

工区工程部部长：黎辉明

工区物资部部长：张存全

工区计划部部长：王枣娟

工区质检部部长：任兴成

工区安全部部长：王兴峰

工区测量班班长：马小超

工区实验室主任：段明超

工区财务负责人：金 辉

其他管理人员：李铁绪 袁 凯 陈毅鹏 王薪树 刘欢乐 郭九汝 余剑锋 何永强 李先盛 卢江龙 吴吉振
王 昆 贾汝领 顾倩倩 郑 渝 杜金峰 张学鹏 朱继燕

土建施工08标：中铁十二局集团有限公司

项目经理：李 宇

项目书记：花相明

项目总工：常 鑫 王利波

生产副经理：李 勇

盾构副经理：王光锐

安全副经理：费志明

商务副经理：张兴龙

工区经理：李 鹏

计划部部长：张兴龙

物资部部长：叶志强

财务部部长：唐洪尧

工程部部长：袁康磊

盾构部部长：苏新杰　赵崇凯　吉尚峰

安全部部长：罗　浩

质检部部长：姚鹏飞

前期部部长：王晓亮

测量队队长：王星宇

试验室主任：邵东旭

办公室主任：余海涛

其他管理人员：周小燕　张　兴　王全超　胡天鹏　姜子慧　吴　琪　娄亚健　李改乐　刘汉银　李　松　李伟男　马　晨　刘明洋　王继文　王　哲　袁　冲　姚　琪　赵华山　张乃文　刘光辉　曾祥志　谭　晨　庞朝来　曾　亮　王建华　田宁宁　田薛奎　王小军　徐静霞　邹文平

土建施工09标：北京城建集团有限责任公司

项目经理：徐　谦

项目书记：王慧斌

项目执行经理：邢兆泳

项目总工：贺永跃

项目副经理：韩红卫　王义民　董明祥

安全总监：吴　伟

项目总经：葛金凤

项目总会：齐　聪

技术质量部部长：于英杰

技术质量部副部长：刘小春　刘　鑫

技术质量部：王希卫　许向楠　宫正一　徐　萌　阮健鑫　刘新杰　陈勇伟　李　莉　安雨婷　张学娇　刘鹏飞　陈国辉　燕江涛　崔　海　吴海斌

工程部部长：柳大鹏

工程部：尤殿华　宋连军　崔彦召　严天银　杨　猛　肖志强

安全部部长：朱建辉

安全部：史东明　马　贵　张元成　史云飞　贾明伟　单世龙

经营部部长：苑晓敏

经营部：陈　靖　朱　砂　王智勇　李景波　刘金一　邹立新

办公室主任：刘　欣

北航站楼站工区经理：邹　俊

北航站楼站工区总工程师：潘振涛　李高峰

北航站楼站工区生产副经理：黄克强

北航站楼站工区安全副经理：姜焕增

参建人员：马志明 刘晓军 陈 鹏 刘子谦 赵 辉 刘瑞光 毛广利 王好礼 杨长在 熊 伟 崔为前 闫 景 刁志硕 王小平 李 巍 单 勤 崔友贵 赵建军 陈发珍

草桥站土建施工单位：中铁二十三局集团有限公司

项目经理：肖 毅 方业飞

项目执行经理兼书记：许 彪

项目总工：杨西富 姜 潇

安全总监：何继华

项目副经理：王后高 李万利 巩 森 武俊杰

项目工区经理：张文凤 王占成 张 承 高 军 孙 恩

工程部部长：孙 鹏

质量部部长：刘建君

安环部部长：黄家奎

财务部部长：周 晓

计划部部长：陈建平

物资部部长：朱云峰

前期部部长：李 海

试验室主任：常 艳

办公室主任：马建学 张晓云

BIM工作部部长：罗 程

测量队队长：李英辉

其他管理人员：李大军 周一博 吴 凯 刘 帅 王 成 郑浍宾 代宗灿 许崇杰 谭礼坤 王 硕 邹 鹏 刘传洲 屈广凯 王登祥 陈 杰 卢耀昱 王锡金 刘 斌 徐振勇 陈启勇 侯 勇 余 波 雷 将 赵 忠 张天军 叶建国 文小波 邹明川 辛 灵 任进学 于 龙 程 前 何有军 刘云云 韩雨洁 葛子东 贾 轩 张锦锦 崔利红 史艺宁 舒 芬 刘书芳 张金玉 刘 芸 赵 岩 蔡丽娇 史 航 王鹏飞 杨 琳 闫 萌 康立长 唐沙沙 胥 刚 韩正升 袁唐军 曹建国 王 帆 孙 月 张红斌 王修亮 贾云强 孔祥熙 杨 旭 王 琦 薛 姣 顾云龙 杨 锋 解殿禧 刘俊峰 陈 浩 王 浩 李涵灵

见证试验01标 02标：北京市政路桥锐诚科技有限公司

项目负责人：孙晓平

技术负责人：付 萍

项目工程师：杜炳伶 张海英 魏越英 何 伟 杜丽妹 陈 琳 李妍妍 吕进刚 吴亚军 舒 睿 范跃文 周梦楠 杨 涛 姜 阳

见证试验03标：北京市建设工程质量第三检测所有限责任公司

项目负责人：钟海涛

技术负责人：王军民

项目工程师：刘祖军　崔　宁　张　磊　邹　阳　张海燕

项目试验人员：胡一鸣　刘二冰　白延锋　刘振刚　崔文镇　朱洪军　王香玉　王亚飞　王　晨　褚明宇

地基基础检测01标：北京中勘国检工程技术有限公司

项目负责人：刘同文

技术负责人：王生俊

项目工程师：程道伟　陈　伟　曾　强　杨化峰　樊　刚　王久鸿　朱进国　杜文举　杨旭松　刘彦飞　安　涛

地基基础检测02标：北京铁五院工程试验检测有限公司

项目负责人：谢昭晖

技术负责人：冯英会

项目工程师：陈　清　刘兰利　钟凌云　张顶锋　田腾跃　王天星　齐志敏　刘战　金惠生

地基基础检测03标：北京市建设工程质量第三检测所有限责任公司

项目负责人：郭　凇

技术负责人：常志红

项目工程师：殷廷记　胡　运　温建鹏　张恒源　潘世平　李　震

主体结构检测01标：北京建业通工程检测技术有限公司

项目负责人：吴宝玲

技术负责人：曾新霞

项目工程师：董　洁　丁　洋　韩　兴　王　赞　宋　博　刘　清　石　鹏　胡　章　刘新娜　刘京峰　赵欣准

主体结构检测02标：北京环安工程检测有限责任公司

项目负责人：方　成

技术负责人：杜小虎

项目工程师：孔祥利　李学聪　何翠香　王　丹　王　领　许永新　周曙光　刘玉峰　刘书铭　周　伟　李　君

主体结构检测03标：中冶建筑研究总院有限公司

项目负责人：王新泉

技术负责人：幸坤涛

部门主任：郭小华

项目工程师：冯绍攀　侯　健　冷秩宇　贾占坤　贾子奕　关　键　韦绍亮　于英俊　毕登山　赵道程　陈佳宇

辛 雷 管亚辉 徐吉民 于现生 崔永军 杨合停 尹贻海

磁各庄车辆段钢结构工程检测：北京环安工程检测有限责任公司

项目负责人：杜小虎

技术负责人：孔祥利

项目工程师：朱建伟 麻洪轩 李 君 李 佳 王 鹏 冯玉泽 邢永奋

北航楼站及临时停车场质量检测：北京市建设工程质量第三检测所有限责任公司

项目负责人：陶水忠

技术负责人：常志红

项目工程师：邢百朋 贾旭生 蔡家坤 赵 岳 蔡佳龙 刘 杰 高西洋 王喻涵

安全巡视标：安光辉 赵洪锋 张 兴 王志刚 刁高哲 路 垚 尚秀峰 徐中圣

第三方监测单位：北京城建勘测设计研究院有限责任公司

参建人员：刘尚伟 曹宝宁 王志京 王荣权 刘永勤 马雪梅 龚洁英 闫宇蕾 王 彪 杨 明 张宁忠 谢全懿 牟泳霓 张 贺 吴丽丽 李豪杰 贾 伟 石 磊 徐 猛 桑卫国 宋伟超 昝海柱 任雪峰

安全风险咨询单位：中国矿业大学（北京）

参建人员：江玉生 杨志勇 侯公羽 江 华 孙正阳 白志强 谢文达 景晨钟 房宽达 丁彦杰 漆伟强 邵小康 杨 星 丁耀文 郑尧夫 唐飞鹏 李继东

轨道施工02标：中铁十四局集团有限公司

项目负责人：郭 剑

项目书记：李 东

技术负责人：王修叶

工程技术部：宋 超 姚海洋 曹学农 杜长生

物质设备部：张建民 李雪明

安全环保部：胡中华 安孟秋 房嫣然

计划合同部：丁兆安 葛丽军

财务部：周平彪 李文朋

综合办公室：胡少青 代 斌

轨道施工03标：北京城建集团有限责任公司

项目经理：崔晓芳

总工程师：赫富彬

项目副经理：周厚联 吴 伟

技术质量部：刘少伟　王海燕　刘　武　王玉石　郝　冲　刘小春　刘鹏飞

安全生产部：朱建辉　柳磊磊　史东明　史云飞

经营合同部：冯家慧　高慧芳

物质部：王建珍　凌栢峰

综合办公室：刘　欣　黄智光

通号项目：中铁十四局集团有限公司

项目经理：蔡传洋

技术负责人：郎李伟　张　永　田　坤　董学正

安全生产负责人：赵连宁

项目工程师：徐良良　马敏涛　王　潘　程其明　赵地军　田世超　李正阳　高明杰　张林乾　王齐科

民航弱电项目：中铁十四局集团电气化工程有限公司

项目经理：曹汝庆

项目副经理：周　波

项目工程师：张鑫琪　杜东法　雷德生　范德统　张得舟　黄龙灿

全线供电及综合监控设备安装：中铁十二局集团有限公司

项目经理：韩悌斌

党委书记：王瑞才

项目总工程师：缪嘉杰

项目副经理：邓海兵　王晓勤　扈　强

变电所专业工程师：胡建伟　张　禄　李　浩　杨方旭

接触网专业工程师：魏晋楠　寇龙涛　温　浩　李垚博　王志宏　王金义　李　军　段孟钢

综合监控专业工程师：段延昌　戴冉东

安全工程师：裴　冲　李时磊

资料工程师：薛枫潇

物资工程师：常建伟　蔡亚飞

计划工程师：彭　克　许巍然

北航楼站机电安装：北京城建集团有限责任公司

项目经理：李振威

执行经理：刘振宁

副经理：张宝山

副经理：王怀朋

经营主管：刘宝良

总工程师：陈晓红

电气工程师：王 超

通风工程师：刘 勇

给排水工程师：徐 栋

技术人员：郑志军 舒 欣 梅雪峰

安全员：尤庆磊 汪建昆

材料员：刘志奎 蒋晓明

资料员：刘 成 何科含

磁各庄站及全线站台门机电安装：北京市政集团有限公司

项目总负责人：夏宝坤

项目负责人：孙俊健

生产经理：刘永祥 赵维巍

技术负责人：邵山

工程技术部：赵 杨 师军雷 王 亮 吉时雨 孟红志 杨宏福 姜常兵 雷 雨 安洪新 尚志超 陈 平 梁 磊 王丛阳 王洪士 范洪广 李思原

技术质量部：宋长伟 张新杰 陈 月 易贵鑫

安全保卫部：刘 越

草桥站及区间机电安装：中铁十四局集团有限公司

项目负责人：张 东

项目总工：魏文龙

安全总监：杨 瑞

副经理：刘 玮 范创全 曹 振

工程部：牛晓军 张连杰 丁 珑 李天德 张 龙 李鲁吉 张晋华 杨乐林 吕 震

计划部：王 冰 李林生

安质部：刘 硕

财务部：仲 毅

物资部：程文军 陈国瑞

综合办公室：康 军

全线FAS气灭安装：北京城建安装集团有限公司

项目经理：唐燕清

执行经理：王 京

副经理：庄枢臣

副经理：杨 晔

经营主管：张 茜

总工程师：李凤伟

技术人员：边俊豪 崔丙晨 石 阳 赵金祥 杨晓平

安全员：安占静

材料员：李 琪 李 阳

资料员：张宁宁

预算人员：王天琪 张志蕊

自动扶梯采购及安装：迅达（中国）电梯有限公司

项目负责人：赵文涛

技术负责人：杜 刚

项目监督：李 鹏

项目工程师：段 鹏

安全负责人：李 峰

销售、商务负责人：张锐鑫

维保负责人：胡 畔

垂直电梯采购及安装：通力电梯有限公司

项目负责人：顾鹏飞

技术负责人：文燕洲

安全负责人：车 硕

生产计划及档案负责人：李雨轩

项目现场工程师：李程浩

项目支持工程师：赵文轩

制造负责人：顾海亮 姚 刚

维保负责人：王杰志 何 威

全线人防EPC：中铁第五勘察设计院集团

主管领导：张伟刚

项目经理：赵承利

设计负责人：王东旭

施工负责人：吴云飞

人防土建设计：陈 唯 张众锴

人防设备设计：孙继元

人防信号设计：张红梅

资料主管：刘 畅

设备(含材料) 集成采购项目：北京市轨道交通运营管理有限公司

项目经理: 田 宇

项目副经理（技术)：张 强

项目副经理（商务)：宋立峰

综合管理负责人：魏 薇

工程技术负责人：刘晓宇

供电专业负责人及组员：章鼎然 董建明 李宾涛 孙红杰 黄守权

机电专业负责人及组员：邹瑞国 石立青 兰天宇 王 彬 张 硕 韩顺程 陈 彤

通信专业负责人及组员：范晓静 张 伟 朱晓姣 冯晋峰 宋 刚

信号专业负责人及组员：聂曦瑶 王 燕

轨道专业负责人及组员：豆传勃

车辆与工艺专业负责人及组员：洪鹤鹏 赵东擘 石岸宁 崔亚通 李 珅

合同人员：王京津 张 川 苏建新

财务人员：黄 倩

综合管理人员：王兰珍 崔 娜 姚学蕊 张振超 孙建鑫

车辆供应商：中车青岛四方机车车辆股份有限公司

四方股份公司副总经理：罗 斌

执行经理（四方股份城轨事业部副总经理）：邓泽平

项目经理（对外联系人）：张建国

车辆供应商：中车长春轨道客车股份有限公司

售后服务部处长：张尊男

车辆工艺设备01标：唐山百川智能机器股份有限公司

项目总负责人：张志光

项目负责人：王建光

商务负责人：高 研

技术负责人：王喜文

设计负责人：陈立中

生产负责人：孙建生

采购负责人：刘志广

安全负责人：贾少军

车辆工艺设备02标：中铁华铁工程设计集团有限公司

项目经理：崔长明

现场负责人：李海涛

商务负责人：吕 品

技术负责人：尹建业

卧龙电气集团北京华泰变压器有限公司（35KV变压器及接地装置电阻）

项目经理：陈天林

项目副经理席：占 远

项目总工：赵登坡

项目专工：王浩然

项目实验工程师：程春琳

售后主管：张桂军

售后工程师：李 进

北京和利时系统工程有限公司

项目经理：邸廷尧

项目副经理：杜玉忠

项目总工：曹 娇

PSCADA专业负责人：张志强

BAS专业负责人：高毅松

系统工程负责人：罗芝芬

现场实施工程师：李银宇

现场实施工程师：范红围

现场实施工程师：李 腾

河北远东通信系统工程有限公司

董事长（54所副所长）：王铁锰

河北远东TETRA<E项目经理：李保全

河北远东TETRA<E项目副经理：章艳津

交控科技股份有限公司

副总裁：王 伟

项目经理：王 涛

项目副经理：马 强

技术经理：孙成福

TIAS技术经理：石 竹

大测试经理：周弛楠

现场总工：马 琦

技术负责人：袁大鹏

商务经理：王 键

室内测试经理：王 丹

项目工程师：郝耀东

TIAS项目经理：崔 涛

天津凯发电气有限公司（接触网设备）

总经理：王奎忠

项目经理：边少佳

刚性悬挂负责人：边少佳

分段绝缘器负责人：左 娜

隔离开关负责人：刘 健

避雷器负责人：李 爽

隔离开关监控盘及RTU负责人：李 爽

四川汉舟电气股份有限公司（400V开关柜）

项目经理：房庆春

商务人员：温佐旭

技术经理：钟仕珍

技术人员：李 杰

技术人员：曾顺利

云南变压器电气股份有限公司（110KV油浸式斯科特牵引变压器）

项目经理：郑 泉

项目副经理：杨宏伟

项目副经理：游晓红

商务负责人：李云芳

技术负责人：彭 惠

技术人员：李 寒

现场施工负责人：成信春

现场施工工程师：黄建平

现场施工工程师：田顺山

上海西门子高压开关有限公司（126KVGIS组合电器）

项目经理：黄　杨

商务项目经理：吕　倩

生产经理：Roger Wittwer

质量控制经理：喻　德

执行采购经理：马　蕾

生产计划经理：杨　坚

售后服务经理：毛洪波

一次设计工程师：李　静

二次设计工程师：胡　彦

AC40.5KV和AC27.5KVGIS开关柜:西门子中压开关技术（无锡）有限公司

项目经理：何小军

工程部负责人：武理想

二次设计负责人：彭　朋

质量部经理：石　璞

生产计划负责人：张　楠

售后服务部负责人：孙　凯

动车调试项目：中铁电气化局集团第一工程有限公司

项目部经理：高须贤

党工委书记：蒙占刚

项目总工：孙庆斌

副经理：李佳楠

车辆副经理：陈雨生

物资部长：甄喜友

行车调度主任：淮晓飞

工经主任：富春利

办公室主任：王泽飞

办公室干事：马智冰

办公室干事：赵东伟

安质部员：耿金亮

信号等设备系统独立安全评估（含RAM）项目：莱茵技术（上海）有限公司

项目经理：陈光智

项目副经理兼信号系统接口人：闫晓霞

车辆系统主任评估员：王海生

接触网主任评估员：陈清河

轨道系统主任评估员：詹家维

车地通信接口人：王 菲

接触网接口人轨道系统接口人：马果垒

PSD接口人：张 超

车辆系统接口人：乔新瑞

其他设备系统（电梯/扶梯/风机/洗车机）：姚文华

咨询/培训：徐 钢

咨询/培训：牛琳宁

保险公司：

中国平安财产保险股份有限公司

平安总部地铁专家：伍振志

项目服务团队负责人：何 芳

中国人民财产保险股份有限公司

项目负责人：徐 进

项目日常联络人：肖 越

中国太平洋财产保险股份有限公司

项目负责人：赵一霖

项目日常联络人：邹 烨

中国人寿财产保险股份有限公司

项目负责人：刘旭东

项目日常联络人：刘家铭

中国大地财产保险股份有限公司

项目负责人：郝永红

项目日常联络人：胡 静

太平财产保险股份有限公司

项目负责人：陈 健

项目日常联络人：王鸿麟

保险经纪：

华泰保险经纪有限公司

项目负责人：刘 浪

项目执行经理：李 顺

图书在版编目(CIP)数据

智造"白鲸号" 城轨树新标：解析北京轨道交通大兴国际机场线 / 《国家交通重大工程档案》编辑部编著. — 北京：人民交通出版社股份有限公司，2020.7

ISBN 978-7-114-16720-1

I. ①智… II. ①国… III. ①城市铁路－铁路工程—研究—北京 IV. ①U239.5

中国版本图书馆 CIP 数据核字(2020)第122772号

ZHIZAO "BAIJINGHAO" CHENGGUI SHU XINBIAO
—— JIEXI BEIJING GUIDAO JIAOTONG DAXING GUOJI JICHANG XIAN

书　　名：**智造"白鲸号" 城轨树新标**——解析北京轨道交通大兴国际机场线
著 作 者：《国家交通重大工程档案》编辑部
责任编辑：赵瑞琴
责任校对：孙国靖　宋佳时
责任印制：刘高彤
出版发行：人民交通出版社股份有限公司
地　　址：(100011)北京市朝阳区安定门外外馆斜街 3 号
网　　址：http://www.ccpcl.com.cn
销售电话：(010)59757973
总 经 销：人民交通出版社股份有限公司发行部
经　　销：各地新华书店
印　　刷：北京地大彩印有限公司
开　　本：787×1092　1/16
印　　张：20.25
字　　数：359千
版　　次：2020年7月　第 1 版
印　　次：2020年7月　第 1 次印刷
书　　号：ISBN 978-7-114-16720-1
定　　价：98.00元
(有印刷、装订质量问题的图书由本公司负责调换)